Esoterik

Herausgegeben von Gerhard Riemann

Die bisherige Geschichte der Menschheit ist nach Ansicht der Autoren kein Zufall, sondern wurde immer wieder von Wesenheiten beeinflußt, die von »jenseits des Raums« kamen. Daß das herkömmliche Geschichtsbild zu wünschen übrig läßt, deuten u. a. auch biblische Berichte vom Feuerwagen des Elias an sowie die in vielen Kulturen verbreiteten Erzählungen über Götter, die zu den Menschen kamen.

Anne und Daniel Meurois-Givaudan zeigen, daß die Geschichte nach einem göttlichen Plan verläuft und wesentlich von spirituellen Aspekten bestimmt wird. Den Religionen und der ihnen zugrunde liegenden Einheit kommt hierbei eine zentrale Bedeutung zu. Nicht zufällig finden sich die fundamentalen kosmischen Gesetze in allen Regionen. Selbstverständlich werden auch andere esoterische Themen behandelt: Atlantis, Pyramiden, Bedeutung des Kreuzes, Zahlensymbolik, Gedanken als wirkende Kräfte und insbesondere das, was wir nach unserem physischen Tod erleben.

Deutsche Erstausgabe 1989

Titel der Originalausgabe »Recits d'un Voyageur de L'astral«

Umschlaggestaltung Dieter Bonhorst
Satz MPM, Wasserburg
Druck und Bindung Ebner Ulm
Printed in Germany 5
ISBN 3-426-04211-8

Anne und Daniel
Meurois-Givaudan:

Berichte von Astralreisen

Aus dem Französischen von Rita Höner und Rudolf Pohl

Knaur

Für Marguerite,
Noëlle
und Pâris

Maurice und Danielle danken wir für ihre wertvollen Ratschläge.

»Kurz gesagt, die Luft ist für sie das,
was für uns hier das Wasser und das Meer sind,
und was für uns die Luft ist,
ist für sie der Äther.«
Plato (Phaidon)

Inhalt

Vorbemerkung

Dieses Buch ist kein Science-fiction-Roman. Auch wenn die beschriebenen Tatsachen überraschen oder sogar unglaubhaft erscheinen — sie sind nichtsdestoweniger authentisch.

Wenn wir ein Werk der Phantasie hätten schreiben wollen, hätten wir spektakuläre Dinge erfinden können. Aber um ein solches Werk handelt es sich nicht; das, was wir auf den folgenden Seiten dargestellt haben, ist absolut wahr. Die beschriebenen Fähigkeiten und Phänomene sind uns so geläufig wie anderen die Reparatur eines Autos oder das Führen eines Flugzeugs — Dinge, die für uns viel schwieriger wären.

Unsere Absicht ist nicht, irgend jemanden zu überzeugen. Das wäre unnütz. Wir alle haben unsere Vorurteile, und wir können nichts Unmögliches verlangen; aber wir bitten den Leser, frei von vorgefaßten Ideen an dieses Buch heranzugehen. Vielleicht bleibt er skeptisch, aber er sollte wissen, daß wir weder seine Leichtgläubigkeit noch seine Zeit mißbrauchen wollen.

Die Autoren

Vorwort

Die Luft ist blau, fast mit Fingern zu greifen; ich atme sie nicht ein, sondern nehme sie durch all meine Poren auf. Sie prickelt vor Leben.
Ich spüre, wie jedes ihrer Teilchen das Leben einer eigenen Welt lebt, in der andere Leben, andere Welten enthalten sind. Die Luft ist gelb, ist golden. Sie erfüllt mein Denken; Farbe der Seele.
Ich suche das Licht, es ist überall und nirgends, ich bin in ihm. Die Atmosphäre besteht aus Licht, der Wirbel ist vergangen, die Astralwelt breitet sich vor mir aus, und meine Füße streifen weichen Rasen.
Vergeblich würde ich mein Zimmer mit den geschlossenen Fensterläden suchen; existiert es überhaupt noch irgendwo?
Mit geschlossenen Augen liege ich in der Dunkelheit, aber gleichzeitig wandere ich, die Augen weit aufgerissen, durch ein Feenland. Nichts ist unklar, ich weiß, daß ich dort unten genauso bin wie hier oben. Wo ist überhaupt dieses »Hier«? Millionen Lichtjahre entfernt? Oder am gleichen Ort wie »dort«? Ich schwinge anders, habe das Gefühl, als würde jede Faser meines Körpers einen Ton aussenden und mein Körper insgesamt eine Harmonie. Direkt vor mir sehe ich ein kleines Wäldchen, dessen Gehölze mir unbekannt sind.
Ich wage mich hinein, spüre das Leben in den Stämmen

und ihr einheitliches Atmen. Vögel zwitschern, falls das Geräusch nicht von der Luft oder dem Licht herrührt. Alles hier scheint eins zu sein, die allumfassende Einheit zu spiegeln.

Zwischen blauschimmernden Steinen höre ich unter dem Moos ein Bächlein murmeln. Ich sehe niemanden, aber ich bin überzeugt, daß alles belebt ist. Nein, hier kann man sich nicht einsam fühlen! Mein Herz wird warm, weitet sich. Ich liebe alles, *alles*, sogar die kleinsten Partikel der Flechten, die sich an eine Rinde klammern.

Kann es das Gegenteil von Liebe überhaupt geben? Ich weiß nicht mehr, wie es heißt. Ich habe das Gefühl unendlicher Kraft, unendlicher Zärtlichkeit.

Ich suche die Sonne, aber ich sehe sie nicht. Das Gras, das Moos, die Bäume, die Luft, dieses ganze Universum ist Sonne, Liebe, die zu Natur geworden ist.

»Erinnerst du dich?«

Jemand geht neben mir und spricht zu mir. Ich wußte, daß er dasein würde, daß er kommen würde. Woher wußte ich es, hat er mich gerufen, oder habe ich ihn sehen wollen? Ich weiß nicht, wer er ist, aber ich weiß, daß ich ihn kenne.

»Erinnerst du dich an unsere erste Begegnung?«

Ich wende mich ihm zu; mir ist bewußt, daß ich von sehr weit her komme, genauso wie er.

Hat er wirklich gesprochen? Ich bin mir nicht sicher. Seine Worte haben meinen Geist berührt, wie man an eine Tür klopft.

»Nein, nicht sehr gut, ich kann es nicht mehr genau sagen.«

Er ist mittelgroß; sein seltsam längliches Gesicht, sein länglicher Schädel können mich nicht verwundern. Seine kleinen, fast wimpernlosen Augen sehen mich fest an und

scheinen zu lächeln. Seine Hautfarbe ist blaß, durchscheinend blaß, fast bläulich.
Ich frage mich, ob er tatsächlich existiert, aber sein Schritt drückt das Gras nieder, und die Äste weichen vor ihm zurück. Seine Kleidung ist einfach: eine gerade, bis zu den Knöcheln reichende Hose und eine nach indischer Art geschnittene Tunika. Ich weiß nicht, ob man von Stoff sprechen kann, das Material ist undefinierbar — glänzend, weich, fließend, fluoreszierend, leicht grünlich und intensiv strahlend, aber es blendet nicht die Augen. Ich sehe keine Naht, das Ganze scheint wie aus einem Stück.
»Diesmal hast du lange gebraucht, den Anker zu lichten«, sagt er mit einem breiten Lächeln.
»Komm zu dir, es ist nicht das erste Mal, daß du bei uns bist! Atme tief ein, spüre, wie frisch die Luft ist, die dich umgibt. Atme und spüre in jedem Atemzug die Gegenwart des Einzigen Wesens.
Nicht ohne Grund bist du heute hier. Bereits seit einigen Jahren folgen wir dir, und jetzt möchten wir dir eine Aufgabe vorschlagen.
Ich sagte ›wir‹ und nicht ›ich‹, obwohl du nur mit mir zu tun haben wirst.
Ich übermittle dir den Willen einer Gruppe von Wesen, die einer Art Sonderkommission angehört. Diese Kommission ist damit beauftragt, alle Mittel zu untersuchen, durch die gewisse Ideen auf Erden verbreitet und entwickelt werden können.
Ich bin der Vertreter dieser Gruppe. Seit mehreren Jahren ist dir mein Bild vertraut, ohne daß du dir dessen bewußt bist. In diesem Universum hier bedienen wir uns gewisser Träume, um mit den Menschen in Kontakt zu kommen, wir rufen sie zu uns.

Aber das alles weißt du. Die letzten Jahre haben dich vorbereitet. Wir haben nur den letzten Anstoß gegeben, ein paar Ereignisse beschleunigt.
Du bist heute hier, weil wir dir eine Aufgabe vorschlagen möchten; ich sagte vorschlagen, denn nur du allein bist Herr über deine Entscheidung...
Sieh in diesem Auftrag kein Privileg, sondern eine Arbeit, die du erledigen kannst oder nicht. Deine Schwingungen, die Wellen, die du aussendest und empfängst, haben uns sehr viel über dich erzählt.
Jetzt kommt es darauf an, ob du Willensstärke besitzt. Du bist mit gewissen auf der Erde lebenden Personen in Harmonie; sie können dir bei Bedarf helfen. Zwischen ihnen und dir ist ein Kontakt hergestellt worden, der auch weiterhin bestehen wird. Dies wird dir jedoch nur selten bewußt sein.
Ich weiß, du bist in bezug auf den gegenwärtigen Entwicklungsstand der Erde mit mir einer Meinung. Wir wissen beide, daß die jetzige Epoche nur ein winziges Sandkorn in der Unermeßlichkeit der Zeit ist. Viele Menschen scheinen nicht zu wissen, daß es vor ihnen etwas gab und auch nach ihnen etwas geben wird. Diese enge, kurzsichtige Einstellung ist für die allgemeine menschliche Mentalität zum Teil mitverantwortlich.
Alle, die sich mit der Vergangenheit der Erde und des Kosmos beschäftigt haben, wissen, daß das Leben auf einem System von Zyklen beruht.
Den wenigen Astrologen, die im Besitz wahren Wissens sind, ist bekannt, daß die Erde einem Zyklus von etwas weniger als 26000 Jahren unterliegt, dem sogenannten ›Großen Jahr‹. Dieser Zyklus besteht seinerseits wieder aus zwölf Zyklen von ungefähr 2000 Jahren, die ›Kleines Jahr‹

genannt werden. Tod und Geburt eines Zyklus gehen immer mit Erschütterungen jeder Art einher.
All dies hat einen tiefen Sinn, dessen Ursachen in den Gesetzen des kosmischen Gleichgewichts zu suchen sind. Diese Gesetze übersteigen das menschliche Vorstellungsvermögen, so unerhört komplex und zugleich wunderbar einfach sind sie.
Beim gegenwärtigen Verständnis des gewöhnlichen menschlichen Geistes kann der Grund für die tiefinnere Organisation dieses Systems nur ein Mysterium sein.
Mit ›gewöhnlichem menschlichen Geist‹ meine ich nicht eine gewöhnliche, das heißt durchschnittliche Bildung, sondern die durchschnittliche Erhebung der Seele. Die Menschen haben noch nicht begriffen, daß man eine überdurchschnittliche und sogar sehr weit gehende Bildung haben und doch nur einen durchschnittlichen oder kleinen Geist besitzen kann. Den Menschen ist der Begriff der Intelligenz nicht klar. Die wahre Intelligenz kommt vom Herzen und spricht zum Herzen. Sie nimmt den Grund der Dinge durch die Liebe wahr. Wer einem anderen schadet — und sei es auch auf eine Art, die als geschickt oder intelligent gilt —, beweist damit keine wahre Intelligenz; er hat lediglich seinen mehr oder weniger scharfen Intellekt benutzt. In Wirklichkeit hat er gegen die erste Ursache verstoßen, die Liebe, das Prinzip des Ganzen, und sich selbst verleugnet.
Was nützen die besten Diplome der angesehensten Schulen, die größten Reichtümer, die weitreichendsten Machtbefugnisse, wenn es einem Menschen nicht gelungen ist, seine Seele nur ein wenig zu erheben, um das Wesen der Dinge zu ergründen?
Eines unserer vorrangigen Ziele ist es, den Menschen ver-

ständlich zu machen, daß sie nicht immer so gedacht haben wie heute.
Wenn die Menschen glauben, sie bestehen nur aus rein materieller, greifbarer Substanz, dann bestehen sie schließlich tatsächlich aus nichts anderem mehr.
Der Mensch hat den Blick dafür verloren, was er in Wirklichkeit ist — oder, anders ausgedrückt, er ist bei der engsten, kleinsten Dimension seiner selbst stehengeblieben. Die Bewohner deines Planeten brauchen dringend Wesen, die sie anleiten.
Es war einmal, vor Hunderttausenden von Jahren, eine Zeit, in der die Erde nicht im mindesten so aussah, wie du sie heute kennst. Du interessierst dich bereits für diese Epoche, die als das Goldene Zeitalter in der Erinnerung der Menschen fortlebt; leider haben sie sie schon vor langem in den Bereich der Mythen verwiesen.
Jeder weiß, daß der einzigartige Mensch des 20. Jahrhunderts mit seiner Intelligenz und seinem überwältigenden Geist diesem ganzen Plunder von Legenden keinen Glauben schenken kann!
Jeder weiß, daß er darüber erhaben ist, daß nur Dummköpfe, Naivlinge und Träumer an so etwas glauben!
Und doch . . .
Wenn du es dir eines Tages zur Pflicht machen solltest, diese Worte aufzuschreiben, dann füge folgendes hinzu: Wer nach der Lektüre der vorangegangenen Seiten bereits zu dem Schluß gekommen ist, daß der Autor lügt, daß er ein Idealist ist, der seine Wünsche für Wirklichkeit hält, der sollte dieses Buch schließen, denn es wird ihn nur verärgern.
Jeder folgt seinem eigenen Weg; unser Weg ist nicht, um jeden Preis zu überzeugen, sondern hier und da ein kleines

Saatkorn einzupflanzen. Wer verstehen will, wird verstehen. In seinem Garten hat die Saat bereits Wurzeln geschlagen.«

Das Wesen schweigt plötzlich. Seite an Seite gehen wir durch eine Natur, die schöner ist als alles, was ich bis jetzt gesehen habe. Kleine Wasserläufe hüpfen von Fels zu Fels; riesige Blumen in unvorstellbaren Farben reichen uns bis zur Taille.

»Schau«, sagt er und bleibt stehen, »all dies ist von einem perfekten Geist erdacht worden.

Es gab einmal eine Zeit, in der deine Artgenossen die Existenz dieses Ortes kannten. Die Erinnerung an diese Epoche sollte wieder in ihnen geweckt werden; es ist dringend notwendig, daß der Mensch zu seinem Ursprung zurückfindet.

Er muß durch die Jahrtausende zurückgehen und die Spuren seiner wahren Vergangenheit wiederfinden; die Ära anthropologischer, politischer und philosophischer Abschweifungen und vom Wege abgekommener Religionen muß zu Ende gehen. Die Torheiten, die die Menschen seit so langer Zeit kultivieren, werden ihren Höhepunkt gegen Ende dieses Jahrhunderts erreichen, aber schon jetzt müssen die bewußten Wesen einen bestimmten Weg vorbereiten.

Die Pläne für diesen Weg sind vor langer Zeit ausgearbeitet worden. Ein guter Beobachter wird ihre Spur erkennen, wenn er das Ende der vergangenen Jahrhunderte betrachtet.

Wir erreichen jetzt das Ende eines jener zweitausendjährigen Zyklen, von denen ich dir erzählt habe. Dieses Ende wird — ganz gleich, wie es ausfällt — eine entscheidende Wende in der Geschichte der Menschheit bedeuten. Um unser Ziel nicht zu verfehlen, müssen alle Anstrengungen aufeinander abgestimmt werden. Ein Strom der Liebe muß

sich über die Erde ergießen, ein anderer von ihr ausgehen. Die Zeit der Klarstellungen ist gekommen.
Vor langer Zeit bereits hast du dich entschlossen, eine Rolle in dem entscheidenden Akt zu spielen, der auf der Erde stattfinden wird. Jede Rolle, und sei sie auch noch so gering, hat ihre Bedeutung. Kein Wort der Wahrheit und der Liebe kann verlorengehen, auch wenn es nur geflüstert wird! Vor Zeiten hast du dich entschieden, eine Arbeit auszuführen, die die wahren Ursprünge des Menschen und seiner Religionen sowie die ursprüngliche Einheit betrifft. Bleibst du bei deinem Entschluß? Oder vielmehr: Bleibt ihr bei eurem Entschluß? Denn deine Frau ist ebenfalls betroffen. Wir garantieren nicht für den Erfolg, und wir haben lange überlegt, wie diese Arbeit ausgeführt werden soll. Die Umstände wollten, daß uns das Schreiben als die beste Lösung erschien. Andere, die du früher einmal kanntest, handeln bereits auf sehr ähnliche Weise.
Die Menschen glauben, dies sei eine Modeerscheinung, ein Symptom für dieses und jenes; aber sie sollten wissen, daß es sich hier vor allem um eine voll bewußte, willentliche und abgestimmte Bewegung handelt.
Einige haben ihre Aufgabe bereits erfolgreich zu Ende geführt. Bücher, die von der höchsten Wahrheit sprechen, sind schon von Hunderttausenden von Menschen gelesen worden; wenn nur ein einziger von ihnen die Worte der Liebe verstanden hat, war die Mühe nicht umsonst.«

Nachstehend nun der Bericht, den einige als schöne Lüge, andere als kurioses Abenteuer bezeichnen werden; wieder andere, die besser Bescheid wissen, werden ihm einen anderen Namen geben. Ich jedenfalls weiß, ich berichte etwas, das wahr ist, denn ich habe es erlebt.

Einführung

Ich werde mich immer an jenen Aprilabend erinnern, an dem ich mich in einem Grenzzustand zwischen Wachen und Schlafen befand und mich plötzlich ausgestreckt auf meinem Bett liegen sah. Wie soll ich meine Erfahrungen beschreiben, als ich mich zum ersten Mal von außen sah?

Ich spreche hier nicht von der Wiedergabe auf einer Leinwand; diese Erfahrung hat jeder schon einmal gemacht. Wenn ich sage »von außen sehen«, meine ich, sich zu sehen ... in Fleisch und Blut.

Aber wer ist »ich«? Bin ich er oder ich? Sind wir »ich«? Für den Bruchteil einer Sekunde streifen diese Fragen meinen Geist. Nachdem der erste Schock überwunden ist, fragt man sich, ob nicht der Tod so ist, ob man nicht das große Tor durchschritten hat, und wenn man sich mit geschlossenen Augen und nachlässig hingestreckten Gliedern daliegen sieht, fällt einem auf, daß man nicht besonders schön ist.

Ein wenig unruhig überlegt man weiter, wer man nun ist. »Ich bin nicht er, denn ich sehe ihn an!«

Und dann stellt man fest, daß man nicht nur ein Paar Augen ist, sondern auch ein Körper, nackt wie ein Wurm, und dieser Körper beginnt, sich nach links und rechts zu bewegen, als habe er Alkohol getrunken. Und dann, plötzlich, ist mit einer Erschütterung alles vorbei, man stellt fest, daß

man er ist, jener unbeholfene, nicht besonders ästhetische Körper, der ausgestreckt auf dem Bett liegt.
Wie lange hat das Ganze gedauert? Eine Minute vielleicht, höchstens zwei.
Nach dem Lesen des Vorworts werden viele mich für einen Phantasten halten. Wenn ein Wesen ein anderes nicht versteht, hat man schnell die Erklärung zur Hand, der jeweils andere sei verrückt oder phantasiere. Warum zieht man nicht die Möglichkeit in Betracht, daß man nicht die gleiche Sprache spricht? Wenn ein Chinese sich mit einem Franzosen zu verständigen sucht, wird der Franzose den Chinesen nicht für verrückt halten, weil er den Sinn seiner Worte nicht erfassen kann.
Wir wollen deshalb den Leser über unsere Wellenlänge nicht im unklaren lassen. Dieses Buch behandelt die Dinge des Geistes, den Ursprung und die Zukunft des Menschen. Gibt es einen Zusammenhang zwischen diesen Themen? Es gibt einen, Sie werden sehen.
Wenn man die Dinge des Geistes behandelt, kommt man früher oder später auf die Religion zu sprechen. Deshalb möchte dieses Werk mit den bescheidenen Möglichkeiten seiner Autoren versuchen, den Graben aufzufüllen, der die sogenannte östliche von der sogenannten westlichen Tradition trennt. Im Hinblick auf diese Aufgabe wurde einem der beiden Autoren dieses Buches eine besondere Methode zur Verfügung gestellt: die Astralreise. Sie kann als eine Technik betrachtet werden, deren erste Auswirkung ich oben beschrieben habe.
Was an einem Abend im April zufällig geschah, kann auf Wunsch wiederholt werden — und wurde wiederholt. Dabei sind nicht irgendwelche Drogen im Spiel, keiner der Autoren kennt ihren Genuß.

Es handelt sich, wie gesagt, um eine Technik, die ebenso wie das Lesen oder das Fahrradfahren mit ein wenig Willenskraft und Geduld erlernbar ist.
Dieses Buch berichtet also von verschiedenen Astralreisen; sie werden, so hoffen wir, ein wenig den Schleier lüften, der bestimmte grundlegende Probleme der Menschheit und des Menschen verhüllt.

I

Seelen auf Reisen

Ich habe den Eindruck, in einer mondlosen Nacht auf einem schwarzen Meer zu treiben. Ausgestreckt auf meinem Bett liegend, lasse ich mich von Wogen tragen, deren Plätschern ich nicht höre. Es dauert nicht lange, dann beginnen tausend kleine Lichter um mich herum aufzustrahlen — nicht wie Sterne an einem Himmel aus schwarzem Samt, sondern wie Lichter, die Teil der Dunkelheit sind.
Je mehr ich mich darauf konzentriere, desto mehr scheint dieses Licht ein Bestandteil der Dunkelheit zu sein, so als sei die Dunkelheit nur eine andere Form des Lichts.
In diesem seltsamen Zustand fühle ich mich jedoch durchaus wohl. Warte ich auf etwas? Ich weiß es nicht, obwohl mein Geist ganz klar ist.
Ich weiß, daß etwas geschehen wird, daß ich so etwas wie ein Durchreisender bin.
Plötzlich fühle ich mich von einer unwiderstehlichen Kraft nach oben gezogen... Ein merkwürdiges Gefühl in der Magengegend, als würde man mich mit einem Seil oder einer Nabelschnur gewaltsam einfangen. Höher, immer höher!
Dann, unversehens, eine Art Explosion, und ich bade in weißem Licht.
Sofort durchdringen mich köstlicher Wohlgeruch und milde Luft.

»Guten Tag!«
Ich sitze auf einem weichen, leicht taubedeckten Rasen.
»Guten Tag«, höre ich in meinem Inneren zum zweiten Mal.
Ich hebe den Kopf und sehe meinen Freund, den ich von tausend Erwachen, von tausend Erfahrungen kenne, den Mann mit dem länglichen Gesicht.
»Du bist jetzt in einer Welt, die du bisher noch nicht besuchen konntest ... zumindest in diesem Leben! Was sagst du dazu?«
Um ehrlich zu sein, ich sagte nicht viel; der psychologische Schock, den eine Astralreise hervorruft, die sich nicht auf die irdische Ebene beschränkt, sondern eine ihr parallele Ebene zum Ziel hat, hatte mich doch etwas mitgenommen.
»Du bist hier in der Welt der Hinübergegangenen ... oder auch im Reich der Toten, ganz wie du willst. Du siehst, sie sind genausowenig tot wie du und ich.«
In dem Park, in dem wir uns befinden, vergnügen sich eine Unmenge von Wesen, Männer, Frauen und Kinder. Die Vielfalt ihrer Gewänder überrascht mich.
In einer prachtvollen Robe aus dem 18. Jahrhundert geht eine junge Frau an uns vorüber auf ein Kind zu, das wie ein aus dem Märchen entsprungener Kobold gekleidet ist.
»Diese Frau war in ihrer Zeit berühmt«, sagt mein Geistführer. »Es fiel ihr sehr schwer, sich an die Vorstellung zu gewöhnen, nicht mehr auf Erden zu sein, wo sie über weitreichende Möglichkeiten verfügte. Sicher hat sie hier dieselben und sogar noch mehr, aber ebenso wie alle anderen ... Damit konnte sie sich nur schwer abfinden. Sie wird bald auf die Erde zurückkehren müssen und nutzt jetzt die letzte Zeit der Ruhe.«

»*Muß* sie zurückkehren?«
»In gewisser Weise schon! Der Mechanismus der Wiedergeburt ist komplex, wir werden ihn später studieren. Im Moment nur folgendes: In einem bestimmten Moment fühlt sich die Seele des Verstorbenen — das heißt der Teil des Menschen, der in dieser Welt hier wohnt — von der Erde angezogen. Da sie sich noch nicht restlos von fleischlichen Bindungen befreit hat, wird sie durch ihr fleischliches Verlangen von der fleischlichen Welt angezogen. Bei der Wahl ihres zukünftigen menschlichen Daseins wird sie von Wesenheiten angeleitet, die auf diesem Gebiet hochqualifiziert sind. — Betrachte diesen Mann dort hinten! Er ist ein Neuankömmling und erst seit ein paar Minuten bei uns.«
Ich sehe einen ungefähr fünfzigjährigen Mann, dessen Gesicht strahlt; er wird von mehreren Personen gestützt, da ihm das Gehen schwerfällt.
»Der Übergang vom irdischen Leben in diesen Zustand ist immerhin ein Prüfung«, sagt mein Begleiter mit dem länglichen Gesicht, als hätte er meine Gedanken erraten.
»Viele Wesen, eigentlich mehr als neun Zehntel, haben keine Vorstellung von dem, was sie nach ihrem Tod erwartet. Die Vorstellungskraft aber ist sehr stark! Sie bestimmt, wohin der Mensch geht. Daher betritt die Seele des Verstorbenen in den ersten Augenblicken nach dem Tod die Welt, die sie vorzufinden erwartet.
Wenn der Verstorbene zu Lebzeiten Atheist war, bleibt er, bis in seinem Geist das Licht aufflammt, in einer Art schwarzem, undefinierbarem Nebel, der nicht unbedingt unangenehm sein muß; er symbolisiert das Nichts, das der Betreffende nach seinem Tod zu finden glaubte. Jeder muß die Barrieren überwinden, die seine Religion oder sein Atheismus ihm errichtet haben!

Je weiter ein Wesen spirituell entwickelt ist, desto schneller ist der Durchgang durch die Zone der Unsicherheit beziehungsweise das Reich der Vorstellungskraft, das dem Moment des Todes folgt.
Das Tibetanische Totenbuch, der Bardo Thödöl, liefert eine symbolische Beschreibung der verschiedenen Stufen, die die Seele nach dem Tode durchwandert; in diesem Werk können die Menschen die Symbolik des Lichts genauer studieren.
Wenn der Verstorbene sich der wahren Wirklichkeit geöffnet und die von seiner irdischen Erziehung stammenden Wolken aus seiner Vorstellungskraft verjagt hat, entdeckt er die Welt, in der wir uns jetzt befinden. Dort erwarten ihn seine vor ihm verstorbenen Verwandten und Freunde und helfen ihm, sich von der Prüfung zu erholen.
Diese Prüfung hat jedoch nichts Schreckliches. Es gibt keine körperliche Qual, nur eine moralische, die auf die Unsicherheit der Wesen zurückzuführen ist, deren Bewußtsein schwarz ist . . . Aber wie ich dir schon sagte: Für sie und für alle anderen ist dieser Zustand vorübergehend.
Du siehst, der Tod ist eine Geburt in eine andere Welt.
Auf der Erde hat die orthodoxe Religion dies in einem kleinen, sehr treffenden Ausdruck zusammengefaßt: Sie sagt nicht, jemand sei verstorben, sondern ›für den Himmel geboren worden‹, was gleichzeitig poetisch und wahr ist.
Viele Menschen lächeln über das Wort Himmel; es stimmt, es hat einen naiven Beigeschmack. Aber es ist normal, daß der Mensch das Ziel seines Strebens oben, das heißt im Himmel, angesiedelt hat, und nicht unten.«
»Ich verstehe«, werfe ich ein, »das wahre Leben befindet sich hier in dieser Welt, nicht auf der Erde, und die Toten sind die wahren Lebenden.«

»Nein, was du sagst, ist nicht ganz richtig; sicher ist diese Welt hier, die wir als Astralwelt bezeichnen können, der Wahrheit näher als die irdische Welt, denn die Seelen, die in sie hineingeboren werden, haben eine klarere, globalere Sicht der Realität. Aber diese Welt ist deshalb noch nicht die Wahrheit. Im Vergleich zu einer Welt oder eher einem Universum, das ihr hunderttausendfach überlegen ist, ist sie noch recht materiell. Dieses Universum ist das Universum des *Geistes*. Aber das führt uns zu Überlegungen, die im Moment zu lang und tiefgehend wären.«
Mir fällt auf, daß die jeder Rasse, jeder Epoche, jeder Altersstufe angehörenden Wesen, die uns umgeben, mir und meinem Geistführer keinerlei Beachtung schenken. Der Ort, an dem wir uns befinden, ist tatsächlich bezaubernd; er erscheint mir wie eine Mischung aus allen nur vorstellbaren Landschaften: Je nachdem, wohin wir unsere Schritte lenken, treffen wir auf einen Kiefernwald, grüne Hügel, eine Oase, einen Gebirgsbach, einen tropischen Strand.
Sind die uns umgebenden Wesen so von dieser faszinierenden Vielfalt bezaubert, daß sie uns deshalb ignorieren? Wie gewöhnlich hat mein Begleiter meine Gedanken erfaßt, noch bevor ich sie ihm geschickt habe.
»Eins muß ich dir erklären: Die Wesen hier werden sich niemals um deine Anwesenheit kümmern, weil sie dich nicht sehen können. In ihren Augen bist du unsichtbar. Das bedeutet, du befindest dich noch nicht ganz in ihrem Universum.
Dein Astralkörper schwingt im Moment mit einer Frequenz, die von der ihren leicht verschieden ist. Dies funktioniert wie bei einem gewöhnlichen Fernsehapparat. Mit den Kanälen wechseln auch die Programme; man sieht verschiedene Bilder — oder auch gar nichts.

Du kannst nicht mit derselben Frequenz schwingen wie die Wesen der Astralebene, weil deine physischen und parapsychischen Fähigkeiten es dir noch nicht erlauben. Wenn ich dich mit dieser Frequenz schwingen ließe, würde dies den sicheren irdischen Tod bedeuten... Aber damit«, fügt er lachend hinzu, »hast du es ja im Augenblick noch nicht eilig!«

Wir nähern uns ein paar Gebäuden, die von einem kleinen Wäldchen aus Zedern und Kokospalmen umstanden werden — eine etwas eigenartige Zusammenstellung, die dennoch gelungen ist.

Die Häuser sind nicht weniger seltsam; niemals hätte ich mir eine solche Mischung von Stilen, einen solchen Erfindungsreichtum an Formen und Farben vorstellen können. Der ganze Komplex ist weit davon entfernt, geschmacklos zu sein, und ich denke bei mir, daß die Bewohner dieses Ortes über ein feines Gespür für Ästhetik und sehr viel Originalität verfügen müssen.

»Alle Kindheitsträume sind hier verwirklicht«, sagt mein Begleiter. »In der Astralwelt genügt es, eine Sache zu wünschen; wenn sie dem Interesse der Allgemeinheit nicht zuwiderläuft, wird sie sofort realisiert.

Wie du siehst, haben Wesen mit großer künstlerischer Begabung hier ihrer Vorstellungskraft freien Lauf gelassen; Beschränkungen des Materials, des Geldes, der Arbeitskraft oder der Zeit gibt es hier nicht! Vor dir siehst du reine Schöpfungen des Geistes. So kann jeder in dem Augenblick, in dem er dies gedanklich vollzieht, seine Traumvilla oder das Schloß seiner Wünsche errichten.

Dies wird verständlich, wenn du bedenkst, daß die Materie eine Objektivierung des Geistes ist.

Die Gedanken sind ein Widerschein des Geistes. Da sie in

der Astralwelt dem Geist näher sind als in der irdischen Welt, erhalten sie eine viel größere Kraft; sie können Wünsche sofort realisieren. Trotzdem wirst du wissen, daß auch auf der irdischen Ebene die sofortige Materialisation möglich ist, und zwar allein durch die Kraft der Gedanken; aber sie ist leichter durchführbar, wenn die Gedanken sich einer Stütze bedienen können. Diese Stütze ist die Sprache oder, abstrakter ausgedrückt, das, was die Religionen das *Wort* genannt haben.

Du weißt, das ganze Universum besteht aus Schwingungen. Nun gibt es besondere Töne, die die Schwingungskraft des Kosmos zusammenfassen. Ich sagte ›Töne‹, aber eigentlich müßte ich sagen ›*ein* Ton‹, der in verschiedenen Erscheinungsformen auftritt. Dieser Ton wird als das *schöpferische Wort* bezeichnet; die Hindus nennen ihn ›Aum‹, die Araber ›Amin‹ und die Christen ›Amen‹.

Das ›Aum‹ jedoch scheint mir die größte Kraft zu enthalten, denn es besteht aus drei Buchstaben, und die Drei ist, wie du sehen wirst, die heilige Zahl par excellence.

Dies ist keine Konvention, sondern eine effektive Realität. Die Schwingungskraft des *Wortes* steht in engem Zusammenhang mit der Energie des Atoms. Die großen Eingeweihten, die großen Wesenheiten wie beispielsweise Jesus, haben immer gewußt, daß ein voll bewußt und in einer tiefen, geeigneten Konzentration ausgesprochenes Wort Materialisationen hervorrufen kann. Das bekannteste Beispiel dafür ist sicher die von Matthäus berichtete Speisung der Fünftausend (Matthäus 14,13).

Aber auch heute noch gibt es Menschen, die diese Kraft besitzen, vor allem in Asien. Das Geheimnis liegt gewissermaßen in einer Beschleunigung des Schwingungsrhythmus des Geistes.

Es gibt eine Kraft, die unwägbarer ist als die vom Atom erzeugte Energie; sie setzt sich zusammen aus den Partikeln des Lebens. Ich meine damit, daß diese Partikel eine Intelligenz besitzen und die Archetypen der uns bekannten Sinne enthalten. Auf der Erde kann nur ein Wesen, das mit dem Kosmos harmoniert, den Schwingungsrhythmus seiner Lebenspartikel ändern und Dinge materialisieren. Sicher müssen solche Menschen eine Technik beherrschen, aber mehr noch hilft ihnen ihr Glaube, ihre unbegrenzte Liebe zum ›Großen Ganzen‹.
Wer sicher ist, daß seine Unternehmungen ihm gelingen, der hat mit Gewißheit auch Erfolg.
Glaube nicht, daß diese Anschauung nur im östlichen Kulturkreis, insbesondere bei den Yogis, verbreitet ist; öffne das Markusevangelium, dort findest du die Worte: ›Darum sage ich euch: Alles, was ihr bittet in eurem Gebet, glaubt nur, daß ihr's empfangt, so wird's euch zuteil werden‹ (Markus 11,24).
Der Kosmos ist ein gigantisches Reservoir, aus dem jeder nach Belieben schöpfen kann. Alle vergangenen und zukünftigen Dinge haben immer existiert, werden immer existieren und existieren jetzt. Man braucht sie nur von da, wo sie sind, hervorzuholen.
Ist in einem Steinblock nicht schon potentiell eine Statue enthalten? Und um dir zu beweisen, daß nicht nur Fakire dieses Wissen besitzen, möchte ich dich ein wenig in die Alchemie entführen.«
Ich frage mich, ob mein Begleiter mir nun die Herstellung des Steins der Weisen erklären will, aber schon unterbricht er meine Gedanken.
»Schau«, sagt er und deutet mit dem Finger auf eine Stelle im Gras, die zwei oder drei Meter von uns entfernt ist, »schau!«

»Sieht aus wie Gras«, sage ich etwas unbeholfen.
Aber schon während ich diese Worte ausspreche, erkenne ich für den Bruchteil einer Sekunde einen leichten Wirbel, der unmittelbar darauf in eine Myriade winzig kleiner Funken übergeht; sie sind so mikroskopisch klein und quirlig, daß ich mich wundere, sie überhaupt zu sehen.
»Was du siehst, sind die Partikel des Lebens. Wir haben gerade von Alchemie gesprochen; nun, schau genau hin . . .«
Ich habe das Gefühl, einen bedeutenden Augenblick zu erleben, einen jener besonderen Momente, die sich im Leben eines Menschen nur einmal ereignen: Vor mir auf dem grünen Rasen steht eine riesige Retorte. Ich weiß nicht mehr, was ich sagen soll.
»Damit du den Vorgang der Materialisation besser verstehst, habe ich ihn im Rahmen meiner Möglichkeiten für dich verlangsamt. Was hier in zwei oder drei Sekunden geschehen ist, dauert in Wirklichkeit nur einen Bruchteil dieser Zeit.«
»Wenn mein Auftrag darin bestehen sollte, all diese Tatsachen auf der Erde zu berichten, habe ich gute Chancen, daß niemand mir glaubt!«
»Die Materialisation beunruhigt dich, aber meinst du nicht, daß unser Zusammensein hier genauso ungewöhnlich ist?
Setzen wir uns ein wenig an den Fuß dieses Baumes, denn ich habe immer noch nicht von der Alchemie gesprochen.
In eurer Bibel heißt es, Gott habe den Menschen nach seinem Bilde geschaffen; trotzdem wird niemand ernsthaft behaupten, der Mensch sei Gott gleich. Wenn also du und ich Gott ähnlich sind, heißt dies nicht, daß wir ihm gleich sind; es handelt sich um eine Analogie, nicht um eine Gleichstellung.

Ebenso wie Gott alle Macht über das Universum besitzt, hat der Mensch alle Macht über die Materie. An diesem Punkt nun kommt die Alchemie ins Spiel, denn sie hat sich diesen Gedanken voll und ganz zu eigen gemacht.
Ein Mann namens Don Pernety nannte die Alchemie ›die Kunst, mit der Natur zusammenzuarbeiten, um sie zu perfektionieren‹. Ziel der Alchemie ist es, die am wenigsten feinen Elemente der Natur zu läutern und immer subtiler zu machen, bis sie schließlich unsichtbar werden.
Die authentischsten und tiefgründigsten Alchemisten waren der Überzeugung, daß ein Gegenstand, der seine stoffliche Substanz verloren hat, im unsichtbaren Zustand weiterexistieren könne. Man kann ihm daher seine materielle Gestalt auch wieder zurückgeben, ihn also sichtbar machen.
Dies führt uns wieder zu dem, was ich vorhin sagte: Der Kosmos ist ein unerschöpfliches Reservoir.«
»Könnten wir uns die erstaunlichen Gebäude, die wir seit ein paar Minuten vor Augen haben, einmal näher ansehen?«
»Wir könnten schon, aber wir tun es nicht. In der Astralwelt gibt es zwar kein Privateigentum; jeder geht, wann und wohin es ihm beliebt, und jeder lebt mit seinem Nachbarn in Eintracht.
Aber ebenso wie auf der Erde hat jedes Wesen hier sein Privatleben, das es zu respektieren gilt.
Es gäbe noch viel über das Leben auf dieser Daseinsebene zu sagen, denn viele Punkte bedürfen noch der Klarstellung. Sicher bist du auch der Meinung, daß man nur dann etwas wirklich behalten und verstehen kann, wenn man es erlebt hat. Deshalb hast du jetzt Gelegenheit, die Astralwelt sozusagen physisch und für längere Zeit kennenzulernen, bevor ich dir ihre Organisation, ihre Zusammensetzung

und ihre Stellung im Verhältnis zu anderen Daseinsebenen erkläre. Die Bauwerke dieser Welt scheinen dich zu interessieren; wenn du mir folgst, wirst du in aller Ruhe eins bewundern können.«
Bei diesen Worten legt das Wesen mit dem länglichen Gesicht seine Hand auf meine linke Schulter. Sofort verändert sich mein Gesichtsfeld. Ich habe kaum die Zeit, zu bemerken, daß in der Magengegend etwas an mir zerrt und ich in einem Wirbel aus dem kleinen Wald mit seinen Zedern und seinen Kokospalmen fortgetragen werde. Ich bin nicht überrascht, denn ich begreife sofort, um was es sich handelt.
Mein Geistführer hat seinen Willen auf mich übertragen und dadurch eine Teleportation des Astralkörpers bewirkt. (Das ist eigentlich die praktischste Fortbewegungsart in dieser Welt, wenn man sich nicht seiner Beine bedienen will.)
Vor uns erstreckt sich ein endlos langer Strand; verwundert stelle ich fest, daß jedes Sandkorn wie ein kleiner Edelstein funkelt.
»Das ist ja phantastisch«, entfährt es mir, »es sieht aus wie Puder aus Smaragden, Diamanten und Rubinen!«
»Ja, und jetzt betrachte einmal das Meer!«
Das Bild, das sich mir in diesem Augenblick bietet, werde ich sicher nie vergessen. Wie soll ich das helle Blau des Wassers beschreiben, auf dem tausend rosafarbene Lichter tanzen, auf dem Gold- und Silbertöne paillettengleich aufblinken? Es bedürfte des Talents eines Gottes, nicht eines Poeten, und ich bedaure nur, daß unsere irdischen Augen die Schönheiten einer Welt, die ihnen so nahe ist, nicht sehen können.
Langsam gehen wir weiter; mein Begleiter schweigt, er überläßt mich meinen Gedanken. Es gibt Augenblicke, in denen die Stille kostbarer ist als alles andere.

Der Himmel schimmert rötlich, und ich bemerke, daß mein Freund mich langsam vom Strand wegführt.
Hinter einer Düne eröffnet sich eine bezaubernde Landschaft. Anfangs glaube ich eine Oase zu erkennen; sie ist allerdings etwas sonderbar, denn es sind keine Palmen zu sehen, nur Bäume einer mir unbekannten Art, halb Bananen, halb Trauerweiden. Durch das Blattwerk funkelt ein Licht.
»Was ist das?«
»Gedulde dich ein wenig, ich glaube, dieser Ort wird dir gefallen.«
»Wenn ich daran denke, was wir mit unserem Astralkörper für ausgezeichnete Fortbewegungsmöglichkeiten haben, finde ich es wirklich schrecklich, an einen physischen Körper gefesselt zu sein. Kann die Teleportation nicht eines Tages auch auf der materiellen Ebene stattfinden?«
»Aber das tut sie doch bereits«, entgegnet mein Begleiter schmunzelnd, »das tut sie doch bereits! In Indien und Tibet gibt es, obwohl dies unterdrückt wird, eine Gruppe von besonderen Wesen, die mit ihrem physischen Körper dasselbe tun wie du mit deinem Astralleib. Die Hindus nennen sie ›Bodhisattwas‹. Aus speziellen Gründen sind sie nur wenigen Personen bekannt ... Aber da die Menschen die Existenz dessen, was sie nicht glauben wollen, immer geleugnet haben, ändert das auch nicht viel.
Wenn du wieder auf die physische Ebene zurückgekehrt bist, solltest du dich mit den Untersuchungen gewisser avantgardistischer Forscher beschäftigen; einige haben sehr interessante Wege eingeschlagen.«
»Von den Hertzschen Wellen habe ich schon gehört; bilden sie nicht die Hunderttausende von Linien, aus denen die Fernsehbilder bestehen?«

»Ja, genau, und was fehlt einem Fernsehbild eigentlich nur noch, damit es Konsistenz erhält? Eine einzige Dimension, die Tiefe.
Jeder Gegenstand besteht aus einer Unzahl von benachbarten Atomen. Das Problem besteht also darin, einen Gegenstand in seine Atome zu zerlegen, diese dann als Wellen an einen gegebenen Ort zu projizieren und sie dort als Atome wieder zusammenzusetzen. Auf diese Weise könnte Materie transferiert werden. Ich glaube, daß die Menschen dies in relativ kurzer Zeit bewerkstelligen werden.
Ah, wir sind angekommen, wie findest du das?«
»Herrlich!«
Vor uns erhebt sich ein repräsentatives Gebäude in einer ausgesprochen schönen Grünanlage. Die Architekten haben einen bemerkenswerten Geschmack bewiesen, indem sie einen modernen mit reinstem griechischen Stil verbanden.
Das Dach hat die Form einer Spirale; die einzige Verbindung zum Boden scheint eine Doppelreihe korinthischer Säulen zu sein. Das Gebäude steht am höchsten Punkt eines kleinen begrünten Hügels und ist über Stufen erreichbar. Mehr noch als die Architektur überrascht mich jedoch das verwendete Material: kein Stein, auch kein Marmor, eher Glas oder Kristall.
»Vor dir steht ein Bauwerk, das durch seine Architektur an die Bauten der Atlanter erinnert. Du kannst es ruhig betreten, denn es handelt sich gewissermaßen um ein öffentliches Gebäude, auch wenn dieser Ausdruck für die Astralwelt eigentlich nicht zutreffend ist. Hier werden die Fälle der Personen studiert, die in die Astralwelt geboren werden. Man schlägt sozusagen in ihrer Akte nach, um sie im Hinblick auf ihre nächste Inkarnation zu beraten.«

Nach einer kurzen Pause fragt mein Begleiter unvermittelt: »Hast du schon einmal eine Zusammenkunft von Staatschefs gesehen? Ich meine nicht im Fernsehen, sondern in Wirklichkeit.«
»Nein, natürlich nicht! Ich habe nie in politischen Kreisen verkehrt, und, um ehrlich zu sein, sie haben mich nie sonderlich interessiert.«
»Nun, siehst du die Gruppe von Personen unter dem großen Baum dort drüben, die einem jungen Mann zuhört? Viele von ihnen werden später einmal Staatsoberhäupter sein.«
»Du meinst Staatsoberhäupter auf der Erde, in ihrer nächsten Inkarnation?«
»Ja, genau; die Astralwelt braucht keine Staatschefs, zumindest nicht in dem Sinne, wie die Menschen diesen Begriff verstehen. Es gibt hier wohl hohe Wesenheiten, die sich mit der Leitung der Astralwelt beschäftigen, aber das ist etwas anderes und hat jedenfalls nichts mit Politik zu tun.«
»Ich war immer der Ansicht, Politik sei schrecklich und werde von skrupellosen und verlogenen Menschen betrieben.«
»Was dreiviertel der Politiker angeht, dürftest du durchaus recht haben. Meist ist es persönlicher Ehrgeiz, der die Menschen in die Politik treibt. Nur wenige wollen wirklich das Beste für ihre Mitmenschen und ihr Land. Trotzdem solltest du nicht die Politik als solche anklagen.
Aber es wird eine Zeit kommen, in der die Auffassung von Politik sich ändern wird; sie wird dann nicht mehr gleichbedeutend sein mit Kompromissen und Lügen, sondern mit herzlichen und verständnisvollen Beziehungen der Nationen untereinander. Die Regierungsformen allerdings wer-

den sich weiterentwickeln, und zwar alle, die gegenwärtig auf der Erde vorhanden sind. An dem Tag, an dem Weise und Gelehrte an der Spitze der Nationen stehen werden, wird die Menschheit einen großen Schritt vorwärts getan haben.

Nur das Bemühen um mehr Spiritualität wird die Staaten aus den Krisen herausführen, die sie bislang durchlebt und selbst genährt haben. Vergangene Zivilisationen, die vor der jetzigen existierten, standen bereits vor ähnlichen Situationen.

Die Wesen, die du dort siehst, haben sich versammelt, um die Entstehung einer solchen von Spiritualität getragenen Zivilisation vorzubereiten.«

»Sind sie Gelehrte oder Weise?«

»Nein. Es sind mit gesundem Menschenverstand begabte Wesen, Freiwillige, die keinerlei persönlichen Ehrgeiz besitzen. Sie sind aufgrund ihrer Fähigkeiten ausgewählt worden, aber nur ihr Wille war entscheidend; abgesehen von sehr speziellen Situationen wird nie jemand zu irgend etwas gezwungen.«

Ich frage meinen Begleiter, warum sich nicht Weise oder Gelehrte gemeldet haben, um die Führung der Nationen zu übernehmen.

»Ganz einfach! Die Welt ist noch nicht soweit, ihre Führung zu akzeptieren.

Stell dir einen bekannten Gelehrten oder einen großen Weisen an der Spitze eines Landes vor, glaubst du, man würde ihm folgen? Ihn verstehen? Würden wenigstens seine Kollegen ihn wählen? Sicher nicht, der menschliche Geist ist noch nicht so reif. Die Freiwilligen, die du hier siehst, werden sich in zwanzig bis dreißig Jahren auf der Erde inkarnieren; sie werden dort vor allem Mittler sein, friedliebende

Menschen, die lieber verhandeln, als sich mit Gewalt durchzusetzen.

Sie bereiten anderen den Weg, die wiederum anderen Platz machen werden — so lange, bis sich Regierungen etabliert haben, deren Charakteristika Weisheit und Liebe zum Einzigen Wesen sind. Und wer weiß, vielleicht hat die Welt bis dahin ja auch nur eine einzige Regierung?«

»Aber warum hat sich das noch nicht realisiert, wenn doch die Dinge sich nach einem seit langem festgelegten Plan entwickeln? Kann man die Verwirklichung dieses Plans nicht etwas beschleunigen?«

»Oh«, sagt mein Begleiter lächelnd, »du sprichst von einem Plan! . . . Es gibt einen, aber trotzdem ist nichts von vornherein genau festgelegt. Der freie Wille jedes einzelnen Menschen stellt oft viele Dinge wieder in Frage.

Ich habe dir bereits gesagt, daß die Erde kosmischen Zyklen unterworfen ist, die ihr Höhen und Tiefen auferlegen. Die Dinge werden erst voll realisiert, wenn alle Bedingungen erfüllt sind. Denke aber jetzt nicht, daß die kosmischen Gesetze für alles verantwortlich sind. Sie existieren, aber man sollte nie die große wirkende Kraft des Universums vergessen: die Liebe.«

Verlegen und zugleich fasziniert nähere ich mich der kleinen Gruppe. Die zukünftigen Staatschefs unseres Planeten entstammen allen Altersgruppen, tragen die unterschiedlichsten Gewänder. Zwei von ihnen fallen mir besonders auf: ein Greis mit langem grauen Bart und eine etwas über dreißigjährige Frau, die einen Sari trägt, aber eine Europäerin zu sein scheint.

Vor allem der Greis macht mich neugierig: »Warum befindet sich ein so betagtes Wesen in einer Gruppe, deren übrige Mitglieder in der Blüte des Lebens stehen?«

»Oh, das ist nicht schwer zu verstehen«, sagt mein Freund in munterem Ton; die Naivität meiner Überlegung scheint ihn zu belustigen.
»Das Alter hat keine Bedeutung hier. Du siehst den jungen Mann, sicher wirst du ihn auf kaum mehr als fünfundzwanzig oder dreißig Jahre schätzen; in Wirklichkeit aber ist er schon mehr als drei Jahrhunderte bei uns.
Der Greis mit den edlen Gesichtszügen, der dich so interessiert, erholt sich dagegen erst seit kaum einem Jahrhundert in der Astralwelt.
Der Grund für das unterschiedliche Aussehen ist einfach. Beim Eintritt in dieses Universum hat jedes Wesen die Möglichkeit, das physische Aussehen anzunehmen, in dem es sich in seinem irdischen Dasein am wohlsten fühlte. Die meisten entscheiden sich für das Aussehen, das sie um die Dreißig herum hatten, wahrscheinlich fühlt man sich in diesem Alter auf dem Höhepunkt seiner Kraft. Natürlich gibt es auch Wesen, die einen anderen Lebensabschnitt vorziehen; den Beweis hast du vor dir.«
»Und die Frau im Sari?«
»Ich nehme an, sie interessiert dich, weil sie die einzige Frau der Gruppe ist. Die Erdbewohner sind eben noch nicht bereit, viele Personen aus dem sogenannten schwachen Geschlecht an ihrer Spitze zu akzeptieren. Durch ihre Köpfe geistert noch immer das Bild von der Frau, die sich von der Schlange verführen läßt. Aber auch das wird sich ändern ... Allerdings ganz anders, als die gegenwärtigen Feministinnen glauben.
Diese Frau hier wird jedenfalls eine sehr bedeutende Rolle in der Welt spielen. Sie wird in dreißig Jahren auf der Erde geboren werden.
Was ich dir über die Zukunft dieser Wesen sage, sind natür-

lich nur Wahrscheinlichkeiten, denn, wie gesagt, nichts ist je absolut sicher, die Zukunft ist nicht vorherbestimmt; der Mensch ist frei!«

Der Leser wird es vielleicht nicht verstehen, aber mich überkam ein seltsames, undefinierbares Gefühl, als ich dieser Versammlung gegenüberstand. Es war, als habe man mich ein paar Jahrzehnte in die Zukunft versetzt, und bewegt betrachtete ich all diese Wesen, wie sie auf die unterschiedlichste Weise dasaßen und den Worten des jungen Mannes lauschten. Die Zeit bekommt in solchen Augenblicken eine andere Dimension, und wäre nicht das jugendliche Alter des Gesprächsleiters gewesen, dann hätte ich mir diese Szene auch im alten Griechenland vorstellen können ... Die Reden der Philosophen in lieblicher Landschaft ... Ein Dasein voller Freude ... voll erfüllter Aufgaben ...

»Träumst du?«

»Ja, tatsächlich, ich habe geträumt.«

»Dein Ausflug hat diesmal lange gedauert. Ich glaube, dein Astralkörper beginnt die Folgen zu spüren. Für heute wird die Prüfung bald zu Ende sein.«

»Wieso Prüfung?« überlege ich. »Ich empfinde das doch nicht als eine Prüfung, eher als ein faszinierendes Abenteuer!«

»Ein erschöpfter Astralleib bringt den physischen Körper in einen schlechten Zustand«, unterbricht mein Geistführer meine Gedanken.

»Ermüdet denn der Astralleib genauso wie der physische Körper?«

»Nein, nicht genauso. Ich glaube, ich habe mich schlecht ausgedrückt. Ein Astralleib, der von seinen irdischen Banden befreit ist, spürt weder Müdigkeit noch Schmerz. Du aber hast noch einen Körper aus Fleisch und Blut, der dich

auf der Erde erwartet; die Dinge sind deshalb etwas anders gelagert.
Auch wenn du schon mehrere Astralreisen unternommen hast, beherrschst du diese Technik doch noch nicht so perfekt, daß du dir extrem lange Reisen erlauben kannst. Es ist deshalb besser, deine Erfahrung für heute zu beenden.
Erwache aus deinem schönen Traum — oder nein, eher: Schlaf wieder ein, denn allmählich wirst du begreifen, daß der eigentliche Traum das irdische Dasein ist.«
»Ja, ich denke, das habe ich bereits begriffen, aber ich weiß ebenso: Das wahre Leben, das wahre Erwachen, das ist auch hier nicht. Es befindet sich in einem Universum, das über der Astralwelt steht — im Reich des Geistes.«
»Sehr gut!« antwortet mein Begleiter mit einem breiten Lächeln. »Und nun laß andere an deinem Wissen teilhaben! Geh, wir werden uns wiedersehen!«
In wunderbarer Stille löst alles sich auf. In einem vielfarbigen Strudel fühle ich mich nach unten gezogen.

II

Andere Dimensionen

Nach der Lektüre des vorangegangenen Kapitels wird sich der Leser vielleicht gedacht haben: »Das ist ja alles schön und gut, aber was beweist mir denn, daß es tatsächlich so ist? Einmal angenommen, der Autor sei aufrichtig: Könnten es nicht auch Halluzinationen sein? Und außerdem: Da ist uns nun beschrieben worden, wie das Leben auf einer Ebene aussieht, die der irdischen überlegen ist; aber diese Darstellung erklärt noch nicht, wie diese Ebene nun genau im Verhältnis zur unsrigen einzuordnen ist.«

Ich werde versuchen, dies alles zu beantworten.

Die eine Frage war: Ist der Autor nicht Halluzinationen erlegen, die er durch eine bestimmte Technik herbeigeführt hat? Darauf antworte ich natürlich mit einem klaren Nein, aber das wird Ihnen verständlicherweise nicht genügen.

Haben Sie je die Existenz von Radiowellen oder Röntgenstrahlen angezweifelt? Hätte man sich vor hundert Jahren vorstellen können, daß zwei Menschen, die durch Tausende von Kilometern und einen Ozean getrennt sind, sich unterhalten? Bestimmt nicht! Wer seinerzeit einen solchen Gedanken geäußert hätte, wäre wohl für verrückt gehalten worden.

Dieses Beispiel zeigt, daß es Realitäten gibt, die der Mensch mit seinen Augen und Ohren nicht wahrnehmen kann.

Sicher sind Sie auch noch nie auf die Idee gekommen, die

Existenz der Luft zu leugnen, die Sie einatmen; aber sieht man etwa die Luft?
Die Realität einer Astralreise anzuerkennen heißt also nur, einen offenen Geist und gesunden Menschenverstand zu beweisen. Was gestern noch als Wahnwitz galt, ist heute Wirklichkeit; dafür ließen sich viele Beispiele anführen.
Ich könnte natürlich die Technik einer Astralreise beschreiben, aber aus zwei Gründen möchte ich dies nicht tun. Zum einen, weil andere, qualifiziertere als ich, dies bereits getan haben; zum anderen, weil dies nicht das Ziel unseres Buches ist.
Außerdem könnten Menschen, denen das psychische Gleichgewicht fehlt — was heutzutage leider häufig zu beobachten ist —, einen solchen Ausflug versuchen und dabei zu Schaden kommen.
Natürlich bin ich nicht der einzige, der die Erfahrung des astralen Universums gemacht hat. Wenn man ein wenig die entsprechende Literatur durchforscht, stellt man bald fest, daß vergleichbare Erfahrungen zu allen Zeiten und in allen Ländern gemacht wurden; zum Beispiel, uns zeitlich relativ nahe, von den Katharern.
So beschreibt Bartholomäus von Carcassonne im 13. Jahrhundert eine Welt, »in der die Steine Saphire sind und der Sand Goldstaub«. Und er fügt hinzu: »Wir sagen, daß es eine andere Welt und andere Geschöpfe gibt, die unveränderlich und ewig sind, und in ihnen liegt unsere Freude und unsere Hoffnung.«
Der katharische Eingeweihte meint damit offensichtlich nicht mehr das Astralreich, sondern das Reich des Geistes, das wir bereits erwähnt haben.
Ein heute noch lebender katharischer Meister, einer von denen, die früher als »Vollkommene« bezeichnet wurden, schreibt in seinem Buch *Die Katharer*: »Im Verlauf seiner

Erfahrung sieht der Eingeweihte die Lichtgestalt seines Geistes und wird sich der Vereinigung seiner Seele mit dem Höheren Selbst bewußt.«
Auf die »Vereinigung der Seele mit dem Höheren Selbst« werden wir später zurückkommen. Im Augenblick interessiert uns der Begriff »Lichtgestalt«. Er entspricht ganz dem, was ich als »Astralleib« bezeichnet habe, beschreibt diesen etwas poetischer.
Ich verstehe, daß ein Leser, der sich zum ersten Mal mit diesem Thema beschäftigt, Schwierigkeiten hat, die Astralwelt im Verhältnis zur irdischen Welt zu situieren. Ich möchte diesen Punkt daher etwas ausführlicher erläutern und dabei auch das Reich des Geistes berücksichtigen.
Bei einem meiner ersten Aufenthalte im Astralreich drehte sich das Gespräch mit meinem Geistführer um das Verhältnis der verschiedenen Welten zueinander sowie um ihre Anzahl. Nach dem Vorbild der antiken Philosophen wanderten wir gemächlich dahin, wie wir dies auch heute noch zu tun pflegen. Ein Schwarm von Schmetterlingen in schillernden Farben umflatterte uns; das astrale Licht spiegelte sich in ihren Flügeln, als seien es Prismen.
»Hast du die Bedeutung der Zahl Drei verstanden?« begann mein Freund. »Sie ist ausgesprochen wichtig. Alle irdischen Religionen sind sich in diesem Punkt einig. Hast du dich je gefragt, was diese Zahl eigentlich bedeutet? Die Drei ist nicht nur eins plus eins plus eins, sie hat auch einen Sinngehalt. Phytagoras, einer eurer berühmtesten Mathematiker, war außerdem ein Eingeweihter. Er behauptete, das Gesetz des Universums sei in den Zahlen enthalten. Er hatte nicht unrecht.
Die Zahl Eins war immer ein Symbol für die Einheit und, im weiteren Sinne, für das schöpferische Prinzip.

Die erste Zahl, die aus der *Eins* hervorgegangen ist, ist offensichtlich die *Zwei;* aber die Zwei ist zugleich ein Sinnbild für die nicht mehr vorhandene Einheit, für Trennung, Widerspruch und Gegensatz. Die *Drei* ist die erste Zahl, die die Eins und die Zwei wieder zusammenbringt; sie symbolisiert die Idee der Verbindung von Eins und Zwei. Die Eins und die Zwei spielen in diesem Fall die Rolle der beiden Pole einer Batterie: Der eine ist aktiv und positiv, der andere passiv und negativ. Die Idee der Drei wird durch das Dreieck symbolisiert. Das Prinzip der Dreizahl — oder, wenn du willst, der Dreifaltigkeit — ist zeitlos, es ist die Grundlage des Universums. Betrachte den Menschen: Ist nicht auch er nach diesem Schema gebaut? Er besteht aus Körper, Seele und Geist. Ebenso gibt es drei Typen von Universen: das materielle Universum, das astrale oder mentale Universum — das Universum der Seele — und das Universum des Geistes, das der großen Einheit am nächsten ist.«

»Der Übergang von der materiellen zur astralen Welt scheint dem Menschen ja fast nach Belieben möglich zu sein«, meinte ich, »aber kann er auch das Universum des Geistes erreichen?«

»Nur die Seelen, die sich von allen materiellen Begierden befreit haben, können es erreichen. Das Ziel, das jeder Mensch haben sollte, läßt sich wie folgt zusammenfassen: die Sphäre des Geistes erreichen.

Dies wird, obwohl es vielleicht nicht so aussieht, in Millionen oder Milliarden Jahren geschehen, möglicherweise noch später. Dieser Zeitraum scheint dir schrecklich lang, aber was bedeutet er schon für Gott, für das Universum? Was ist schon die Zeit? . . . Nichts, eine Illusion.

Denke ein wenig nach: Wir unterhalten uns jetzt auf der Astralebene seit etwa zehn Minuten. Aber weißt du, wieviel

Zeit inzwischen auf der Erde verstrichen ist? Sehr viel mehr!
Die Zeit ist extrem elastisch. Für ein Insekt sind hundert Jahre eine Ewigkeit, aber in der Unermeßlichkeit der Zeit sind sie nur ein Staubkorn. Wesen, die von der irdischen Ebene aus mit der Welt des Geistes kommunizieren, werden von den gewöhnlichen Sterblichen als Heilige bezeichnet. Sie stehen mit Wesenheiten aus den höchsten Sphären in Verbindung, können ihre Hilfe in Anspruch nehmen und haben, wie man so sagt, ›die Füße nicht mehr auf dem Boden‹. Aber gerade dies gibt ihnen ihre Kraft.
Menschen, die nur mit der Astralebene in Verbindung stehen, werden Seher, Medien, Zauberer oder Hexer genannt. Die jeweilige Bezeichnung hängt von ihren Zielen ab, das heißt von ihrer spirituellen Entwicklung.«
»Dann bin ich also ein Medium?«
»Aber nein! Die astrale Projektion ist kein Phänomen der Medialität. Der Astralreisende wird sich einer anderen Dimension der Dinge bewußt, er begibt sich an Orte, an denen er der ursprünglichen Quelle näherzukommen glaubt. Er fängt nichts auf, er verändert die Schwingungen seines Körpers, um eine andere Sichtweise seiner selbst und der Welt zu bekommen.
Bei einem Medium handelt es sich um ein ganz anderes Phänomen. Ich habe dir bereits gesagt, daß der Mensch eine aktive und eine passive Tendenz hat; ein Medium läßt seine passive Tendenz dominieren, das heißt, es versetzt sich in einen Zustand der Rezeptivität. Darüber hinaus verfügen Medien über eine physische Besonderheit: Eine Äther genannte Substanz, in die der gesamte Kosmos eingebettet ist, ist bei ihnen im Überfluß vorhanden. Allerdings können sie diesen Äther nicht zurückhalten, sie pro-

jizieren ihn nicht wie etwa ein Geistheiler, sondern sie verlieren ihn einfach; um den Verlust auszugleichen, sind sie dann gezwungen, ihn von außen wieder aufzunehmen.«
»Wenn ein Medium so etwas wie ein Empfänger ist, sind also auch Seher und Propheten Medien!«
»Sicher, aber Vorsicht! Verwechsle die Medien spiritistischer Kreise nicht mit Sehern oder Propheten! Erstere wenden sich an die niederen Kräfte des Astralreichs. Sie überlassen ihren Willen Wesenheiten, die nicht besonders interessant oder sogar schädlich sind. Die zweiten stellen sich in den Dienst von Wesenheiten aus der höheren Astralwelt oder auch dem spirituellen Universum. Ihre passive Haltung hat also eine positive Auswirkung.
Sie sind jedoch sehr selten und haben im allgemeinen einen Auftrag auf Erden auszuführen. Sie stehen in einer Reihe mit den Alchemisten, den großen Heilern, die sogenannte Wunder wirken, und den großen Mystikern, die sehr weit gehende Kräfte haben. Letztere kommunizieren ebenfalls mit den höheren Wesenheiten, aber bei ihnen dominiert das aktive Element; das außergewöhnlichste Beispiel dürfte der Christus Jesus gewesen sein.«
»Das verstehe ich schon«, sagte ich, »nur eins ist mir noch nicht ganz klar: Wo befinden sich die drei Universen im Verhältnis zueinander? Kann man sie, sagen wir, konkret geographisch fixieren, oder ist dieser Ausdruck hier fehl am Platz?«
»Ja, allerdings! Selbst wenn der Mensch mit Raumfahrzeugen endlos die Galaxien durchreiste, er würde die astrale oder spirituelle Ebene nie erreichen. Die Schwingung ist der Schlüssel zu diesem Problem, vor allem in der Astralwelt, denn ihre niedrigsten Schichten sind der physischen Welt noch recht nahe.

Ein nichtmaterielles Universum kann ein materielles entweder sozusagen überlagern oder sich Millionen Kilometer entfernt befinden. Raum und Zeit haben keine reelle Bedeutung.«

Ich befürchte, daß ich den Leser durch allzu abstrakte Überlegungen ermüde, und möchte daher den Rest der Unterhaltung mit meinem Freund aus der Astralwelt hier nicht weiter wiedergeben.

Haben Sie je Science-fiction-Bücher gelesen? Es gibt erstaunliche. Aus reinem Zufall stieß ich eines Tages auf eine *La Cure* (»Die Kur«) titulierte Novelle der beiden Schriftsteller H. Kuthner und C. L. Moore.

Die Hauptgestalt der Geschichte ist die auf die Erde geworfene Projektion eines Wesens, das in einem anderen Universum lebt. Der Grund für diese Projektion? Nun, eben eine Kur. Das außerirdische Wesen leidet nämlich an Störungen, die nur durch ein Leben auf der Erde geheilt werden können.

Dabei handelt es sich nicht um eine irdische Inkarnation im eigentlichen Sinne, der »Held« hat vielmehr zwei simultane Existenzen auf zwei verschiedenen Ebenen. Das Wesen auf der Erde war nur die Marionette des anderen, es erlebte ein paar lichte Momente, in denen es sich fragte, wer es nun eigentlich war. Was war die Realität? Ich hoffe, daß Sie nun nicht denken: »Der hat einfach zu viele Science-fiction-Romane gelesen!« Aber Sie werden zugeben, daß dies für jemanden, der über ein bestimmtes Wissen verfügt, eine recht erstaunliche Geschichte ist.

Was ist der Mensch auf Erden? Was macht er hier, was ist sein Ziel? Wo ist die Wirklichkeit?

Seit so langer Zeit schon ist der Mensch auf der Suche; wie lange noch? Er hat die Erde, das Meer und den Himmel

durchforscht, er schlägt eine Brücke zu den Sternen und tastet sich mit Laserstrahlen in alle vier Ecken des Universums vor: er hat Schätze gefunden, er wird weitere finden.
Doch welche Kraft treibt ihn an, welches Fieber verzehrt ihn, was sucht er, was findet er nicht? Aber hast du dich einen Augenblick selbst betrachtet, Mensch, Eroberer des Nutzlosen? Mir scheint, du hast deinen Spiegel zerbrochen, das Wasser der Seen, das du verschmutzt hast, zeigt dir nur noch einen verzerrten Widerschein deines eigenen Bildes.
Gehe die Kette der Zeit zurück, und suche im tiefsten Grunde deines Gedächtnisses, dann wirst du den Gegenstand deiner blinden Suche finden, den wahren Schatz, den du nicht kennst und der dir doch so nahe ist. Entledige dich deiner Vorurteile, deiner Gewohnheiten, deiner Bequemlichkeit und deines Egoismus; entdecke die Finger, die dich Marionette in Bewegung setzen. Weißt du, wem sie gehören? Dir selbst, deinem wahren Selbst, das du vergessen hattest, dem Selbst, das verstehen und lieben kann.
Ich weiß eine Geschichte: »Es war einmal ein Kind, das sich für erwachsen hielt; es fand ein Fernrohr und sah hinein... jedoch am falschen Ende. Und sein Zuhause erschien ihm so weit weg, so weit weg...«
Wende nicht den Kopf ab, ich weiß, du hast dich wiedererkannt; setze die Bruchstücke deines Spiegels zusammen. Du dachtest, du hättest sie weggeworfen, aber die Hoffnung, die sich heute in dir regt, hat sie vor Zeiten beiseite gelegt. Sieh dir in die Augen, und entferne den Schleier deiner Betäubung. Ist er so schwer, daß du ihn nicht heben kannst? Der Schatz des Menschen liegt in ihm selbst.
Nun werden Sie vielleicht sagen: »Schöne Sprüche, alles Rhetorik, die Realität ist ganz anders!«
Glauben Sie das wirklich? Glauben Sie, daß Menschen, die

glücklich sind, die zufrieden sind, zu sein, was sie sind, und zu haben, was sie haben, aus ihrem Planeten eine Müllhalde, eine Zeitbombe, eine Stätte des Massakers machen würden?
Sie werden möglicherweise antworten: »Aber das ist doch die Schuld der Regierungen, wir haben damit nichts zu tun!«
Seien Sie ehrlich! Sind Sie nicht oft Zeuge oder sogar handelnde Person bei Niedrigkeiten, Auseinandersetzungen und Lügen? Sie gehören sozusagen zu unserem Alltag, man braucht sein Zuhause gar nicht zu verlassen, um solche Dinge zu erleben.
Das alles wegen Kleinigkeiten, Dingen ohne Bedeutung ... oft wird man sich dessen zu spät bewußt. Wie kann man hoffen, daß Nationen sich verständigen, wenn nicht einmal Nachbarn, Freunde, Ehepartner miteinander auskommen?
Wir alle tragen Schuld, wir alle müssen aus unserer Dumpfheit erwachen. Wir müssen unseren wahren Ursprung wiederfinden, ein für allemal — sehen wir uns ins Gesicht, und fragen wir uns: »Wer bin ich?«

III

Das seltsame Museum

Ausgestreckt im Halbdunkel liegend, spüre ich, wie meine Lider rasend schnell flattern. Es ist unmöglich, ihr konvulsivisches Zucken zu beherrschen, sie scheinen ein von mir unabhängiges Dasein zu führen, Ich versuche gar nicht erst, ihnen meinen Willen aufzuzwingen: Sie sind das Zeichen zum Aufbruch.

Bald werde ich mich in einer anderen Dimension befinden; ein plötzliches Auffahren, die geringste Bewegung meines Körpers könnte alles wieder in Frage stellen.

Jetzt! Die Erschütterung ist vorbei, und mit atemberaubender Geschwindigkeit nähere ich mich der Decke; ein paar Sekunden taumle ich ziellos umher. Durch meine Adern rinnt eiskaltes Blut; ich weiß, daß dieser Zustand nicht lange andauern wird. In wenigen Augenblicken werde ich in aller Ruhe dahinschweben. Man muß es nur wollen — und daran glauben, daß es möglich ist. Ich möchte meinen Freund von jenseits der Erde wiedersehen, und ich glaube an die Macht meines Willens.

Ich bin ein wirbelnder Kreisel in einem stummen Orkan; die Welt ist ausgelöscht, jedes Atom der Zimmerdecke hat in einem Bündel von Licht meinen Körper durchdrungen. Ich reise in eine andere Welt ...

»Du hast mich also gehört!«

Mein Geistführer ist da; wie gewöhnlich hat er sich mit dem

Rücken an einen riesigen bemoosten Baumstamm gelehnt und sieht mich mit seinem unergründlichen Blick, in dem ich eine Flamme der Güte verspüre, fest an. Ein breites Lächeln erhellt sein Gesicht.
Ich bin in dieser Welt nur ein Empfangsgerät, nur ein Tonband, bei dem die Aufnahmetaste gedrückt wurde; diese Überlegung gibt mir einen Stich ins Herz. Ich bin nichts als ein Schüler, der den Lektionen seines Lehrers folgt. Aber wie sollte es auch anders sein? Ich kann dem Wesen, das mein Meister ist, nur bescheiden zuhören, ohne ihm allzu viele Fragen zu stellen.
»Ein Tonbandgerät? Was sagst du da? Hast du dich nicht früher einmal entschieden, diese Arbeit auszuführen?«
Ich schäme mich ein wenig, natürlich hat er recht.
»Erkennst du diesen Ort? Hier bist du mir zum ersten Mal in diesem Leben begegnet.«
Seine Worte haben mein Herz berührt.
Nichts hat sich verändert; die Bäume, die so voll sind von Leben, das Bächlein, das leise murmelnd unter dem Moos dahinfließt . . .
»Es ist herrlich! Das ist der schönste Ort, den ich kenne. Dieses Licht! Und dieses Leben! Du hast mir schon viele schöne Dinge gezeigt, aber nie hatte ich ein so merkwürdiges Gefühl von Freiheit wie hier.«
»Es freut mich, daß du das sagst! Aber du brauchst dich nicht darüber zu wundern; sicher hast du schon verstanden, daß wir uns hier auf einer Wellenlänge befinden, die von der des Totenreichs verschieden ist. Unsere Astralkörper schwingen heute mit einer viel höheren Frequenz als bei unserem letzten Ausflug.«
»Sind wir denn überhaupt noch im Astralbereich?«
»Aber ja! Erinnere dich an die Worte Jesu: ›In meines Va-

ters Haus sind viele Wohnungen.‹ Das ist ganz einfach zu begreifen. Der Astralbereich besteht aus einer Unzahl von Existenzebenen; du lernst sie kennen, wenn du die entsprechenden Schwingungen aussendest.
Wie du siehst, hat Jesus nicht nur sagen wollen, daß Gott jedem einen Platz reserviert. Er sprach auch von einer ganz präzisen Wirklichkeit.
Merke dir: Jeder Satz in einem heiligen Text kann auf mehreren Ebenen verstanden werden.
Die jüdische Kabbala hat dies sehr wohl verstanden und bewiesen. Ein Großteil ihrer Arbeit liegt auf diesem Gebiet. Manche Personen behaupten sogar, man könne einen Text auf fünf verschiedene Arten lesen.
Das stimmt, wenn man ins Detail geht. Im großen und ganzen jedoch gibt es drei Arten, an die heiligen Schriften — gleich, welcher Zivilisation — heranzugehen.
Auf der ersten Ebene nimmt man den Text wörtlich, ohne ihn weiter zu hinterfragen; diese Lesart ist für den normalen Gläubigen bestimmt. Die zweite Ebene ist die des Symbols oder der Allegorie. Der Text wird nicht mehr wörtlich verstanden, man geht vielmehr davon aus, daß er durch Bilder spricht; man sucht also die Wahrheit, die sich hinter diesen Bildern verbirgt. Diese Lesart richtet sich an Forscher und Exegeten.
Die dritte und letzte Verständnisebene schließlich ist die sogenannte esoterische oder okkulte; der Ausdruck gefällt mir im übrigen nicht besonders, ich werde dir später sagen, warum. Diese Lesart enthüllt die größten Wahrheiten, die in einem heiligen Text verborgen sind; sie wird nur von den Eingeweihten praktiziert. Das bedeutet aber nicht, daß die anderen Lesarten falsch wären, sie wenden sich lediglich an andere Bewußtseinsebenen. Der intellektuelle und spiri-

tuelle Entwicklungsgrad der Menschen ist nun einmal unterschiedlich. Die Schwierigkeit bei der Lektüre eines heiligen Textes liegt nun darin, daß manche Passagen mehr auf dieser, andere mehr auf jener Ebene gelesen werden wollen.
Um etwas zu erkennen, muß man erkennen wollen. Die Wahrheit hat sich immer nur dem enthüllt, der sich die Mühe machte, sie zu suchen; wobei ich mit ›Wahrheit‹ nur das meine, was wir von ihr erkennen können.
Nur das Einzige Wesen ist im Besitz der ganzen Wahrheit. Zu unserem Nutzen sollten wir jedoch versuchen, uns ihr soweit wie möglich anzunähern, denn das Wissen hat die Macht, den Menschen zu erhöhen. Es gibt eine mystische Schule auf Erden, die der Gnostiker — sie hat den Versuch einer religiösen Synthese unternommen —, die behauptet, erst das Wissen mache ein Individuum zum wahren Menschen. Aber das ist nicht ganz richtig; wo bleibt da die Liebe?
Die Liebe ist die einzig wahrhaft positive Kraft. Nur ein Wesen, das eins ist mit dem Kosmos und das Ganze mit großer Liebe erfaßt, erreicht die höchste Ebene.
Wissen ist sicher notwendig, aber ohne das Licht, das aus der Kommunion mit dem Kosmos entsteht, bleibt es leer und hohl. Es geht mir hier nicht um eine Kritik an der Gnosis. Sie hat enorme Verdienste, und zu Recht schreibt man ihr die Enthüllung großer Wahrheiten zu. Trotzdem kann keine Religion, keine Sekte, keine esoterische Gruppe sich rühmen, allein die Wahrheit auf Erden zu vertreten.
Man sollte nie vergessen, daß jede Religion in einer ganz bestimmten Epoche gestiftet wurde, und zwar in Abhängigkeit von der in dieser Epoche gegebenen spirituellen Entwicklung, den Charakteristika des betreffenden Volkes und sogar der geographischen und klimatischen Situation.

Eine Religion ist immer nur *eine* Religion. Sie gibt einem ganzen Volk die Regeln für ein spirituelles Leben, aber nicht *die* Regeln für ein ideales Leben schlechthin.
Ebenso wie für den physischen Körper Übungen notwendig sind, ist auch für den spirituellen Körper eine Disziplin unerläßlich. Die religiösen Praktiken sind eine Gymnastik für den Geist.
Viele Völker und viele Priester aller Glaubensrichtungen haben die exakte Bedeutung und die Herkunft ihrer religiösen Rituale vergessen. Das ist durchaus besorgniserregend, denn was ist ein religiöses Ritual anderes als ein Mittel, den Kontakt mit den Wesenheiten wiederherzustellen, die das Universum des Geistes bevölkern?
Es ist kein Zufall, wenn im Gottesdienst verlangt wird, diese oder jene Haltung einzunehmen oder diesen oder jenen Satz auszusprechen. Auch die Farbe des priesterlichen Meßgewandes ist kein Zufall. Wenn ein Brauch auf willkürlichen Entscheidungen beruht, kann man ihn in Frage stellen, aber wenn er in universellen Gesetzmäßigkeiten verankert ist, liegt der Fall anders.
Betrachten wir ein sehr einfaches, allgemein bekanntes Beispiel: In vielen Religionen überall auf der Welt, insbesondere im Christentum, legt man zum Beten die Hände zusammen. Du wirst mir sagen, daß diese Haltung einfach so zustande gekommen ist und nun auf Konventionen beruht. Aber das stimmt nicht, denn das Falten der Hände löst im menschlichen Körper ein physisches Phänomen aus: Die gesamte im Körper produzierte Energie wird so in ihm konzentriert. Die rechte Hand hat eine negative Polarität, die linke eine positive. Legt man nun die Hände zusammen, so entsteht ein geschlossener Kreislauf, und ein Energieverlust ist nicht mehr möglich. Von links nach rechts baut sich ein kon-

tinuierlicher Energiefluß auf, der größere physische Kraft und gesteigerte Konzentrationsfähigkeit bewirkt. Ideal wäre natürlich, außer den Händen auch die Füße zusammenzulegen. Der Körper ist wie eine Batterie, die man laden oder entladen kann; wenn man seine Funktionsweise kennt, kann man seine Kraft um ein Vielfaches steigern.

Wissen zum Beispiel die Christen, die von anderen Religionen oft sehr wenig Ahnung haben, daß schon die Sumerer die Hände falteten, um religiöse Konzentration zu erreichen? Man kann natürlich einwenden, daß die Hände nicht genauso zusammengelegt wurden wie im Christentum, aber das hat keine Bedeutung; das Prinzip ist dasselbe. Es gibt auf der Erde die sehr schöne Statue eines sumerischen Prinzen namens Gudea, die die rituelle Geste der gefalteten Hände eindrücklich darstellt.

Ich sagte dir eben, daß die Farbe des priesterlichen Gewandes eine Bedeutung hat. Auf die Gefahr hin, mich zu wiederholen, betone ich es noch einmal: Das gesamte Universum besteht aus Schwingungen, die Farben genauso wie alles andere. Man kann sogar noch weiter gehen und sagen, daß eine Farbe eine Schwingung ist, die ihrerseits Schwingungen aussendet. Der modernen Wissenschaft ist dies vor kurzem bewußt geworden. Einige Farben sind bekannt dafür, daß sie das Auge beruhigen, andere wiederum reizen es. In Wirklichkeit übermittelt jede Farbe eine Botschaft, die zwei Dinge bezweckt: Zum einen bewirkt sie eine Konditionierung, denn jede Farbe wirkt sowohl auf den Körper als auch auf den Geist des Menschen; aus diesem Grund hat das Sehen eine so große Bedeutung.

Für mich ist der Sehsinn kein materieller Sinn, denn er ist der einzige, der nur den immateriellen Teil der Dinge wahrnimmt: Licht und Farben. Die anderen Sinne funktionieren entweder über die Materie, wie beispielsweise der Geschmacks- und der Tastsinn, oder über eine Kombination von Materiellem und Feinstofflichem, etwa der Geruchssinn: Er atmet die Luft, eine materielle Substanz, ein und nimmt gleichzeitig Düfte auf, die immateriell sind. Über dieses Thema können wir sehr viel vom Taoismus lernen.«

»Und die zweite Botschaft der Farbe?«

»Sie ist ganz anders, nämlich symbolisch. Aus verschiedenen Gründen haben die Völker der Erde die Farben mit Bedeutungen versehen. Oft war dies eine Vorsichtsmaßnahme, denn bestimmte Dinge wollte man nur einem bevorzugten Personenkreis enthüllen. Du wirst jedoch feststellen, daß diese Symbolik selten rein subjektiv ist; meist hat eine Farbe diese oder jene Bedeutung, weil die von ihr ausgehenden Schwingungen den menschlichen Geist in eine bestimmte Richtung gelenkt haben; natürlich gibt es auch Ausnahmen.«

»Ist das der Grund, weshalb Krischna in Indien und Amon-Ra in Ägypten oft mit einem blauen Körper dargestellt wurden?«

»Richtig, obwohl die Persönlichkeiten der beiden Gottheiten sowie ihr Ursprung sich stark unterscheiden. Von einem rein schwingungsmäßigen Standpunkt aus betrachtet, ist Blau, ebenso wie Gold und Orange, immer als spirituelle Farbe angesehen worden. Auch auf der Ebene der Symbole ist diese Wahl leicht zu verstehen: Blau ist die Farbe des Himmels, das heißt des Ätherischen; es hat sich den Künstlern daher ganz natürlich als eine der Farben für die Gottheit angeboten.«

Eine sanfte Brise hat sich erhoben und bewegt die Wipfel der majestätischen Bäume, unter denen wir uns befinden.

»Ich hätte nie gedacht, daß es an einem so paradiesischen Ort Wind geben könnte!«

»Warum nicht?« entgegnet mein Begleiter amüsiert. »In diesem Universum hier findest du die gesamte Natur ... oder fast die gesamte! Sagen wir: die Natur, die dem Menschen freundlich gesinnt ist. Ist diese leichte Brise nicht angenehm? Natur ist Leben, ist Bewegung. Fändest du es nicht traurig, wenn nie ein Windhauch über diese Blätter streichen würde? So freuen sich alle Bewohner dieser Welt, wenn ab und zu eine leichte Brise durch die Wipfel dieser alterslosen Bäume fährt.

Theoretisch sind auch Stürme, Gewitter und Orkane möglich, aber sie werden nicht eintreten, denn die hier anwesenden Seelen sind in Harmonie und lieben nur das, was friedlich und heiter ist. Deshalb wirst du in den höheren Bereichen der Astralwelt auch nur Schönes und Gutes antreffen.«

»Das letzte Mal waren wir im Reich der Seelen der Verstorbenen; gilt das, was du eben sagtest, auch dort?«

»Im großen und ganzen schon, aber es gibt auch Unterschiede. Die menschliche Seele wird im allgemeinen von dem angezogen, was schön und lieblich ist. Du hast selbst gesehen, daß wir absolut zauberhafte Orte angetroffen haben, die von allen dort wohnenden Seelen erdacht worden sind. Technisch ausgedrückt: Die dortigen Seelen befanden sich auf derselben Wellenlänge. Spontan haben sie sich auf der Astralebene zusammengefunden, die dieser Wellenlänge entspricht. Sie schaffen gewissermaßen die betreffende Ebene selbst.«

»Ja, ich glaube, ich verstehe, was du sagen willst. In der Astralwelt gibt es so viele Ebenen wie von den Seelen der Verstorbenen erzeugte Schwingungstypen.«

»Ja, ganz genau, und deshalb können sich auch in dieser Welt zwei Wesen, die nicht miteinander harmonieren, nie begegnen. Du wirst hier weder Kriege noch kleine Streitereien erleben; die Seele genießt absolute Ruhe, aber sie kann, wenn sie will, ihre Kenntnisse auf einem bestimmten Gebiet vervollkommnen. Die Seelen, die neu in dieses Leben hineingeboren werden, möchten sich natürlich zunächst einmal von den Anstrengungen und Leiden ihrer irdischen Existenz erholen. Aber da auch ihre geringsten Wünsche erfüllt werden, beginnen sie bald, sich ein wenig zu langweilen; sie möchten dann Kenntnisse erwerben, an ihrer Besserung arbeiten und gewissermaßen ihr zukünftiges Leben vorbereiten. Einige Menschen haben behauptet, das Astralleben sei ausschließlich passiv. Das ist vollkommen falsch. Ein Astralkörper — oder eine Seele, wenn dir das lieber ist — kann sehr viel zu tun haben. Aber das geht ganz natürlich und ohne Mühe vor sich, denn die Seele soll die Astralwelt stärker und weniger erschöpft verlassen, als sie sie betreten hat.«

»Wenn Wesen, die miteinander harmonieren, also sich lieben oder schätzen, auf derselben Astralebene leben, bedeutet das auch, daß Eltern und Freunde sich nach dem Tod wiedersehen?«

»Ja, natürlich, wenn sie sich wirklich gut und nicht nur oberflächlich verstanden haben. Ansonsten treffen sich nicht ihre Seelen, sondern nur die Vorstellungen, die sie sich voneinander machen. Nur ein starkes Gefühl und eine enge Bindung erlauben einen wahren Kontakt zwischen den Seelen. — Vielleicht ist dir die Organisation der Astralebene jetzt etwas klarer!«

Ich bin meinem Freund dankbar, daß er soviel Geduld mit mir hat.

»Glaube aber nicht, daß ich dir damit alles gesagt habe! Im Universum gibt es immer etwas zu lernen. Aber denk noch einmal nach: Wolltest du mir nicht eine Frage stellen? ... Wirklich nicht? ... Erinnerst du dich nicht an eine gewisse Erfahrung?«

Gegen meinen Willen beginne ich zu lachen; es ist offensichtlich unmöglich, ihm irgend etwas zu verheimlichen!

»Ja, du hast recht«, sage ich ein wenig verlegen. »Über einen Punkt bin ich mir noch nicht so recht im klaren.

Ich hatte da ein Erlebnis, dem ich nicht ein zweites Mal ausgesetzt sein möchte und das ich gewiß niemandem wünsche. Ich hatte mich kaum von meinem physischen Körper getrennt, als ich mich auch schon in einem absolut grauenerregenden Universum befand. Ich sah mich in einer Art gräulichem Brei umherschweben, und von allen Seiten stürzten sich schreckliche Monster auf mich, die einem widerwärtigen Alptraum entsprungen schienen. Sie sahen aus wie verwesende Organe des physischen Körpers, hatten aber tückische Augen und reißende Kiefer.

Andere sahen aus wie eine Mischung aus mehreren Tieren, wie Katzen mit Schweinsköpfen oder Reptilien mit Vogelköpfen; andere wiederum glichen überhaupt nichts, es waren Massen von Ektoplasma, aber ausgesprochen aggressiv. Von überall her kamen grausige Schreie, ein entsetzliches Wimmern und Röcheln. Nach ein paar Sekunden, die mir wie eine Ewigkeit erschienen, fand ich mich mit einer starken Migräne in meinem physischen Körper wieder.«

»Genau, an dieses Erlebnis wollte ich dich erinnern. Nun, das alles geht auf das Konto der Angst.«

»Ja, das habe ich mir schon gedacht. Nach dem Verlassen des physischen Körpers bekommt ein Anfänger leicht Angst, denn die Eindrücke sind extrem verwirrend, sie haben mit allen bisherigen Erfahrungen nichts gemeinsam. Ich nehme an, daß meine Angst den Schwingungsrhythmus

meines Astralkörpers verringert und mich so in eine Welt gestürzt hat, von deren Existenz ich nichts wußte.«
»Deine Deutung ist richtig. Du hast das Problem der untersten Astralebene angesprochen; wie du vermutet hast, gibt es in der Astralwelt einen Bereich, der eine sehr niedrige Schwingungsfrequenz aufweist. Du hast dort monsterähnliche Kreaturen angetroffen, aber du hättest auch andere Wesen sehen können. Einige kann man als Elementargeister bezeichnen; es sind die astralen Projektionen der Kräfte der Natur beziehungsweise der vier grundlegenden Elemente, aus denen sie besteht: Erde, Wasser, Feuer und Luft. Man hat ihnen Namen gegeben, als Kobolde, Undinen, Nymphen und Elfen bevölkern sie die Märchen. An und für sich sind sie weder gut noch böse. Ihr Charakteristikum ist ihre Fügsamkeit gegenüber einem Willen, der sie zu beherrschen weiß. Sie handeln nur aus zwei Gründen: aus Ergebenheit oder aus Angst. Sie kreisen unentwegt im Äther der niederen Astralwelt, die mit der physischen Ebene in direkter Verbindung steht.
Hexer und Zauberer können durch geeignete Rituale einen Kontakt zu ihnen herstellen und sie, wenn sie über genügend Kraft verfügen, zu Dienstleistungen verpflichten; auf diese gründet sich dann ihre Macht und ihr Ruf auf Erden.
Denke an die Medizinmänner Nordamerikas, die Regen machen konnten. Das ist kein Märchen, sie wußten tatsächlich, wie man sich der Naturkräfte, das heißt der Elementargeister, bedient. In der keltischen Zivilisation besaßen die Druiden sehr weit reichende Kenntnisse auf diesem Gebiet. Kennst du die Sagen über die Ritter der Tafelrunde? In ihnen spielt auch der Wald von Brocéliande mit seiner magischen Quelle eine Rolle. Es genügte, ein wenig Wasser aus

dieser Quelle zu versprengen, und schon gab es ein heftiges Gewitter. Den Wald von Brocéliande gibt es noch immer, allerdings heißt er heute Wald von Paimpont. Auch die berühmte Quelle ist noch vorhanden, die Quelle von Barenton. Sicher weißt du nicht, daß es noch immer Druidenkollegen gibt, die von Zeit zu Zeit an diesem Ort die Zeremonie zur Entfesselung der Elemente ausführen.

Dahinter stehen eigentlich gar keine großen Geheimnisse; man braucht nur gewisse Gesetze zu kennen, die für die Organisation der Natur verantwortlich sind. Aber wehe dem, der weder genügend innere Kraft noch genügend Wissen besitzt, um die Elementargeister zu beherrschen! Die Kräfte, die er entfesselt hat, wenden sich gegen ihn; das ist das berühmte Gesetz der Vergeltung, von dem in den Werken über Magie die Rede ist. Es ist dies die sehr einfache, aber sehr wahre Geschichte vom *Zauberlehrling*. Auch manche Vorkommnisse bei Fakiren gehören in diesen Bereich. Es gab sogar ganze Zivilisationen, die einen Elementargeist so stark spürten, daß sie ihn wie einen Gott verehrten. Nimm das Beispiel des assyrischen Dämonen Pazuzu, der als Fürst der bösen Geister der Luft verehrt und gefürchtet wurde.«

»Ich habe einmal gehört, daß ein Fakir, der für ein paar Rupien auf Jahrmärkten auftrat, aus einem kleinen Korn in wenigen Augenblicken einen Strauch wachsen lassen konnte, der sogar Früchte trug.«

»Ja, dieses Beispiel illustriert, was ich eben gesagt habe. Im allgemeinen sollte man keine Beziehungen zur niederen Astralwelt unterhalten, die Risiken für einen spirituell nicht wirklich sehr hoch entwickelten Menschen sind zu groß. Die wunderbarsten Dinge sind ohnehin nicht auf dieser Ebene angesiedelt. Die wahre Macht gehört zum Bereich des Geistes. Du solltest daher der Magie keine allzu große Bedeutung beimessen.

Das tibetische Volk hat dies verstanden; es sieht in einem Zauberer nicht einen besonders religiösen Menschen, sondern ein Wesen, das die Gesetze, die die Parallelität von kosmischen und psychischen Kräften regeln, nach Belieben zu verwenden weiß. Weiße und schwarze Magie unterscheiden sich im übrigen nur durch den mehr oder weniger religiösen Geist dessen, der sie ausübt, denn beide beruhen auf denselben Prinzipien. Mit den okkulten Kräften verhält es sich so ähnlich wie mit denen, die die Wissenschaft verleiht: an sich sind sie weder gut noch schlecht, entscheidend ist nur, wie man sie anwendet.

Ich möchte noch etwas zur niederen Astralwelt sagen, denn sie ist tatsächlich sehr bevölkert!

Du hättest dort auch Wesenheiten begegnen können, die ein Bewußtsein haben; die alten Griechen und Römer nannten sie ›Schatten‹. Es handelt sich um die Astralkörper von Verstorbenen, die wegen ihrer mangelnden spirituellen Entwicklung nur sehr langsam von einer Ebene in eine andere überwechseln; es sind die letzten physischen Reflexe eines Körpers, der schon im Astralbereich lebt.

Hier liegt der Ursprung der sogenannten Gespenster. Sie sind so etwas wie die physischen Gerippe von astralen Körpern. Auf die Dauer lösen sie sich im Strom des astralen Lichts auf.

Aber jetzt genug von Schatten! Da wir uns hier im oberen Astralbereich befinden, wäre es sehr schade, diese Gelegenheit nicht zu nutzen. Meinst du nicht auch?«

»Auf jeden Fall!«

Ich bemühe mich, meinem Freund zu folgen, der mir durch riesige Farne einen Weg bahnt. In einem Strahl goldenen

Lichts wachsen hier und da riesige Blumen. Ich finde keinen Namen für sie. Sie sind so groß, so prächtig! Es sind Rosen, Kornblumen, Lilien und Orchideen, aber transzendiert, erstrahlend in ewigem Licht und ewigem Leben. Ich habe den Eindruck, als ob sie uns im Vorübergehen grüßen und uns zulächeln. Die Landschaft verwandelt sich allmählich in einen einzigartigen Dschungel. Alles ist gigantisch; Dimensionen, Formen und Farben übersteigen das Vorstellungsvermögen. Ich finde keine Worte, und mir bleibt nur, den intensiven Duft dieser zauberischen Natur einzuatmen. Mein Freund, das Wesen mit dem länglichen Gesicht, ist stehengeblieben. Mit einer Hand schiebt er ein Gewirr aus Lianen und Blumen zur Seite.

»Schau . . .«

In der Ferne erhebt sich, majestätisch und sonnenbeschienen, eine schneebedeckte Bergspitze.

»Ich habe dir bereits gesagt, daß es Wesenheiten gibt, die den Gang von allem, was sich auf der Astralebene entwickelt, lenken . . . Gewöhnlich treffen sie sich am Fuße dieses Berges. Es sind psychische Wesenheiten; sie bestehen aus den hohen Wesen, die in vergangenen Epochen der Menschheit gelebt haben. Sie tun diese Arbeit aus freien Stücken; in der Antike wurden sie als Manen bezeichnet.«

»Gehörst du auch zu ihnen?«

»Oh, bei mir ist der Fall noch etwas anders gelagert. Ich habe nie physisch auf der Erde gelebt; meine materielle Existenz fand auf einem Planeten statt, der von dem deinen sehr weit entfernt ist.

Bei meiner letzten Inkarnation habe ich als Berater in religiösen Angelegenheiten bei einer Art Kolonisation der Erde mitgewirkt. Wir werden später auf diese Epoche zurückkommen . . . Nachdem ich endgültig auf die astrale Ebene

gelangt war, erschien es mir logisch, meine Arbeit fortzusetzen. Daher beschäftige ich mich noch immer mit der Erde und ihrer spirituellen Entwicklung.
Mit zahlreichen Freunden begebe ich mich in periodischen Abständen zum Fuße dieses Berges, und dann versuchen wir, die jeweils anstehenden Probleme zu lösen.
Wir arbeiten auch als Helfer der sehr hohen Wesenheiten aus der spirituellen Welt, die eine viel globalere Sicht des Kosmos haben und für den göttlichen Plan wirken.«
»Das ist ja großartig! In gewisser Weise ist da drüben dann die Regierung der Astralwelt!«
»So ungefähr, obwohl die Versammlungen auch woanders stattfinden. Das Wort ›Regierung‹ ist allerdings nicht der richtige Ausdruck.
Es gibt hier keine Hierarchie. Alle leitenden Wesenheiten des oberen Astralbereichs sind gleichberechtigt; nur größerer Weisheit wird der Vortritt gelassen. Du wirst hier bestimmt keine politischen Parteien finden!
Die Schaffung von Einrichtungen, wie du sie auf der mittleren Astralebene bewundert hast, zum Beispiel das Reich der Toten, wird von dieser Versammlung entschieden; sie beschäftigt sich auch mit der Organisation der Krankenhäuser.«
»Auf der Astralebene gibt es Krankenhäuser?«
»Aber ja, es kann doch sein, daß eine Person, die gerade gestorben ist, eine Art astrale Schlafkur braucht, um ihr neues Leben unter glücklicheren Umständen beginnen zu können. Außerdem gibt es Drogenabhängige, die sich auf künstliche Weise ein ätherisches Doppel geschaffen haben und deren Astralleib daher in einem schlechten Zustand ist.
Wir haben hier Wesenheiten, die auf diesem Gebiet spezia-

lisiert sind; im allgemeinen sind es ehemalige Ärzte, die früher auf der Erde praktiziert haben. Durch die Ausübung ihres Berufs auf der mittleren Astralebene können sie ihre Kenntnisse vertiefen. Der Astralkörper entspricht dem physischen Körper vollkommen; er besitzt Organe und Nervenzentren.
Auf der Erde haben einige wenige Heiler die Möglichkeit, durch ihr sogenanntes Fluidum auf den Astralleib einzuwirken. Vor ein paar Jahren haben wir ein Experiment mit einem englischen Medium begonnen. Während es sich in tiefer Trance befand, wirkte einer unserer Ärzte durch es und behandelte den Astralkörper des Kranken. Es gab einige Schwierigkeiten, aber wir sind froh, daß wir den Versuch dennoch unternommen haben.
Da wir gerade vom physischen Körper sprechen: Weißt du, daß es Organe gibt, die mit dem Astralkörper direkt verbunden sind? Es sind die Atem- und die Kreislauforgane.
Die Kreislauforgane sind insofern wichtig, als sie die von den Lungen aufgenommene Luft weiterbefördern. Es transportiert das, was man als ›sensitive Seele‹ bezeichnen könnte; diese wiederum ist die Grundlage für alle organischen Funktionen. Hier liegt der Ursprung für alle biblischen Empfehlungen, die sich auf das Blut beziehen. Hier liegt auch der Irrtum gewisser religiöser Gruppen, die eine Bluttransfusion unter dem Vorwand ablehnen, das Blut sei der Sitz der Seele. Du hast hier ein gutes Beispiel dafür, wohin die Fehlinterpretation von heiligen Texten führen kann! Natürlich enthält das Blut eine Seele, aber diese Seele ist nur der irdische Widerschein der wahren Seele, nämlich des Astralkörpers.«
»Waren nicht auch die Alchemisten dieser Meinung?«
»Ja, sie und überhaupt jeder Eingeweihte. Sei dir aber be-

wußt, daß dies nicht nur eine Meinung ist, sondern eine Tatsache; sie ergibt sich aus dem tiefen Wissen um die Gesetze, die die Verbindungen zwischen den verschiedenen Körpern des Menschen bestimmen.
Seit Zehn-, ja seit Hunderttausenden von Jahren wissen manche Wesen auf der Erde, daß der Mensch drei Körper hat und jeder dieser Körper das Abbild — oder die Projektion — der anderen Körper in sich trägt.
So ist ein Teil des physischen Körpers diesem physischen Körper selbst zugeordnet: die Bauchregion. Der Oberkörper entspricht dem Astralleib und der Kopf dem spirituellen Körper.
Ich sagte dir eben, daß die Atemorgane in einer direkten Beziehung zum Astralkörper stehen. Du wirst nun auch begreifen, warum die hinduistische Disziplin des Yoga soviel Wert auf den Atem und die Atemtechniken legt. Durch die Kontrolle des Atems verwandelt sich allmählich der Schwingungsrhythmus eines physischen Körpers; er kann so über sich selbst hinauswachsen und langfristig auch seine atomare Struktur ändern. Der Atem, der zur Beherrschung des Physischen führt, erlaubt auch die Verschmelzung mit dem Astralen und Spirituellen. Der Begriff ›Yoga‹ bezeichnet die Vereinigung des gesamten subjektiven Wesens mit der höchsten Macht; das Astrallicht, welches das gesamte Universum durchdringt, ist der Träger der Lebenskeime, es ist der Träger der Nervenenergie, des wahrhaft vitalen Atems, der über die Luft, die wir einatmen, in unsere Lungen gelangt.
Das Astrallicht verbindet das mentale mit dem physischen Universum. Die Hindus haben dem von ihm transportierten Lebensatem einen Namen gegeben, den viele kennen, ohne zu wissen, was er genau bedeutet: Sie nennen ihn ›Prana‹.«

»Ja«, sage ich, »aber meinst du nicht auch, daß schon der Begriff ›Yoga‹ oft mißverstanden wird?«
»Du hast recht, vor allem westliche Menschen sehen im Yoga nur eine Art Gymnastik; dies liegt daran, daß sie nur eine der zahlreichen Yoga-Arten kennen, den Hatha-Yoga. Er ist der am wenigsten anspruchsvolle Yoga; aber es ist gut, wenn man ihn beherrscht, bevor man die anderen Arten studiert, die dem Prana seine ganze Kraft geben. Aber jetzt komm, folge mir, ich möchte dir einen Ort zeigen, den du dein ganzes Leben lang nicht vergessen wirst.«
»Gehen wir dahin, wo die hohen Wesenheiten sich versammeln?«
»Aber nein, du würdest dort gar nicht zugelassen. Da an diesem Ort gewisse Entscheidungen getroffen werden, die die Anwendung des göttlichen Plans auf Erden betreffen, kann kein lebendes Wesen dort eindringen, dessen Körper aus Fleisch und Blut ist.
Die Wesenheiten der oberen Astralebene, die zu diesem Rat gehören, haben um Orte dieser Art eine sogenannte astrale Barriere errichtet. Diese Barriere existiert nicht physisch; sie besteht aus Schwingungen eines bestimmten Typs und wird von den Wesen ausgesandt, die im verborgenen wirken wollen. Diese Schwingungen stoßen Fremdkörper sozusagen automatisch ab; allzu neugierige Bewohner der Astralwelt können also nicht in diese privaten Bereiche gelangen, auch nicht per Teleportation.«
Ich habe den Eindruck, ein Märchen zu erleben. Was mache ich, der ich noch auf Erden verwurzelt bin, inmitten dieser seltsamen, aus anderen Welten stammenden Wesen? Ich folge weiter meinem Freund, der sich durch den astralen Dschungel einen Weg bahnt, als kenne er jede Liane, jedes Blatt und jede Blume; er bewegt sich so leichtfüßig, daß man

meint, er würde den Boden gar nicht berühren. Sein fließendes Gewand scheint gleichzeitig mit ihm und mit der Vegetation zu verschmelzen. Man spürt, daß er hier zu Hause ist.
Ich fühle unendliche Dankbarkeit ihm gegenüber; hat er nicht den Rhythmus seiner Schwingungen herabsetzen müssen, um mich durch die Astralwelt begleiten zu können? Hat er sich nicht meinetwegen der Welt der Materie angenähert, zu der er ganz offensichtlich nicht mehr gehört?
Er hat sich plötzlich umgedreht, und sein sanfter Blick scheint zu sagen: »Ich weiß, ich habe dich verstanden, und auch du hast mich verstanden.«
Er hatte mir einmal gesagt, daß es jedem Astralwesen schwerfällt, auch nur ganz kurze Zeit die Ebene zu verlassen, mit der es in Harmonie ist, um auf eine niedrigere Ebene herabzusteigen. Das astrale Universum unterscheidet sich von der Materie nur graduell, und deshalb sollten seine Bewohner sowenig wir möglich in die Richtung blicken, in der sie am wenigsten verfeinert ist: zur Erde.
Nur ein Ziel sollte es geben: den Geist. Er ist die direkte Emanation des Denkens des Schöpfers aller Dinge.
Und mein Freund hatte weiter gesagt: »Wirke nie bei einem spiritistischen Zirkel mit; meist sind es die niederen Schichten der Astralwelt, die sich durch ein Medium manifestieren. Aber wenn durch Beharrlichkeit ein Kontakt zum Reich der Toten hergestellt wurde, kann man die Wesenheit, die auf den Ruf geantwortet hat und vom Zyklus der Materie noch nicht frei ist, nur bedauern.
Warum zieht man sie wieder auf die Erde zurück?
Gibt es etwas Grausameres, als sie daran zu erinnern, daß sie noch Kinder und Freunde besitzt? Warum zwingt man sie, ihren Kopf nach unten zu neigen, wo doch Gott sie auffordert, nach oben zu schauen?

Der Mensch ist wie ein Baum, seine Wurzeln, das heißt die Füße, halten ihn am Boden, während sein Blattwerk, also sein Kopf, das Himmelsgewölbe betrachtet; wenn er einmal vergessen hat, was ihn hält, warum ihn daran erinnern? — Ah, wir sind angekommen!«

Der Ausruf meines Freundes reißt mich aus meinen Träumereien. Flankiert von fünf oder sechs Bäumen, die ich für Baobabs halte, taucht inmitten des Urwalds eine gewaltige Halbkugel auf.

»Großartig! Was ist denn das?«

»Nun, sagen wir ... ein Museum!«

»Ein Museum? Hier? Wozu denn das?«

»Das ist eine lange Geschichte ... Ein Teil der Geschichte der Menschheit ist in ihm enthalten: Wollen wir nicht hineingehen?«

Mit seiner rechten Hand macht mein Begleiter eine spezielle Bewegung: Daumen und Zeigefinger bilden einen Kreis, während Mittel- und Ringfinger sich zur Handinnenfläche neigen und der kleine Finger zum Himmel weist.

Tiefe Stille erfüllt plötzlich den Wald. Es ist, als ob jede Pflanze, jeder Baum den Atem anhielte, um sich ganz auf diese Geste zu konzentrieren. Ich glaube, ihre Bedeutung zu erfassen: Wir betreten einen Ort, den mein Freund als heilig betrachtet, einen Ort, der die Geschichte von Jahrtausenden zusammenfaßt.

Durch die soeben ausgeführte Handbewegung, die das einzige Prinzip (erhobener kleiner Finger) und den ewigen Kreislauf (aus Daumen und Zeigefinger gebildeter Kreis) symbolisiert, geben die Wesenheiten der spirituellen Welt uns ihren Segen.

Ganz langsam verschwindet ein Teil der zu der riesigen Halbkugel gehörenden Wand. Aus einer abgerundeten, mannshohen Öffnung fällt blendendweißes Licht.

Mein Körper ist plötzlich wie betäubt, und ohne daß mein Willen irgendeinen Einfluß darauf hat, folge ich meinem Freund. Das gleißende Licht durchdringt jede einzelne meiner Poren, es scheint mich zu nähren und zu beleben. Während ich die Schwelle dieses seltsamen Gebäudes überschreite, beginnen plötzlich meine Augen mit erstaunlicher Schärfe zu sehen.
Ist da ein Vorhang beiseite geschoben worden, der meine Sicht behinderte? Hat jemand den Nebel verjagt, der meinen Geist umhüllte? Ich weiß es nicht.
Vor mir liegt ein riesiger kreisrunder Saal, und in staunender Bewunderung halte ich inne.
Hunderte von Wesen in den ungewöhnlichsten Stellungen betrachten uns. Sie scheinen so kalt und starr wie Marmor und gleichzeitig so lebendig, als würde göttliches Blut durch ihre Adern fließen.
Ich habe das Gefühl, daß einige mir vertraut sind, ohne daß ich weiß, warum.
»Dies ist einer der schönsten und heiligsten Orte, die du sehen kannst, ohne das wahre Gewand des Lichts zu besitzen, das der Geist verleiht.
Die Schaffung dieses Ortes liegt sehr lange zurück, länger, als du dir vorstellen kannst.
Hier sind alle Anstrengungen zusammengefaßt, die vom Universum des Geistes und der Seele unternommen wurden, um auf der Erde die Herrschaft des Friedens zu errichten.
Die Statuen sind Abbildungen aller hohen Wesenheiten, die in die Welt der irdischen Materie hinabgestiegen sind, um die kosmische Liebe zu verbreiten, die vom großen Schöpfer des Unendlichen ausstrahlt.
Seit der Dämmerung der irdischen Zeiten sind Wesen zu

den Menschen entsandt worden, um ihnen Gott näherzubringen und ihre Liebe zu ihm zu wecken.«
»Die herrlichen Statuen hier sind also errichtet worden, um diese Wesen zu ehren?«
»O nein«, sagt mein Freund sehr ruhig und langsam, »solche Wesen kann man nicht ehren, indem man ihr Abbild in Stein meißelt; sie sind keine Götzenbilder, die man anbetet.
Dieses Museum soll die Entwicklung der irdischen Religionen dokumentieren. Viele Wesenheiten, die sich auf der Erde mit einer spirituellen Mission inkarnieren, haben sich einige Zeit hier aufgehalten. Die gesamte Symbolik der irdischen Religionen ist an diesem Ort versammelt und konzentriert; er ist im übrigen eher ein Ort des Studiums als ein Museum.
Es wäre schade, hier nur Zuschauer zu sein. Man muß sich die Dinge ansehen, sicher, aber man sollte sie auch verstehen; man sollte sie empfangen — nicht um sie zu behalten, sondern um sie weiterzugeben. Im Hinblick auf den Ursprung ihrer Religionen sowie deren Entwicklung und Irrwege haben die Menschen noch viel aufzuarbeiten. Dieses Problem ist sehr wichtig, denn in ihm liegt der Schlüssel zu den Anfängen und den Zivilisationen.
Die Welt braucht Forscher, die zugleich das Einzige Wesen lieben. Vom heiligen Augustinus, einem der Kirchenväter, stammt ein sehr schöner Ausspruch, den alle, die guten Willens sind, beherzigen sollten: ›Suchen wir wie jemand, der finden wird, und finden wir wie jemand, der noch suchen muß.‹
Halte dich an diesem Ort auf, solange du willst und deine Kräfte es erlauben; du wirst sehen, er enthält viele Lehren. In diesem Museum gibt es keine Gänge; die Statuen sind

eher unregelmäßig plaziert, aber mit sehr viel Geschmack und Sinn für Harmonie.
Sie entstammen allen Völkern, allen Rassen der Erde. Du wirst Statuen aus dem ägyptischen, hinduistischen, peruanischen, keltischen, christlichen, taoistischen und buddhistischen Kulturkreis finden.
Andere werden dir nichts sagen, denn sie stammen aus der Zeit vor der Sintflut. Glaub nicht, daß dies primitive Statuen sind; im Gegenteil, sie werden dir vielleicht schöner erscheinen als die anderen.
Die Sintflut hat auf Erden sehr wohl existiert. Sie hat die höchstentwickelte, die perfektionierteste Zivilisation ausgelöscht, die der Mensch je hervorgebracht hat. Die Sintflut war jedoch nicht, wie einige Universitätsprofessoren behauptet haben, lediglich eine katastrophale Überschwemmung der Gebiete um Euphrat und Tigris.
Damit du die Beziehungen der Zivilisationen und der Religionen untereinander studieren kannst, werde ich dich öfter an diesen Ort bringen. Du solltest jedoch keine trockene Gelehrtenarbeit aus deinen Erkenntnissen machen, sondern ein allgemeinverständliches Werk der Synthese.
In seinen Studien hat der Mensch die ärgerliche Angewohnheit angenommen, alles zu zerstückeln, das heißt — um den ›geheiligten‹ Ausdruck zu verwenden —, sich zu spezialisieren. Dies bringt jedoch mehr Unannehmlichkeiten als Vorteile mit sich. Nur eine globale, synthetische Sichtweise der Phänomene führt zum wahren Verständnis. Das solltest du nie vergessen.
Suche die Geschichte des Menschen hinter der Geschichte der Symbole. Die Feinde, die du dir damit machst, sehe ich von hier aus. Eine ganze Generation von Menschen, die un-

ter dem Einfluß der Psychoanalyse groß geworden ist, wird dich heftig kritisieren.
Ich will damit nicht sagen, daß Freud und seine Schüler eine unheilvolle Arbeit geleistet hätten, im Gegenteil. Sie haben ein Werk vollbracht, das zu der damaligen Zeit durchaus wertvoll war. Das Wissen vom Menschen ist durch sie einen großen Schritt weitergekommen, aber jetzt muß über ihr Denken hinausgegangen werden, sonst steht es der Evolution entgegen.
Jede Entdeckung, sei sie philosophischer, wissenschaftlicher oder anderer Art, darf immer nur als eine Etappe in der Geschichte der Menschheit angesehen werden, nie als die Entdeckung der Wahrheit an sich. Der Mensch braucht gewisse Glaubensrichtungen, gewisse Theorien, auch wenn diese ihn einige Zeit in die Irre führen. Ein Irrtum ist eine Stufe bei der Suche nach der Wahrheit. Zuweilen ist ein Irrtum sogar zu begrüßen — nämlich dann, wenn er die Aufmerksamkeit auf ein ganz bestimmtes Faktum lenkt. So ist es mit der Psychoanalyse. Die Psychoanalytiker haben auf die Existenz eines ›Ich‹, eines ›Über-Ich‹, des Unbewußten und des Unterbewußten hingewiesen. Sie verwenden diese Begriffe an jeder passenden und unpassenden Stelle, denn sie wissen selber nicht, was nun genau dahintersteht. Sie meinen, die Mechanismen des menschlichen Verhaltens auseinandergenommen zu haben, in Wirklichkeit aber entfernen sie sich von der Wahrheit, denn sie glauben, sie schon zu besitzen. Trotzdem war ihre Arbeit nicht umsonst, denn sie haben die Aufmerksamkeit der Öffentlichkeit auf bestimmte Konzepte gelenkt.
Wie sie, allerdings mit einer anderen Optik, solltet ihr die Symbole studieren, denn sie bilden eine ununterbrochene Kette bis in die ältesten Zeiten.

Aber bevor wir uns mit diesen Fragen beschäftigen, müssen wir den Begriff der Reinkarnation untersuchen. Er ist einer der Schlüssel zum Wissen.«
Und unter dem wohlwollenden Auge eines Osiris aus blauem Stein beginnt mein Begleiter, mir eine Geschichte zu erzählen. Die schönste aller Liebesgeschichten, die der Liebe Gottes zu allen lebenden Wesen.

IV

Die alte Hülle

»Die Geschichte von der Erbsünde ist jedem bekannt, ich brauche sie daher nicht zu wiederholen. Manche finden sie absurd, andere glauben einfach daran, und wieder anderen ist sie vollkommen gleichgültig. Beschäftigen wir uns also ein wenig mit der Frage, was es mit dieser berühmten Erbsünde eigentlich auf sich hat.

Findest du die Geschichte des Paares, das wegen eines Fehlers das Leben seiner gesamten Nachkommenschaft verdirbt, nicht ungerecht und vollkommen lächerlich?

Legen wir also unseren Katechismus ein wenig beiseite, und schauen wir uns in den anderen Religionen um.

Nicht alle kennen eine Erbsünde, sie sprechen eher von einem ›Fall‹. Wo ist der Unterschied? wirst du mich fragen. Er erscheint minimal, aber er hat seine Bedeutung. Tatsächlich ist es so, daß Fall und Erbsünde nicht auf derselben Ebene angesiedelt sind.

Der Fall des Menschen hat mit dem Kosmos zu tun; die in der Bibel beschriebene Erbsünde dagegen meint ein präzises Faktum, das zu einem ganz bestimmten Zeitpunkt auf der Erde stattgefunden hat.

Der Fall impliziert eine Bewegung von oben nach unten, das heißt von Gott weg zu dem, was nicht Gott ist, vom Licht zur Finsternis, vom Mehr zum Weniger; das, was Geist war, wird zu Materie.

Hier kommen wir auf das System zu sprechen, nach dem der gesamte Kosmos funktioniert. Grundvoraussetzung allen Lebens ist die Bewegung; damit sie stetig erfolgen kann, muß sie wellenförmig oder kreisförmig sein. Beide Arten von Bewegung kommen im Universum vor, auch wenn die Religionen meist das Symbol des Kreises gewählt haben.

Der Begriff des Guten setzt den des Bösen voraus, der des Positiven den des Negativen. So gibt es im Universum einen zyklischen Strom von einer Tendenz zur anderen und wieder zurück; er ist die Antriebskraft, ja der Ursprung selbst des Universums. Das Fluidum, in dem diese zunächst vom Positiven zum Negativen zirkulierende Energie sich bewegt, ist das astrale Licht.

Von Indien bis Mittelamerika, überall auf der Welt findest du das Symbol der eingerollten Schlange, die sich selbst in den Schwanz beißt. Der alte abendländische Aberglaube wird den Begriff der Schlange natürlich automatisch mit der Vorstellung vom Bösen in Verbindung bringen. Aber das ist falsch; die Schlange aus dem Garten Eden ist nicht die Schlange der Eingeweihten! Sie kann sehr vieles bedeuten. In unserem Fall symbolisiert sie die universelle zyklische Kraft in Bewegung.

Der geöffnete Rachen ist Ausdruck einer Leere, die gefüllt werden möchte; im ständigen Versuch, den eigenen Schwanz zu verschlingen, zieht er den Körper in eine endlose Bewegung. Die Griechen, die sehr viel für die Symbolik getan haben, gaben der kosmischen Schlange den Namen Uroboros.

Aber das führt uns sehr weit vom Thema ab. Ich wollte dir anhand dieses Beispiels nur sagen, daß im gesamten Universum aufsteigende und absteigende Phasen miteinander abwechseln. Die Erschaffung des Universums durch Gott ist eine Veräußerlichung, eine Objektivierung seines Denkens, eine Konkretisierung. Du mußt auch wissen, daß die Schöpfung ständig weitergeht; jeder Gedanke, den der Große Baumeister aussendet, entfernt sich von ihm. Daher ist auch der ›Fall‹ nicht mehr und nicht weniger als die Materialisierung von etwas ursprünglich Spirituellem.

Du siehst, mit Sünde hat das nichts zu tun, es ist vielmehr ein ganz natürliches Phänomen. Ein Geist, der aus den direkten Emanationen Gottes herausgefallen ist, muß die Materie kennenlernen, um sich seiner wahren Natur bewußt zu werden und schließlich wieder zu seinem Ursprungsort zurückzukehren. Nur der Wille, den jedes Lebewesen hat, kann die Folgen des Falls beschränken und es auf einer spirituellen Ebene halten.

Der Wille ist eine Manifestation der Liebe!

Der Begriff der Erbsünde impliziert den der Wahl: Eine Gruppe von Wesen kann sich in einem bestimmten Augenblick entscheiden, ob sie gegen die Macht, die ihr das Leben gegeben hat, rebelliert oder nicht. Unterschwellig hat er auch die Vorstellung der Erlösung zum Inhalt, einer allmählichen Reinigung der Materie.

Verstehst du jetzt den Unterschied?

Der ›Fall‹ betrifft die kosmische Ebene, er ist eine der Konstituenten, die sie in Bewegung hält; die Erbsünde betrifft die menschliche Ebene, sie ist eine direkte Folge des Falls.

Es gibt jedoch einen wesentlichen Punkt, der diese beiden recht abstrakten Begriffe zusammenbringt; die Vervollkommnung. Jedesmal, wenn die absteigende Bewegung ihr Maximum erreicht hat, bedeutet dies einen Schritt nach vorn. Ich habe dir schon gesagt, daß alles Negative immer etwas Positives enthält: nämlich eine Lektion. Einige Menschen haben diesen Gedankengang verstanden und ihn durch das Symbol der Spirale ausgedrückt. Die Spirale hat

ihren direkten Ursprung im Kreis, sie stellt gewissermaßen einen Sonderfall von ihm dar.
Die Kelten, für die die Schlange ein heiliges Tier war, haben fast überall in Europa konzentrische Kreise und Spiralen hinterlassen. Sie wußten, daß die Spirale das Emblem des Wissens ist.
Das gesamte Universum, das einer auf- und absteigenden zyklischen Bewegung folgt, entwickelt sich gleichzeitig nach dem Schema einer Endlosspirale; jede Kreisbewegung ist eine Wiederholung der vorangegangenen, aber auf einer höheren Ebene mit größerer Erfahrung und vermehrtem Wissen.
In Tibet existiert seit unvordenklichen Zeiten ein ›Freimaurerorden des Himalaya‹, für den sich insbesondere Alexander der Große interessierte. Konzentrischen Kreisen wird dort eine große Bedeutung beigemessen. Sie haben den Wert einer Spirale, von der sie eine Variante sind. Auch dort stellen sie eine Kurzfassung des gesamten Wissens dar.
Ich könnte dir noch unzählige andere Beispiele nennen; das Symbol der Spirale war jedenfalls in der Antike genauso verbreitet in Malta und Samarkand, in Amerika, Asien, Europa und Afrika. Die Spirale ist zu einem rein mystischen Symbol geworden, sie steht für die spirituelle Entwicklung.
Möchtest du ein konkretes Beispiel?
Zur Zeit des großen Gesetzgebers Hammurabi hieß der babylonische Gott der Gerechtigkeit und der Sonne ›Shamash‹. Seine Kopfbedeckung glich einer kegelförmig nach oben gezogenen Spirale.
Kritische Geister werden nun sagen, dies sei reiner Zufall; aber sie irren sich, denn sie kennen die Gewohnheiten und Regeln der antiken Kunst schlecht oder gar nicht.

Im Westen hat man schon vor vielen Jahrhunderten diese Symbole aus der Kunst verbannt; viele Menschen haben daher nur noch eine vage Vorstellung von ihrem Gehalt beziehungsweise ihrer spirituellen oder auch nur intellektuellen Tragweite.

Was glaubt man wohl, warum überall auf der Welt Statuen die verschiedenartigsten Kreuze tragen, warum ganze Wände mit Kreisen, Dreiecken oder Quadraten geschmückt wurden? Bestimmt waren die Künstler keine Geometriefanatiker! Sie bedienten sich vielmehr einer Sprache, die heute nur noch von wenigen Menschen verstanden wird.

Was hat das alles eigentlich mit Reinkarnation zu tun? wirst du mich fragen.

Nur Geduld, wir kommen gleich darauf. Die kosmische Maschine ist der wunderbarste Motor, den du dir vorstellen kannst. Das Große Ganze läßt jedem ewiglich die Möglichkeit, sich zu vervollkommnen. Um aus dem Morast der Materie zu entkommen, inkarniert und reinkarniert jedes lebende Geschöpf sich so lange, bis es sein Ziel erreicht.

Verwechsle aber nicht Reinkarnation mit Seelenwanderung. Die Seelenwanderung ist eine Verballhornung der ursprünglichen Vorstellung von Reinkarnation. Einige Nichteingeweihte haben bestimmte esoterische Texte wörtlich genommen, und so kam es zu Mißverständnissen und Irrtümern. Ein Text wie das Tibetanische Totenbuch, das sehr schwer zu verstehen ist, kann bei nicht mit der Materie vertrauten Lesern sehr leicht zu Fehlinterpretationen führen.

Reinkarnation bedeutet, daß der Mensch durch die Zeitalter hindurch von einem menschlichen Körper zum nächsten wandert. Unter Seelenwanderung versteht man, daß ein Mensch je nach der Qualität seiner Handlungen von seinem Körper in den eines Tieres oder einer Pflanze eingehen kann. Diese Meinung ist völlig falsch, Menschen-, Tier-, Pflanzen- und Mineralreich sind grundverschieden. Sie vermischen sich nie; allerhöchstens gehen sie auf der materiellen Ebene Verbindungen ein, um sich am Leben zu erhalten und das zu schaffen, was die Menschen ökologisches Gleichgewicht nennen. Was aber die Seele und den Geist betrifft, so gibt es keinen Austausch zwischen den einzelnen Reichen.

Die Schriften Platos, in denen einige Passagen rein esoterisch sind, können zu ähnlichen Irrtümern führen. Der Schüler des Sokrates sprach für Zuhörer, die seine bilderreiche Sprache verstanden.

Begreifst du nun, warum auch heute noch einige buddhistische Sekten die Seelenwanderung predigen? Aber wir wollen niemanden verurteilen; es gibt keine Religion auf der Welt, die nicht irgendwelche Irrtümer begeht.

Was die Christen betrifft, so haben sie den Begriff der Reinkarnation schlicht und einfach unterdrückt. Die ursprünglichen Lehren des Christus Jesus enthielten die Reinkarnation. Die römische Kirche hat allerdings in den ersten christlichen Jahrhunderten, insbesondere im 6. Jahrhundert, den großen Fehler begangen, die heiligen Schriften in ihrem Sinne abzuändern, um ihre irdische Autorität zu festigen. Wenn man daher heute im Westen an die Reinkarnation glaubt, gilt man schnell als verschroben, zumindest aber als naiv; oft macht man sich eben über das lustig, was man nicht versteht. Aber denke einmal an die griechische und römische Antike. Spätere Epochen haben sie oft um ihre Philosophen, Denker und Dichter beneidet.

Niemand wagt, sie als kleine Geister abzutun, ich erinnere nur an Pythagoras, Empedokles, Plotin und Plato. Alle ohne Ausnahme bekannten sich zur Reinkarnation; sie wuß-

ten, daß sie das Ergebnis ganz bestimmter Naturgesetze ist.
Ich könnte auch Apollonius von Tyana und einige der sogenannten ersten Kirchenväter nennen: Clemens von Alexandria und Origenes.
Du siehst, der physische Körper ist nur eine geborgte Hülle, und als solchen sollte man ihn auch betrachten. Was macht man mit einem alten, abgenutzten, unschönen Gewand, das uns nicht mehr schützt? Man legt es ab.
Das Phänomen des physischen Todes ist dem ähnlich. Der wahre Mensch ist nicht dort, wo man ihn zu finden glaubt. Durch seine zahlreichen Erfahrungen im Verlauf seiner Inkarnationen lernt er schließlich seine wahre Natur kennen. Er kommt so lange in den Genuß des universellen Gesetzes, das die göttliche Liebe spiegelt, bis er sich von seinen irdischen Begierden befreit hat.
Lernen, mit großer geistiger Offenheit zu verstehen suchen, und Nächstenliebe begünstigen das allmähliche Aufbrechen des Panzers, der Seele und Geist des Menschen gefangenhält. Es geht hier nicht um Bigotterie oder die blinde Ergebenheit gegenüber einer Kirche. Die Liebe Gottes und der Weg des Erwachens sind woanders zu finden, dort, wo der Geist und die ewige Flamme wohnen: tief im eigenen Inneren.
Der Große Ordner des Universums hat den Menschen mit unendlicher Kraft ausgestattet; er sollte lernen, sie zu benutzen! Er sollte sich von dem Abgrund abkehren, auf den er zugeht, und seinen Blick nach oben lenken!
Es gibt hunderttausend Arten, sich Gott zu nähern, angefangen mit einem einfachen Lächeln. Ein freundlich gegebenes Almosen, so gering es auch sei, ist wertvoller als ein verächtlich hingeworfenes Goldstück. Jeder Mensch sollte

sich sagen: ›Dieser Bettler war vielleicht einmal ich ... werde ich vielleicht einmal sein ...‹
Ebendies meinte auch der Christus, als er sagte: Aber viele, die die Ersten sind, werden die Letzten und die Letzten werden die Ersten sein.
Ist das nicht eine klare Anspielung auf das Gesetz der Reinkarnation, das auch als Gesetz des Schicksals bezeichnet wird?
Du wirst es bemerkt haben: Immer wieder kommen wir auf das Bild des Kreises zurück. Die Bewegung, die den Menschen von Hülle zu Hülle führt, ist zyklischer Art.
Jedes Wesen geht durch die unterschiedlichsten, die gegensätzlichsten Existenzen; das Spektrum reicht vom Herrscher zum leprakranken Bettler. So kann das Wesen genügend Erfahrung sammeln, um den göttlichen Geist in sich zu entwickeln.
Viele deiner Zeitgenossen fragen sich, was der Mensch auf Erden macht. Die Antwort ist sehr einfach: Er lernt — oder vielmehr: Er lernt das wieder, was er vergessen hat.
Plato, der ein großer Eingeweihter war, sagt ebenfalls, daß Lernen nichts anderes ist als Wiedererinnerung (Phaidon, 72 b bis 73 b).
Man sollte nicht glauben, das Bild vom Schicksalsrad sei typisch orientalisch, wie man dies aufgrund der im Westen in Mode gekommenen, aus dem östlichen Kulturkreis stammenden Schriften vermuten könnte.
Das Rad des Schicksals, das Karma, um den Sanskrit-Ausdruck zu gebrauchen, hat in Europa eine Entsprechung. Die Kathedralen mit ihren Fenstern und ihren Skulpturen beweisen dies, vor allem die von Amiens, Verona und Basel.
Ein weiteres Beispiel: vor achthundert Jahren ließ in Fé-

camp in Frankreich ein Abt ein maschinell angetriebenes Schicksalsrad bauen, um den Mönchen die Wechselfälle des menschlichen Daseins und die Unbeständigkeit aller Dinge verständlich zu machen.

Wer in diesen mittelalterlichen Rädern nur ein Bild für die verschiedenen Lebensalter sieht, irrt sich. Die tiefe symbolische Bedeutung des Rads war im Mittelalter einigen wenigen Eingeweihten, beispielsweise den Baumeistern der Kathedralen, durchaus bekannt. Sie hatten diese Tradition von der antiken Welt übernommen.

Was ich dir gesagt habe, könnte wie ein Vortrag wirken, der sich eher an den Verstand als an irgend etwas anderes richtet, aber täusche dich nicht ... Suchen und lernen heißt auch vergleichen.

Weder der Westen noch der Osten können für sich beanspruchen, die Geschichte der Welt und des Menschen gemacht zu haben. Auch hier wirkt das Gesetz der Komplementarität. Suchen wir die Parzellen der Wahrheit bei allen Völkern. Wer auf diesem Weg vorangegangen ist, wird bemerken, daß es jenseits von Grenzen und politischen Staatsformen nur einen Glauben gibt; dieser Glaube ist es, der in unserem irdischen Zyklus relativ bald triumphieren wird.

Das Problem der Reinkarnation wirft natürlich unter anderem die Frage auf, was letztlich eine Seele dazu treibt, in der Welt der Materie wiedergeboren zu werden. Ist es nur das Verlangen nach Vervollkommnung? Es ist tatsächlich ein Verlangen, und dieses Verlangen endet im physischen Universum.

Ein intensives Verlangen erschafft einen Willen, der eine Kraft hervorbringt und nährt, die dann die Materie erzeugt. Nur das Verlangen hält am Leben.

Wenn ein Astralkörper oder ein ›Ich‹, um einen Ausdruck

aus der Psychoanalyse zu verwenden, eine bestimmte Art von Verlangen aufgibt, stirbt er für die Astralwelt und den Zyklus der Reinkarnationen.

Die Eingeweihten aller Religionen nennen dies den zweiten Tod. Die Seele wird dann in das Universum des Geistes projiziert, wo sie ein tausendfach intensiveres Leben erwartet — falls sie es nicht vorzieht, auf der Astralebene oder sogar auf der Erde zu arbeiten, um den Menschen zu helfen und ihnen den Weg zu weisen.

Aus solchen Seelen gehen dann die Propheten beziehungsweise die Mahatmas der Hindus hervor. Das intensive Verlangen nach Reinkarnation wird als Upadana bezeichnet.

All dies führt uns wieder zu dem außergewöhnlichen Ort zurück, den du vor Augen hast. Die Wesen, die du hier in den unterschiedlichsten Haltungen, den gegensätzlichsten Stilrichtungen dargestellt siehst, sind ausnahmslos aus eigenem Willen auf die Erde herabgestiegen. Sie wurden als Götter verehrt. Ihre Körper waren von Seelen bewohnt, die ihre eigene irdische Entwicklung abgeschlossen hatten; in selteneren Fällen hatten sie auch schon die Vereinigung mit dem Geist vollzogen, das heißt die Prüfung des zweiten Todes hinter sich gebracht.

Diese ›freiwilligen Schiffbrüchigen‹, die deiner Welt nicht mehr angehörten, waren die großen Religionsstifter; meist wurden sie von den Menschen übel aufgenommen und sogar gehaßt.

Das offenkundigste Beispiel für Undankbarkeit und Grausamkeit der Menschen dürfte zweifellos der Christus Jesus sein. In dreiviertel seiner Handlungen ist der Mensch inkonsequent. Er ist immer geneigt, das zu zerstören, was er liebt, und das anzubeten, was er zerstört hat.

Die menschliche Liebe gleicht einer Kerze, die an beiden Enden brennt.
Nur bei wenigen Menschen ist die Liebe konstant; sie sind es, die, ohne es zu wissen, das Universum voranbringen.
Dante, der Augenblicke der Erleuchtung kannte, hat erklärt: ›Die Liebe ist es, die die Sonne und die anderen Gestirne bewegt ...‹
Das aufmerksame Studium der heiligen Schriften und bestimmter Einweihungslehren beweist, daß die hohen Wesenheiten, die sich zur Anleitung der Völker verpflichtet haben, sich schon mehrmals auf Erden inkarniert haben; sie bilden eine Bruderschaft des Lichts.
In allen Zeiten haben sie ihr Handeln aufeinander abgestimmt; sie haben die kosmischen Zyklen und die Entwicklung des Lebens auf Erden respektiert, um eine vollkommene Übereinstimmung mit dem Schöpfer zu erzielen.
Es war auch kein Zufall, daß ein Prophet einem anderen vorausging; sehr oft hat die Arbeit des ersten die des zweiten vorbereitet. So bereitete Johannes der Täufer Jesus den Weg. Die hohen Wesenheiten haben sich von Epoche zu Epoche wieder zusammengefunden. Daher ist es auch nicht verwunderlich, daß manche Pharaonen sich in Griechenland als Philosophen und später im Körper naher Schüler Jesu reinkarniert haben.
Ein aufmerksames Studium der Fakten zeigt, daß eine große Religion nicht aus dem Nichts entstand, sondern aus einer oder mehreren älteren hervorgegangen ist; daraus erklärt sich im übrigen zum Teil ihre Kraft.
Betrachte die Katharer: Du wirst sehen, daß ihre Wurzeln bis zu den Manichäern Persiens, den reformierten Parsen zurückgehen, die die Grundlagen des von Zoroaster eingeführten Kults bewahrt hatten.

Und ist es nicht überraschend, zu sehen, daß Mani — der nicht so legendär ist, wie manche Historiker behaupten — eine Synthese aus den Lehren des Gautama Buddha in Indien, des großen Zoroaster im Mittleren Osten und des Christus Jesus im Westen versucht hat?
Wenn deine Mitmenschen die Augen öffnen, wird ihnen klarwerden, daß die Weisheit von Epoche zu Epoche in ununterbrochener Folge auf die Erde gebracht wurde.
Die großen Offenbarungsreligionen sind wie Brücken, die von den Abgesandten des Großen Ganzen zwischen Menschen, Kontinenten und Welten geschlagen wurden.«

V

Die Sonne mit dem menschlichen Körper

Mein Begleiter schweigt. Seine Worte voller Wissen und Weisheit, die eben noch in meinem Inneren widerhallten, sind verklungen.
Ich wage es nicht, die Stille zu brechen, und schaue nach oben zur Decke des Gewölbes. Ich sehe die hohen Wipfel der Bäume draußen, und ich muß sagen, ich bin noch nicht einmal überrascht. Aber dennoch: Welches Wunder hat die Wände des Gebäudes allmählich durchsichtig gemacht?
Dieses Museum ist wahrhaftig ein Brennpunkt der Weisheit, welcher die der Erde zuteil gewordene Liebe bezeugt. Statt der Halbkugel beherbergt jetzt der ganze Wald die Gottheiten aus Gold und Stein.
»Auch dies ist nur eine Illusion ... Die Mauern sind noch da. Ich habe sie für dich unsichtbar gemacht, damit du in den Genuß eines solchen Augenblicks kommst.
Kannst du dir ein größeres ästhetisches Vergnügen vorstellen? Das schönste Museum in der üppigsten Natur, die es gibt. Ich brauchte es nur zu wollen, auch du wärst dazu in der Lage. Ich habe dir schon gesagt, daß der Wille durch verschiedene aufeinanderfolgende Reaktionen die Materie hervorzubringen vermag; noch leichter fällt es ihm natürlich, ihre atomare Struktur zu verändern.«
»Ja, das verstehe ich, ich glaube, daß viele Dinge so erklärbar sind. Ich erinnere mich zum Beispiel an das Märchen

vom Zauberring, das sich in vielen mittelalterlichen Texten findet. Wer den Zauberring trug und an ihm drehte, wurde für seine Verfolger unsichtbar.«

»Du hast recht, dieses Thema anzusprechen, es handelt sich da nämlich ganz und gar nicht um ein Märchen.

Solche Ringe existierten in den großen Zivilisationen, die von der Sintflut zerstört wurden, tatsächlich; ich meine Atlantis, den alten indischen Kontinent und Ägypten, das damals noch einen anderen Namen trug. Auch die Druiden und die Brahmanen besaßen ähnliche Gegenstände.

Aber ein solcher Ring ist doch nur ein Gegenstand, das heißt etwas Vergängliches. Die damalige Technologie hatte sich die Kräfte des Geistes zunutze gemacht und seine spezifischen Wirkungen auf den physischen Körper genau untersucht. Die Wissenschaft der vorsintflutlichen Zivilisationen kam nach solchen Ergebnissen jedoch nicht weit.

Okkulte Kräfte, die allen zugänglich gemacht werden, bilden immer eine ernste Gefahr. Die spirituellen Gewalten sind ein zweischneidiges Schwert. Wenn übelwollende Wesen sich der okkulten Kräfte bemächtigen, ist das Schlimmste zu befürchten. So geschah es den Völkern, die vernichtet wurden.«

Obwohl ich meinem Freund aufmerksam zuhöre, kann ich mich nicht enthalten, ein paar Schritte hierhin und dorthin zu tun. Ich weiß nicht, wo ich zuerst hinschauen soll — nach rechts, nach links? Hat das Ganze eine logische Ordnung, der ich folgen sollte?

Als hätte er meine Frage erraten, sagt mein Geistführer: »Komm, dort hinten steht eine Statue, die du noch nicht bemerkt hast. Es ist vielleicht die außergewöhnlichste von allen. Sie wurde aus reinem Gold, aus alchemistischem Gold, gefertigt, und zwar von der hohen Künstler-Wesen-

heit, die später auch die Totenmaske des Pharao Tutanchamun schuf.
Das Original — denn all diese Statuen hier sind nur astral projizierte Dubletten — befindet sich auf der Erde in einer Krypta, die seit mehr als zehntausend Jahren unter dem Atlantischen Ozean vor der amerikanischen Küste ihren Dornröschenschlaf schläft.«
Bald stehe ich vor einem Meisterwerk von unvergeßlicher Schönheit. Wie soll ich meinen Eindruck beschreiben?
Auf einem Thron, dessen Linienführung sehr rein und klar ist, sitzt majestätisch ein halbbekleideter Körper; er hat kein Gesicht. An seiner Stelle befindet sich eine riesige strahlende Sonne, die unerschöpfliche Energie aussendet. Diese Gottheit ist die Sonne selbst mit einem menschlichen Körper.
Es kann sich nur um das Werk eines großen, eines sehr großen Künstlers handeln. Nie habe ich etwas Ähnliches gesehen: einen solchen Ausdruck von Kraft und Zartheit, eine solche Verbindung von hinduistischer und ägyptischer Kunst und eine solch gewaltige symbolische Kraft.
Die Füße der Gottheit sind leicht überkreuzt; rechts und links von ihnen erkenne ich einige Symbole: ein Winkelmaß, einen Zirkel und ein Quadrat in einem Kreis.
Aber unversehens wird mein Blick von etwas anderem angezogen: einem einfachen, gleicharmigen Kreuz über dem Herzen der Gottheit.
»Dies ist der höchste Gott der Atlanter, der Gottvater der Christen, der Brahma der Hindus, der Ra der Ägypter, das Einzige Prinzip.
Er nimmt hier einen etwas besonderen Platz ein, denn er ist natürlich keine Wesenheit, er hat sich nie inkarniert.
Er ist der *Geist*, das Prinzip, das Unendliche.

Deshalb sollte er sich eigentlich nicht hier unter den Wesenheiten befinden, die von den Menschen vergöttert wurden. Trotzdem schien es uns normal, daß an einem Ort, an dem die Emanationen des Geistes versammelt sind, auch der Geist selbst symbolisch dargestellt wird.
Für manche Religionen und Sekten ist eine solche Darstellung der Gottheit natürlich ein Skandal. Wie kann man es wagen, Gott, den Unerkennbaren, bildlich darzustellen?
Nun, man kann es!
Man sollte sich davor hüten, das Böse da zu sehen, wo es nicht ist. Ein Künstler, dem es gefällt, Gott darzustellen, begeht kein Sakrileg, wenn sein Geist rein ist.
Reinheit und Aufrichtigkeit sind die einzigen Kriterien. Die Form, in der der Schöpfer dargestellt wird, ist letztlich unwichtig; wichtig ist nur, daß diese Form nicht für Gott selbst gehalten wird.
Eine Statue, ein Bild oder ein Symbol sind immer nur eine Stütze. Sie sollen die ›geistige Gymnastik‹, die Konzentration erleichtern. Das in der Bibel ausgesprochene Verbot, sich von Gott ein Bild zu machen, war nur die logische Reaktion auf die Götzenverehrung des jüdischen Volkes. Der Verzicht auf jegliche Konzentrationshilfe ist ein Ideal, das angestrebt werden sollte, nicht mehr.
Der Buddhismus hat die Nützlichkeit einer visuellen Hilfe erkannt, gleichzeitig aber auch auf die damit verbundenen Gefahren hingewiesen. Die Meister betonen, das Äußere eines Buddha, ja selbst seine Persönlichkeit sei nicht zu berücksichtigen. Wer die Vollkommenheit anstrebe, solle sich soweit wie möglich mit dem Denken Buddhas identifizieren, nicht irgendeine Statue verehren. Wichtig ist, das Prinzip hinter der Form zu suchen.«
»Was mich fasziniert, ist diese wirklich flammende Sonne«,

sage ich zu meinem Freund. »Der höchste Gott der Atlanter war also derselbe wie derjenige der Ägypter, die Sonne Ra?«
»Aber ja, es gab eine Kontinuität zwischen den beiden Zivilisationen.«
»Diese Statue spricht recht deutlich für einen Sonnenkult. Wenn ein solches Werk heutzutage gefunden würde, wäre man, ähnlich wie im Falle Ägyptens, mit voreiligen Schlußfolgerungen über die atlantische Zivilisation wahrscheinlich schnell bei der Hand.«
»Ja, und eben deshalb ist die Stunde der Entdeckung dieses Kunstwerks noch nicht gekommen. Wenn diese Statue wieder ans Licht kommt, wird dies ein Zeichen dafür sein, daß die Menschheit einen neuen Geisteszustand erreicht hat und bereit ist, Dinge als wahr anzunehmen, die heute noch als Aberglaube gelten.
Trotz des gegenwärtigen gewaltigen Ideenwirrwarrs ist der Mensch noch nicht reif, um seiner Vergangenheit so zu begegnen, wie sie war.
Der Positivismus hat seine beherrschende Stellung verloren, aber etwas viel Gefährlicheres ist an seine Stelle getreten: Das rationalistische und atheistische Denken hat sich weitgehend durchgesetzt; es leugnet nicht mehr alles in Bausch und Bogen, sondern praktiziert statt dessen eine Art wissenschaftlichen Sophismus. Das schlimmste daran ist, daß dies den Menschen meist gar nicht bewußt wird. Sie möchten ein Bild von sich selbst, das sie beruhigt. Was gäbe es für eine Panik, wenn der Mensch plötzlich feststellen würde, daß er einmal größer war als jetzt und daß er auf Sand gebaut hat!«
»Aber die Atlanter und Ägypter beteten doch nicht die Sonne an!«

»Natürlich nicht, man darf nicht beim Anschein stehenbleiben. Sie verehrten Gott in Gestalt der Sonne. Ist nicht das Sonnenlicht die erste und reinste aller Repräsentationen des Schöpfers?
Wenn die Sonne verschwindet, stirbt das Leben. Die Wissenschaftler werden dies nicht bestreiten. Für das Leben ist das Licht wichtiger als Luft, denn es ist ihr Träger. Das Licht ist die einzige Substanz — ich sage Substanz, weil es in gewisser Weise greifbar ist —, die das gesamte Universum durchdringt.
Ich meine hier nicht nur das Sonnenlicht, sondern das Astrallicht, das wesentlich feinstofflicher ist. Das Sonnenlicht verhält sich zur physischen Welt wie das Astrallicht zur Welt der Seele.
Es ist reine Schwingung; aber wenn man eine Schwingung von sehr niedriger Frequenz erzeugt, wird diese fühlbar. Du siehst, in der Materie herrscht wirklich absolute Einheit.
Die Menschen werden bald entdecken, daß es nicht -zig chemische Elemente gibt, sondern nur ein einziges, aus dem alle anderen hervorgegangen sind.
Erhöhe die Schwingungsfrequenz, und du erhältst den Klang. Wird die Frequenz weiter erhöht, so wird sie zu Wärme und schließlich zu Licht in allen Farben des Regenbogens. Wenn du das Experiment noch weiter fortsetzt, erzeugst du Elektrizität und schließlich die psychische Energie, die sich im verlängerten Rückenmark konzentriert.
In der Welt der Materie gibt das Sonnenlicht eine positive Energie weiter, in der Astralwelt jedoch ist es negativ gepolt, weil es dort etwas Grobstofflicheres darstellt. Auf der psychischen Ebene ist der Mond negativ geladen, auf der astralen Ebene dagegen positiv. Wie ich dir schon sagte, bedeutet das Wort ›negativ‹ keine Herabsetzung; Plus und Mi-

nus sind lediglich verschiedene Manifestationen ein und derselben Kraft.
Der Taoismus hat dies wohl verstanden: man sollte hier nicht von Dualität, sondern eher von Komplementarität sprechen, denn eine Kraft kann nur in einem Bezug auf ihr Gegenteil existieren. Sie enthält dieses Gegenteil bereits in sich.
Sonne und Mond bilden ein Paar.
In der Öffentlichkeit wurde in Atlantis der Sonnenkult vollzogen, aber im geheimen praktizierten einige Eingeweihte einen lunaren Kult; sie wandten sich an die nächtlichen Kräfte der Natur und stellten so eine Verbindung zu den astralen Mächten her.
Man sollte sich jeglichen Werturteils enthalten. Du hast gesehen, daß Plus und Minus immer relativ sind und sich je nach Sachlage umkehren können: So ist das Astrallicht auf der irdischen Ebene negativ, auf der Astralebene jedoch positiv.
Die schwarzen Trauergewänder im Westen hatten ursprünglich eine esoterische Bedeutung.
Hast du dich je gefragt, was eigentlich die nächtliche Dunkelheit ist? Ein Mangel an Licht? Sicher nicht! Sie ist eine andere Manifestation des Lichts.
Schwarze Nacht herrscht nur für den, der nicht sehen kann, was im übertragenen Sinne bedeutet: Mysterien gibt es nur für den, der nicht versteht.«
»Mich verwundern die Symbole, die dem Sonnengott beigegeben wurden«, unterbreche ich meinen Freund und Einweiher. »Wenn ich mich nicht irre, sind Winkelmaß und Zirkel Zeichen der Freimaurer. Quadrat und Kreis werden unter anderem von den Anhängern der Kabbala und den Taoisten verwendet. Und das Kreuz ist doch das Abzeichen Christi!«

»Nun, wenn man ein wenig nachdenkt, ist dies nicht weiter erstaunlich. Es gibt Symbole, die kein Alter haben, sie entsprechen universellen Wahrheiten.
Es stimmt, Winkelmaß und Zirkel sind typisch für die Freimaurer, aber haben sie dir auch gesagt, woher sie sie haben?
Ihre Tradition ist, ebenso wie die des Tao und der Kabbala, so alt wie die Welt. Auch wenn sie einmal vergessen war, so hat sich doch eine hohe Wesenheit gefunden, um das Licht dieser Tradition wieder auf Erden zu verbreiten.
Das Winkelmaß symbolisiert die Erde, es dient dazu, die Parzellen abzugrenzen. Der Zirkel ist ein Symbol des Himmels, er vollzieht die scheinbare Rundung des Himmelsgewölbes nach. Auch Quadrat und Kreis sind ein Abbild für Erde und Himmel beziehungsweise — mit den Worten der Kabbala — für Frau und Mann.«
»Das Quadrat im Kreis soll also bedeuten, daß die Erde mit dem Kosmos verbunden ist?«
»Ja, so ungefähr. Das Quadrat im Kreis bezeichnet die Vereinigung von Erde und Himmel, von Sichtbarem und Unsichtbarem.«
»Mir fallen da gewisse chinesische Münzen ein; sie waren rund mit einem viereckigen Loch in der Mitte.«
»Ja, genau, der Taoismus hat das Leben Chinas stark geprägt. Er hielt, genau wie die Kabbala, die Zahlen für enorm wichtig. Betrachten wir zum Beispiel die Zahl Fünf, die von Kabbala und Taoismus mit dem Menschen in Verbindung gebracht wird. Ihre älteste Darstellungsform ist das Pentagramm, in dem tatsächlich der ganze Mensch enthalten ist.
Der Kabbala zufolge stellt die obere, den menschlichen Kopf beherbergende Spitze des Pentagramms die Intelli-

genz dar, die die elementaren Kräfte beherrscht; diese werden durch die vier anderen Spitzen des Pentagramms und die vier Extremitäten des Menschen symbolisiert.
Aus der Zahl Vier haben sowohl der östliche Taoismus als auch die westliche Kabbala die Zahl des Gleichgewichts gemacht. Die Vier entspricht zwei paarweise entgegengesetzten Kräften, zwei aktiven und zwei passiven, die sich bildlich als Quadrat darstellen lassen.
Auch das Kreuz ergibt sich direkt aus der Zahl Vier. Es ist gewissermaßen ihr Ergebnis. Die aktiven Senkrechten wurden mit den passiven Waagerechten so gekreuzt, daß ein zentraler Schnittpunkt entstand. Das Kreuz ist, überall im Universum, vor allem ein Abbild des Absoluten; aber es ist auch ein Sinnbild für die irdische Anpassung an den göttlichen Plan. Es ist die Konkretisierung der Idee, die aus dem göttlichen Prinzip und seinem Antagonismus hervorgegangen ist.
Deshalb wurde es zum Symbol Christi.
Es meint nicht das Holzkreuz, an das der Christus Jesus angenagelt wurde, sondern ganz im Gegenteil die Materialisierung eines Teils des göttlichen Plans. Es ist die Begegnung der positiven, vertikalen Kraft des Geistes mit der passiven, horizontalen Kraft der Materie. Die ersten Christen wußten dies, aber seitdem ist ihre Religion bekanntlich vieler Dinge entledigt worden.
Man hat aus Christus einen gekreuzigten Gott machen wollen, einen Gott der Trauer und des Leids, während er doch vor allem den Sieg des Lebens über den Tod, der Liebe über den Haß symbolisiert.
Den mittelalterlichen Künstlern war dies bekannt. Nirgendwo in den gotischen Kathedralen findet man einen sterbenden oder gekreuzigten Christus, überall nur den ruhmreichen oder lehrenden Christus.

Stellt etwa der Osten den jungen Siddharta Gautama an den Abgründen seiner inneren Suche, das heißt vor seiner Verwandlung zum Buddha, dar? Nein, ein Buddha strahlt gewöhnlich vor Güte, heiterer Gelassenheit und Licht.
Ist eine solche Darstellung nicht besser?
Sicher war die Kreuzigung wichtig, man sollte ihre Bedeutung nicht herabmindern; aber der Christus Jesus ist ebenso wie die Gesandten des Geistes, die ihm überall auf der Erde und im Universum den Weg bereitet haben, gerade die Negation jedes Todesgedankens.
Wie dem auch sei, das Kreuz ist ein sehr reichhaltiges Symbol. Sei dir auch immer bewußt, daß es nicht erst mit dem Christentum auftaucht.
Sicher, der Christus Jesus hat ihm seinen ganzen Gehalt gegeben, aber es findet sich auch an den Pyramiden von Palenque in Mexiko und den ältesten Heiligtümern Indiens. Das Kreuz ist offenbar eine der einfachsten Gesten, die eine Hand ausführen kann, und sei sie auch noch so ungeschickt. Unterzeichnen nicht auch Analphabeten mit einem Kreuz?
Das ist natürlich ein gutes Argument für jene Menschen, die die tiefe esoterische Bedeutung des Kreuzes bestreiten. Der Einwand ist stichhaltig, wenn es um die sehr einfachen, unregelmäßigen Kreuze geht, die man etwa auf Höhlenwänden findet. Wenn das Symbol jedoch unleugbar bestimmte Charakteristika aufweist, ist der Einwand hinfällig.
Es gibt fast ebenso viele Formen des Kreuzes, wie es mystische Schulen gibt. Sicher möchtest du jetzt wissen, ob eine Form der anderen vorzuziehen ist. Natürlich nicht! Die einzelnen Varianten betonen nur diesen oder jenen Aspekt der Symbolik. Ein ganzes Buch wäre notwendig, um dies ausführlich zu behandeln.

Das Kreuz kann vor allem als Achse des kosmischen Rades betrachtet werden, des Karma-Rades beziehungsweise der bereits erwähnten Uroboros-Schlange.
In diesem Fall besitzt es vier gleich lange Arme, die die sich kreuzenden Achsen der beiden Tagundnachtgleichen und der beiden Sonnenwenden darstellen; es wird als griechisches Kreuz bezeichnet.
Wenn du die Form der Arme, nicht aber ihr Verhältnis zueinander ein wenig veränderst, erhältst du das katharische Kreuz. Es ist eine wahre kosmische Hieroglyphe. Die vier gleich langen Arme verweisen auf die vier Himmelsrichtungen und die vier Jahreszeiten, die den Gang der Sonne begleiten, die mit dem Geist identifiziert wird.
Auch das Templerkreuz besitzt, obwohl seine Arme wie die des katharischen Kreuzes nach außen breiter werden, noch die Charakteristika des ursprünglichen griechischen Kreuzes.«
»Diese Bemerkung erinnert mich an ein paar Dinge, die ich aus dem Geschichtsunterricht über die Templer weiß. Hatten sie mit ihrem berühmten Kreuz nicht gewaltige Schwierigkeiten?«
»Ja, ich wollte gerade darauf zu sprechen kommen. Der katholische Klerus hat ihnen ein Ritual vorgeworfen, das darin bestand, das Kruzifix zu bespucken. Wohlgemerkt, ich sagte Kruzifix und nicht Kreuz. Und zwar aus folgendem Grund: Die Eingeweihten des Templerordens waren der Meinung, das Kruzifix sei das Zeichen der Schmach, die das Materielle dem Immateriellen, Göttlichen zugefügt habe, und das Holz symbolisiere nichts anderes als das Tier der Heiligen Schrift.
Sicher sind die Templer mit ihrem Ritual zu weit gegangen; aber es wäre falsch, ihre Geste als ein Sakrileg zu betrachten.

Die Esoterik schlägt zuweilen seltsame und nicht ungefährliche Wege ein. Das Beispiel der Templer erinnert jedoch daran, daß das römische Kreuz, das Kreuz mit den ungleich langen Armen, nicht das Zeichen des wahren Christus ist. Wenn du einige der uns umgebenden Statuen, vor allem die aus dem alten Ägypten, aufmerksam betrachtest, wird dir eine Besonderheit auffallen.«
Mein Begleiter braucht mich nicht weiter zu drängen, ich bin überglücklich, in diesem wundervollen Museum, dessen Meisterwerke sich an Seele und Geist wenden, umherwandern zu dürfen.
Ich gehe ein paar Schritte vor meinem Freund her; rechts, links, hinter mir suche ich die unsterblichen Zeugen einer der glanzvollsten Zivilisationen, die die Erde je hervorgebracht hat. Mein lernbegieriger Blick fällt plötzlich auf eine mehr als zwei Meter hohe feingliedrige Gestalt aus bläulichem Stein. Ihre harmonischen Proportionen sind ein vollendeter Ausdruck der Kunst des alten Ägyptens.
»Das ist, das muß sie sein«, wende ich mich ganz aufgeregt an meinen Freund.
Meine Begeisterung erscheint ihm wahrscheinlich etwas kindisch, denn sichtlich amüsiert kommt er mit großen Schritten auf mich zu.
»Ja, das ist sie, zumindest eine von denen, die ich dir zeigen wollte; es gibt noch viele andere, die alle ein ähnliches Charakteristikum besitzen.«
»Es ist Osiris, nicht wahr?«
»Ja, er ist es . . .«
Der sanfte Blick, die feinen Züge dieses Gottes der Liebe haben mich nicht getäuscht. Seine Augen blicken so starr vor sich hin, als sähen sie eine Wirklichkeit, die mein bescheidenes menschliches Verständnis nur dumpf erahnt.

Den Regeln der ägyptischen Kunst entsprechend steht ein Fuß vor dem anderen, die Fußsohlen ruhen mit der ganzen Fläche fest auf dem Sockel. Der linke Arm hängt anmutig am Körper herab, während der rechte in Höhe der Brust leicht nach vorne gestreckt ist.

Die Hand hält einen kleinen Gegenstand aus vergoldetem Metall, der so der Kontemplation und der Meditation dargeboten scheint. Ebendieser Gegenstand war es, der meinen Blick angezogen hatte.

»Das Symbol macht dich neugierig?« fragt mein Begleiter. »Keine Angst, es ist nicht das einzige, du wirst seine Spur ohne Schwierigkeit auch auf Erden finden. Wie du siehst, handelt es sich um ein Kreuz, allerdings um ein spezielles Kreuz. Die Gelehrten in der Welt der Menschen bezeichnen es als Crux Ansata, aber es ist einfacher, es das ägyptische Kreuz des Lebens zu nennen.«

»Ich sehe nicht direkt ein Kreuz in ihm, eher ein T mit einem Kreis darüber.«

»Ja, ich weiß, was du denkst ... Aber um die Tragweite dieses Zeichens zu verstehen, muß man jedes seiner Bestandteile analysieren. Du hast selbst gesagt, daß es sich um ein T und einen Kreis handelt. Du kannst dir leicht denken, warum die großen ägyptischen Eingeweihten aus dem T ein Symbol für den Mann und aus dem Kreis eine Symbol für die Frau gemacht haben.

Die Schwierigkeit bei der Interpretation des T besteht jedoch nicht darin, daß es auf die Geschlechter oder die Polaritäten verweist. Die Crux Ansata ist hauptsächlich deshalb ein richtiges Kreuz, weil sie das T oder, genauer, das Taw enthält.«

»Ist Taw nicht der letzte Buchstabe des hebräischen Alphabets?«

»Ja, richtig, obwohl nicht die Hebräer diesen Buchstaben und seine Bedeutung erfunden haben.
Du weißt, daß jeder hebräische Buchstabe eine bestimmte Idee repräsentiert, er ist ein Symbol und gleichzeitig ein Schriftzeichen. Nun, das Taw stellt in sich selbst eine Synthese dar, und zwar für die Ägypter die Synthese von Geist und Materie. Der Geist hat akzeptiert, Gestalt anzunehmen, um die gesamte Menschheit zu transzendieren.
Dies ist das Mysterium, das aus dem Schnittpunkt der Vertikalen mit der Horizontalen erwächst.
Ganz gleich, ob es sich um Osiris, Krischna oder den Christus Jesus handelt — die Gottheit, die zu den Menschen herabsteigt, um ihnen den Weg zu zeigen, ist ein Zeichen Gottes auf Erden, ein Einschnitt in die aus Egoismus bestehende Schale der gesamten Menschheit.
Für die alten Ägypter bedeutete die Crux Ansata die Unsterblichkeit des Geistes.
Von einem prosaischeren Standpunkt aus betrachtet, ist sie das Kreuz der Fruchtbarkeit. Eine gute Ernte resultiert sowohl aus dem Einwirken des Heiligen Geistes, einem positiven Element, auf das negative Element der Materie, als auch aus dem energetischen Zusammenwirken von Wasser und Sonne auf die empfangsbereite Erde.
Ich habe dir gesagt, du kannst die Crux Ansata als das ägyptische Kreuz des Lebens bezeichnen, aber das bedeutet nicht, daß sie ausschließlich in Ägypten zu finden ist. Ich möchte dir zeigen, daß der Mensch überall auf der Welt seinem Wesen nach gleich ist und Gott, daß Große Ganze, unabhängig von Raum und Zeit für alle derselbe ist. So weist das ägyptische Kreuz überall auf eine Dreiheit hin: auf Leben, Liebe und Fruchtbarkeit.
Jedes dieser Elemente ergibt sich aus dem Vorhergehenden,

und so entsteht ein ewiger Kreislauf. In Babylon war die Crux Ansata das Abzeichen der Götter des lebenspendenden Wassers. Bei den Mayas von Palenque in Mexiko war sie ein Sinnbild für die Erneuerung, für den Frühling in der Natur und in dem Menschen, der den Geist wiederentdeckt. Bei den Skandinaviern war die Crux Ansata das Zeichen der Götter des Himmels, der Schöpfer des Menschengeschlechts. Das ägyptische Kreuz des Lebens findet sich sogar auf der Osterinsel, und wie jedes Kreuz erhellt es durch seine Anwesenheit den Boden der Erde.«

»Wirklich aufregend!« entfährt es mir, während ich weiter das längliche Gesicht des Osiris betrachte, das durch die hohe, schmale Haartracht noch länglicher erscheint. »Es gäbe noch soviel zu wissen!«

»Nun, du kannst alles vergessen, was ich dir zu diesem Thema gesagt habe, wenn du nur das eine behältst: Das Kreuz steht für das Leben, nicht für den Tod, es steht für den letztendlichen Sieg des Geistes über die Materie.

Das ist das Wichtigste, was du zu diesem Zeichen wissen solltest; der Rest ist reine Gelehrsamkeit. Ich habe ihn nur erwähnt, um dir noch einmal zu zeigen, welche Wege der menschliche Geist im Verlauf seiner Evolution eingeschlagen hat und daß Gott sich durch sie manifestiert hat. Sieh dir diese herrliche Darstellung des Osiris gut an, laß sie auf dich einwirken, damit du sie eines Tages getreulich beschreiben kannst.

Betrachte sie genau, denn auf Erden wirst du sie vergebens suchen — nicht, weil sie wie der atlantische Sonnengott noch entdeckt werden muß, sondern weil sie nicht mehr existiert. Sie ist in einem Meteoritenhagel in einem Tempel untergegangen, als das Reich des Pharao vom furchtbarsten Schlag, der es jemals erschütterte, getroffen wurde: der letz-

ten der sieben Plagen Ägyptens. Sie gehören nicht, wie gewisse ›qualifizierte‹ Historiker behaupten, in den Bereich der Legende. Der Staub dieses blauen Osiris ist von den Fluten des Nil hinweggetragen worden.
Warum ist ein solches Meisterwerk nicht verschont geblieben? wirst du mich fragen. Nun, weil ein bestimmtes Heiligtum zerstört werden mußte, auch wenn dabei die in ihm enthaltenen Kunstwerke ebenfalls vernichtet wurden. Dieses Heiligtum war von Priestern, denen die weltliche Macht wichtiger war als alles andere, seiner ursprünglichen Bestimmung entfremdet worden.
Die Statue des jungen Osiris war nicht mehr von Liebe durchdrungen, die Anwesenheit des korrumpierten Klerus hatte ihre Ausstrahlung verändert.
Die Natur wollte es so.
Jeder Gegenstand nimmt die Schwingungen der Wesen an, die ihn umgeben und denen er gehört. Er lädt sich negativ auf, wenn man in seiner Gegenwart negative Strahlen aussendet, das heißt traurige oder schädliche Gedanken. Die von einem Gegenstand ausgesandten Schwingungen ändern sich mit jedem Gedanken des Menschen, dem er gehört.
Deshalb verdienen manche Andachtsstätten wirklich die Bezeichnung ›heilig‹; in ihnen ist jeder Stein von dem hohen Ideal und den liebevollen Gedanken der Menschen durchdrungen, die sich ihnen mit dem Bilde Gottes im Herzen genähert haben.
Das mächtigste, das schönste dieser Heiligtümer befindet sich in einem der höchstgelegenen Gebiete Tibets. Dank der hohen Wesenheiten, die es unter ihren Schutz genommen haben, ist es den Chinesen unbekannt; bei der gegenwärtigen Denkweise ihrer Führungskräfte würden sie es

höchstens entweihen und es als eine ›Hochburg des rückschrittlichen Denkens‹ bezeichnen.
Ich habe schon erwähnt, daß man nur das haßt und zerstört, was man nicht versteht und zutiefst fürchtet.
Ich meinte es eben wörtlich, als ich dir sagte, daß der Mensch bei jedem Gedanken positive oder negative Wellen erzeugt. Durch diese Wellen entstehen sogar Wesen, die man gemeinhin ›Gedankenformen‹ nennt.
Jede Idee, jeder Gedanke findet im unteren Teil der niederen Astralebene, von dem wir schon gesprochen haben, einen Widerhall und konkretisiert sich dort.
Paß gut auf, denn dies ist wichtiger, als es zunächst scheint. Sobald ein Gedanke im inneren Universum eines menschlichen, tierischen oder sonstigen Individuums entwickelt wurde, verschmilzt er mit einem Elementarwesen, das — ich sagte es dir bereits — eine halbintelligente Kraft der Natur ist, und bildet dann eine Wesenheit, die die Fähigkeit hat, in der materiellen Welt zu handeln. Ihre Lebensdauer entspricht der Intensität des verstandesmäßigen Aktes, der sie erzeugte.
Die Schaffung von Gedankenformen war und ist bei Hexern und Zauberern übliche Praxis. Aber ich wiederhole: Jedes Wesen schafft sie in jedem Augenblick seines Lebens. Dies ist einer der Gründe, weshalb wir uns bemühen sollten, edle, von Liebe und Güte bestimmte Gedanken zu hegen.
Ohne es zu wissen, umgeben wir uns mit Wesenheiten, die eine Widerspiegelung unserer selbst sind und in unsere physischen und mentalen Bereiche eingreifen.
Nach dem Augenblick des Todes muß jedes Wesen die niederen Astralbereiche durchqueren, um die mittlere Astralebene zu erreichen. Je höher sein Ideal gewesen ist, desto

kürzer wird diese Zeitspanne sein; je niedriger sein Ideal und je schädlicher sein Verhalten für andere war, desto länger und mühevoller wird sie.

Der von Wesenheiten bevölkerte Strom, den ein Wesen sich während seines Aufenthaltes auf Erden schafft, bestimmt zum Großteil die Wellenlänge, auf der seine Seele in der mittleren Astralebene schwingt.

Diesen Strom nennen die Hindus ›Karma‹.

Leicht vereinfachend kann man sagen, daß er elektrischer Natur ist. So unterliegen jede Handlung und jeder Gedanke, seien sie schädlich oder nützlich, dem Bumerang-Effekt. Nachdem sie sich einem bestimmten Prozeß entsprechend entwickelt haben, kehren sie von selbst wieder zu dem zurück, der sie verursacht hat.

Jeder unheilvolle Gedanke, jede unheilvolle Idee kehrt sich früher oder später gegen ihren Urheber — wenn nicht in diesem Leben, dann im nächsten. Hör, was die Bibel dazu sagt: ›Wer Menschenblut vergießt, dessen Blut soll auch von Menschen vergossen werden‹ (Gen. 9,6).

Auch ein Neugeborenes kommt also schon mit einem gewissen ›Gepäck‹ auf die Welt . . .

Es ist sehr schade, daß der Mensch diese Gesetze fast überhaupt nicht kennt; er wäre gezwungen, auf dem Gebiet der Vererbung einiges zu revidieren.«

Mein Begleiter macht ein paar Schritte nach links und fügt dann hinzu: »Aber suche weiter . . . Suche das ägyptische Kreuz des Lebens. Es befindet sich nicht nur in der Hand des Osiris . . .«

Ich weiß nicht, wohin ich zuerst schauen soll. Ich fühle mich verloren inmitten von soviel Schönheit, soviel Mysterium. Aber ist das erstaunlich? Ich befinde mich vor Hunderten von Statuen von Gottheiten und Eingeweihten, die

mich inmitten eines üppigen Dschungels anzublicken scheinen.
Ich glaube, mein Freund, das Wesen mit dem bläulichen Gesicht, hat meine Gedanken erraten. Ohne ein Wort zu sagen, folge ich ihm durch das Labyrinth der erstarrten Körper.
»Hier«, sagt er leise, »das wollte ich dir zeigen. Du siehst, es sind Echnaton und, rechts von ihm, Tutanchamun. Beide haben dem Kreuz des Lebens große Bedeutung beigemessen.
Auf zahlreichen Reliefs erscheint es neben ihnen. Der Name ›Tutanchamun‹ enthält übrigens den Begriff ›anch‹, der ›Leben‹ bedeutet und von dem das Wort ›ansata‹ oder ›ankhsata‹ des Begriffes ›Crux Ansata‹ abgeleitet wurde.
Die beiden Pharaonen haben sich ihr ganzes Leben lang darum bemüht, die Religion des Einen Gottes in Ägypten wiedereinzuführen, des Gottes der Liebe, des Sonnengottes — denn dies war Aton; Amun dagegen war eine negative Kraft der korrumpierten Geistlichkeit.
Tutanchamun hätte es vorgezogen, wenn die Nachwelt ihn unter dem Namen Tutanchaton in Erinnerung behalten hätte. Aber der Tag ist nah, an dem die Menschheit die Wahrheit über seine bedeutende Rolle beim Kampf gegen die Kräfte des Bösen erfahren wird.
Wenn du wieder auf der Erde bist, solltest du Reliefs suchen, die Echnaton und seinen spirituellen Nachfolger Tutanchamun unter einer Sonnenscheibe darstellen, deren Strahlen in Händen enden. Diese Werke haben eine tiefe religiöse Bedeutung und zeigen die Verbindung der beiden Herrscher mit den Kräften der kosmischen Liebe.
Tutanchamun, Echnaton, Osiris, Isis, Thot und all die anderen Figuren, die du hier im künstlerischen Stil des Landes

siehst, in dem sie wirkten, sind direkte Gesandte der Macht, die von dem Einen Wesen ausgeht. Sie sind freiwillige Schiffbrüchige in einer Welt der Gewalt, der die Liebe fehlt.

Ich sagte dir bereits, daß sie früheren Menschheiten angehörten. Vor langer, langer Zeit, vor Tausenden und Milliarden von Jahren haben die, die große Lehrer geworden sind, ihre Seele getötet.

Wundere dich nicht über meine Worte, ich entwickle nur neue Begriffe für etwas, das du schon kennst. Für die meisten Menschen steht die Seele über allem; sie glauben, sie sei das göttlichste Element des menschlichen Wesens. Aber die Seele ist nur ein Mittler zwischen Körper und Geist, ebenso wie die Dämmerung Tag und Nacht verbindet.

Ebenso wie das letztendliche Ziel des fleischlichen Körpers der Tod ist, so ist das Ziel der Seele die Auflösung. Die Seele ist nichts anderes als der Astralkörper; sie ist eine feinere Schwingung als die Materie. Jedes Wesen muß Geist werden. Diese Wahrheit sollten deine Leser in ihr Innerstes versenken.

Das Leben nach dem Tod ist nicht das wahre Leben. Das strahlende Licht beim Durchschreiten der Pforten des ersten Todes ist nichts im Vergleich zu dem Licht, das uns erwartet, wenn wir die Schwelle des zweiten Todes überschritten haben.

Die Gnostiker früher nannten es das ›Licht der Lichter‹.

Der zweite Tod ist der Tod der Seele, des Astralkörpers. Man könnte ihn auch als den initiatischen Tod des Alchemisten oder der Mystiker bezeichnen. Es ist der Augenblick, in dem der Mensch, der alle Stufen der irdischen und astralen Evolution durchlaufen hat, zum *Menschen* wird, weil er im Innersten verstanden hat, daß er Erbe der göttlichen Liebe ist. Der Christus Jesus wußte dies sehr wohl.

Auch der Geist selbst kann sich unendlich verfeinern. Der des Christus Jesus hatte einen solchen Grad der Vollkommenheit erreicht, daß er sich zu Recht als Sohn Gottes bezeichnen konnte, denn er war tatsächlich eine Emanation der Gottheit. Nur die vollständige Hingabe erlaubt dem Menschen einen echten Dialog mit seinem Höheren Selbst, dem Geist oder Unbewußten — das entgegen seiner Bezeichnung völlig bewußt ist und eine umfassende Vision der Dinge und ein umfassendes Gedächtnis besitzt.«

»Für ihre irdische Inkarnation müssen sehr hohe Wesenheiten wie Christus, Buddha, Krischna, Osiris und andere, deren Maßstab das Universum ist, sehr große Qualen auf sich genommen haben, wenn sie sich in einem Gefängnis aus Fleisch und Blut verkörperten«, sage ich.

»Das ist wahr, vor allem weil sie sich nicht nur einmal auf der Erde verkörpert haben, sondern mehrmals. Der Christus Jesus war der große Prophet und Gesetzgeber von Atlantis und vieler vorhergegangener Kulturen.

Bevor er Jesus war, war er Melchisedek und Elisa.

Es gibt in der Bibel Anspielungen auf die Verkörperung Christi in Elisa. Dagegen hatte die sehr hohe Wesenheit, die als Johannes der Täufer bekannt wurde, in dem Propheten Elias gelebt. ›Ich werde euch Elias, den Propheten senden, bevor der Tag des Ewigen kommt‹ (Malachias 4,5).

Du wirst wissen, daß Johannes der Täufer oder Elias einige Zeit vor Jesus geboren wurde, um seinen Auftrag und sein Kommen anzukündigen.

Im zweiten Kapitel des Buchs der Könige (11—13) wird der Übergang von Autorität und Macht von Elias auf Elisa an-

gesprochen: ›Er (Elisa) nahm den Mantel, der Elias entfallen war.‹
Dieser Text stellt symbolisch die Übertragung der Macht des Guru — um den Hindu-Ausdruck zu verwenden — auf die Person des Schülers dar.
Ich sagte symbolisch, aber der Begriff ist nicht ganz richtig, denn der Mantel des Elias besaß bestimmte Kräfte und Eigenschaften.
Glaube nicht, daß es den zukünftigen Jesus kleiner macht, wenn ich von ihm als einem Schüler spreche. Es gibt Schüler, die ihre Lehrer übertreffen. Der Geist des Christus Jesus hatte sich in jener Inkarnation zu einem Schülerdasein entschieden, um seine Mission vorzubereiten.
Viele hohe Wesenheiten, die sich in Harmonie mit der Gottheit befinden, waren einmal Bettler oder einfache Bauern, um in der Stille und in vollständiger Anonymität an der Verwirklichung des göttlichen Plans zu arbeiten.
Die Wege der Wahrheit und des *Wortes* sind vielfältiger und überraschender, als man gemeinhin annimmt.
Im Lukas-Evangelium (1,17) findet sich eine Anspielung, die Johannes den Täufer betrifft. Der Engel verkündet Zacharias, daß sein Sohn ›hergehen wird vor Gott im Geist und in der Kraft Elias‹.
Jesus selbst hat zweimal Elia, seinen ehemaligen Lehrer, mit dem Propheten Johannes identifiziert: ›Doch ich sage euch: Elia ist schon gekommen, aber sie haben ihn nicht erkannt, sondern haben mit ihm getan, was sie wollten . . . Da verstanden die Jünger, daß er von Johannes dem Täufer zu ihnen geredet hatte‹ (Matthäus 17,12—13).
›Denn alle Propheten und das Gesetz haben geweissagt bis hin zu Johannes, und wenn ihr's annehmen wollt: er ist Elia, der da kommen soll‹ (Matthäus 11,13—14).

Beachte, daß der Christus Jesus sagte: ›wenn ihr's annehmen wollt‹.
Denn wer die Augen nicht öffnen will, wird sie hermetisch verschlossen halten.
Es wird immer Theologen geben, die die Texte anders interpretieren, weil man ihnen versichert hat, die Reinkarnation sei ein Hirngespinst.
Die Realität jedoch sieht anders aus: Die Geistwesen, die ihre Einheit mit Gott verwirklicht haben, arbeiten unermüdlich am Wohl der Menschheit.
Wie du siehst, kann man die Bibel auf verschiedene Weise lesen. Leider sind es nicht immer die Christen, die sie auf die am meisten wünschenswerte Art lesen.
Was ich dir über Jesus und Johannes den Täufer sagte — du hast es bereits erraten —, gilt auch für die Gottheiten aller anderen großen Religionen, ganz gleich, ob diese nun verschwunden sind oder noch Gläubige zählen.
Der ägyptische Thot, der seinen Seelenadel und seine Tiefgründigkeit an die heilige Wissenschaft der antiken Eingeweihten weitergab, ist die Reinkarnation eines der großen Wesen, die Atlantis inspiriert haben. Er hat viele Male auf der Erde gelebt, und du kannst mir glauben, wenn ich dir sage, daß er noch einmal ein fleischliches Gewand anlegen wird, um den Menschen die Augen zu öffnen. Er war der Hermes der Griechen, der ein vertrauter Gefährte des Orpheus war. Er war es, der der Menschheit jene gewaltige Summe allen Wissens hinterlassen hat, die Smaragdtafel. Sie wurde auch einmal von der Wesenheit benutzt, die den Körper des Moses angenommen hatte. Moses war der große Lehrer des hebräischen Volkes, aber er hat nie aufgehört, ein ägyptischer Priester zu sein. Er war ein Mittler, denn er hat die Fackel des Lichts von einem Volk an ein anderes weitergegeben.

Die Menschen sollten die Kabbala studieren; wenn sie sich nicht vom Rahmen der jüdischen Religion einengen lassen, werden sie dort große Wahrheiten entdecken. Sie zeigen ihnen Gott in den verschiedensten Manifestationen, auf Erden und jenseits der sichtbaren und unsichtbaren Welten.
Denke auch an Krischna. Vor Jahrtausenden bereits verkündete er der asiatischen Welt das Kommen des Christus Jesus und lebte ihr in gewisser Weise sein Dasein vor.
Manche Menschen sind der Meinung, Jesus und Krischna seien dieselbe Wesenheit. Glaub dies nicht. Verschiedene Geistwesen haben ihre Körper beseelt. Sie sind verschieden, aber Brüder in ihren Zielen.
Krischna war ein blauer Gott, ein Gott der Liebe. Der Christus Jesus war der gute Hirte auf der Suche nach dem verlorenen Schaf. Krischna war der Schäfer, der mit seiner Flöte seine Herde um sich sammelte. Wie bei Jesus war der Ort, den er für seine Geburt wählte, sehr einfach: die Hütte eines Schäfers. Wie Jesus wurde er von einer Jungfrau geboren: Devaki. Wie Jesus, der durch Palästina wanderte, zog Krischna zu den Ufern des Ganges, um die Menschen aus ihrer Dumpfheit zu erwecken und die Schleier der irdischen Illusion, der Maya, von ihnen zu nehmen. Schau, auf dem Halbrelief dort drüben bei dem großen Baum, in der Nähe der wundervollen rosafarbenen Blumen, bringt Krischna die ganze Natur zum Tanzen.
Und hier, siehst du den Buddha in seiner Inkarnation als Siddharta Gautama? Siehst du die Geste, die er mit zwei Fingern seiner erhobenen rechten Hand macht? Erinnert sie dich nicht an etwas?«
»An Christus?«
»Ja, an den Christus Jesus oder, wie die Christen zu sagen pflegen, an den lehrenden Christus.

Die Christen wissen jedoch nicht, daß dieses Zeichen, bei dem Zeigefinger und Mittelfinger in einer friedvollen Gebärde erhoben werden, nicht nur auf das Lehren verweist.
Der Christus Jesus und der Buddha Gautama machen das Zeichen der Esoterik. Der eine Finger symbolisiert die allgemein bekannte, der andere Finger die verborgene Seite der Lehre.
Auf Gemälden und Reliefs überall auf der Welt wirst du Gottheiten und Propheten finden, die diese Geste ausführen; ihre tiefe Bedeutung ist nur wenigen Menschen bekannt.«
Automatisch verweile ich bei den Statuen östlicher Herkunft weniger lange. Dennoch ist ihre Schönheit unbestreitbar. Wortlos sieht mein Freund zu, wie ich an den Darstellungen hinduistischer, chinesischer und indonesischer Gottheiten vorübergehe.
»Warum tust du das?« fragt er plötzlich.
»Was, das? Habe ich etwas getan, was an diesem Ort verboten ist?«
»Nein, nichts ist hier verboten, zumindest nichts, was durch einen reinen Gedanken motiviert ist.
Ein negativer Gedanke oder eine böse Absicht würde dich sofort ins Reich der Toten und dann in deinen physischen Körper zurückbefördern.
Für die Projektion des Mentalkörpers in den Astralbereich ist die Reinheit der Absicht unbedingt notwendig. Ich wollte nur wissen, warum du dich vor den Meisterwerken der östlichen Kunst nicht länger aufhältst. Weißt du es?«
»Es geschah rein automatisch, aber ich liebe diese Kunst sehr.«
»Ja, darauf wollte ich hinaus: automatisch. Bei dem, was man kennt oder zu kennen glaubt, hält man sich weniger

lange auf. Wenn ich dich so schnell an diesen Statuen vorübergehen sehe, denke ich an die Vorliebe für den östlichen Kulturkreis, die den Westen in den letzten Jahren regelrecht überschwemmt hat. Der durchschnittliche Europäer hat sich an das Bild Buddhas, Krischnas und anderer östlicher Gottheiten gewöhnt. Heute schenkt er ihnen kaum noch Beachtung. In Wahrheit war das Interesse in den meisten Fällen nur eine Art intellektueller Snobismus, der Wunsch, eine Mode mitzumachen.
Die leitenden Wesenheiten der Astralwelt wissen sehr vieles, auch Dinge, die das alltägliche Leben auf Erden betreffen. Sie haben die Entwicklung dieser Mode mit Sorge verfolgt und feststellen müssen, daß Buddha-Statuetten sogar als Lampenfüße dienen.
Es wäre gut, wenn jedes Wesen seine Umgebung täglich neu sähe; viele Irrtümer ließen sich auf diese Weise vermeiden — vor allem aber der Überdruß, der alles uninteressant erscheinen läßt!
Ich habe dir schon gesagt, daß du an diesen Ort kommen kannst, sooft du willst, jetzt jedoch solltest du in die Welt der Sterblichen zurückkehren. Deine Psyche könnte bei einem längeren Aufenthalt hier Schaden nehmen.
Nur auf eines möchte ich dich noch hinweisen. Folge mir, und hör aufmerksam zu.
Siehst du diese riesige Statue? Sie scheint aus Holz zu sein, und ihre Gesichtszüge sind leicht negroid. Es handelt sich um eine Gottheit, von der man recht wenig spricht und die gewissermaßen vergessen ist: Manitu.
Einige mögen lächeln, wenn du dies den Menschen berichtest. Die Indianer Nordamerikas werden seit langem als unterentwickelte Wesen betrachtet, die im Aberglauben verstrickt sind.

Aber du sollst wissen, daß ihr höchster Manitu denselben Wert hat wie der große Ra der Ägypter. Das ist kein Zufall. Die rote Rasse der amerikanischen Indianer stammt von gewissen Flüchtlingsgruppen der Sintflut ab, die Atlantis und einen großen Teil der Zivilisationen dieser Welt zerstörte. Nun, du weißt auch, daß das alte Ägypten die Atlanter beerbt hat.

Manitu ist der ägyptische Ra, er ist die Incalis-Sonne der Atlanter, der einzige und allmächtige Gott, den die weißen Missionare auf dem amerikanischen Kontinent durchsetzen wollten.

Ist es nicht der Mühe wert, daß der Mensch sich gewisse Fragen stellt, daß er lernt, die Nase aus dem Kokon zu stecken, den seine beschränkte Kultur so sorgsam gesponnen hat?

›Aber das machen wir doch, wir leben im 20. Jahrhundert!‹ werden deine Zeitgenossen einwenden.

Aber das ist falsch. Die menschliche Mentalität ist sehr wenig entwickelt. Es ist absolut notwendig, daß sie einen Riesenschritt vorwärts macht. Die Menschen des 20. Jahrhunderts stehen erst am Anfang! Noch vor einem Jahrhundert waren sie felsenfest überzeugt, sie könnten nicht fliegen. Heute können sie fliegen, und nun behaupten sie, es gäbe keine schnellere Geschwindigkeit als die des Lichts. Sie werden schneller sein als das Licht, und trotz ihrer Verbissenheit, einen höchsten Gott aus ihren Beschäftigungen und Äußerungen zu streichen, werden sie lernen, daß es einen gibt.«

»Bevor ich gehe, möchte ich noch eine Frage stellen, denn eins beschäftigt mich noch. Beim Rundgang durch dieses außergewöhnliche Museum habe ich die vielen Gesichter Gottes und der Botschafter gesehen, die Er die Jahrtausende hindurch überallhin auf die Erde entsandt hat. Aber ich habe nirgendwo die Gottheiten des griechischen und römischen Altertums bemerkt. Wie ist das zu erklären?«

»Darüber brauchst du dich nicht zu wundern! Bis auf Hermes, Apollon und ein paar andere sind die Götter der griechischen und lateinischen Antike falsche Götter. Ich werde dir später mehr darüber erzählen.

Im Moment genügt es, wenn ich dir sage, daß sie nicht der Phantasie des Volkes entsprungen sind, wie oft behauptet wird, sondern Wesen aus Fleisch und Blut waren. Sie wurden nicht in deiner Welt geboren, aber sie waren auch keine Boten der göttlichen Liebe. Sie haben auf der Erde geraubt und erpreßt und ganzen Völkern Lektionen in Perversität gegeben. Man braucht nur die griechische und römische Mythologie zu betrachten, dann wird einem klar, daß sie keine Gesandten des *Wortes* sein können.

Trotzdem ist die Mythologie, die sie wieder zum Leben erweckt, von Interesse. Um aus den amoralischen Handlungen dieser Wesen Nutzen zu ziehen, hat Orpheus, der große Reformator und Einer der griechischen Religion, ihre Geschichte hier und da ein wenig verändert; er hat ihr eine esoterische Bedeutung gegeben, die viele Lehren enthält.

Daher sind Geschichten wie die von den Argonauten und dem Goldenen Vlies, von Herakles und Orpheus durchaus aufschlußreich.

Die von Orpheus inspirierten Berichte und die anderer Völker überall auf der Welt sollten eines Tages ernsthaft untersucht und verglichen werden.

Aber jetzt mußt du diesen Bereich verlassen. Geh und schreibe! Wir werden uns wiedersehen.«

Mit einem breiten Lächeln hat mein Freund eine Hand auf meine Schulter gelegt, und alles verschwimmt . . .

Dem Leser wird nicht entgangen sein, daß der Aufenthalt auf der oberen Astralebene länger dauerte als der im Reich der Toten (mittlerer Astralbereich). Der Grund dafür ist einfach. Um die Lesbarkeit zu erleichtern, wurden im vorliegenden Kapitel mehrere Besuche im oberen Astralbereich zusammengefaßt.
Wir haben bereits angedeutet, daß ein längerer Aufenthalt bestimmte Risiken birgt. Einige der Reisen im oberen Astralbereich wurden im Abstand von vier oder fünf Tagen unternommen. Bis auf ein paar Einzelheiten »technischer« Art verhielt es sich dabei mit der Kontinuität fast so, wie es hier dargestellt wurde. Dies bestätigt, was bereits gesagt wurde: Die Astralzeit hat nichts, oder jedenfalls nicht viel, mit der irdischen Zeit gemein.
Die Wesenheit, die uns als Führer dient, hat bestätigt, daß sie nur ein oder zwei astrale Stunden auf den Erzähler gewartet hatte, wenn auf unserer Erde mehrere Tage verstrichen waren.

VI

Ein Krankenhaus in Pyramidenform

Das Licht kommt von allen Seiten zugleich, der Himmel ist indigoblau. Ich höre die Vögel zwitschern; sie bringen mich zum Leben zurück.

Ich bemerke, daß ich auf einem dichten Rasen liege. Meine Wirbelsäule liegt so fest auf dem Boden auf, daß sie seine Energie aufzunehmen scheint. Mein Blick löst sich von dem intensiv strahlenden Himmelsgewölbe und verweilt auf dem sattgrünen Gras.

Meine Augen sind so voll von Farbe, daß ich das Bedürfnis verspüre, sie zu schließen.

»Was machst du? Ich dachte, du wolltest mich sehen, jedenfalls habe ich dich gerufen. Steh auf, dein Bewußtsein ist nicht mehr auf der Erde. In ein paar Sekunden wirst du besser sehen . . . Jetzt!«

Wie gewöhnlich ist mein Geistführer an meiner Seite, und wie gewöhnlich zeigt er ein breites, gütiges Lächeln, das schon allein Bände spricht.

»Allerdings, besonders hell ist es hier nicht«, fügt er scherzhaft hinzu.

»Siehst du, daß wir wieder im Reich der Hinübergegangenen sind? Ich frage mich wirklich, ob du den direkten Übergang vom oberen Astralbereich auf diese Ebene verkraftet hättest.«

Mein Freund sieht mir gerade in die Augen, und schelmisch scheint er mir sagen zu wollen: »Ein guter Scherz, immerhin wäre es möglich gewesen.«

Der Ort, an dem wir uns befinden, sieht aus wie ein riesiger Park. Überall Trauerweiden oder zumindest Bäume, die ihnen gleichen. Der Rasen, der von winzigen gelben und blauen Blumen wie mit Konfetti übersät ist, erstreckt sich soweit das Auge reicht. Wesen jeden Alters, die die unterschiedlichsten Gewänder tragen, spazieren umher oder spielen.

Mir fällt ein, daß die jetzt auf der Erde lebenden Menschen wahrscheinlich glücklich wären, wenn sie wüßten, daß ihre lieben Hinübergegangenen ein so angenehmes Leben führen.

»Es ist seltsam«, sage ich meinem Begleiter, »aber ich habe das ganz klare Gefühl, diesen Ort zu kennen.«

»Das ist nicht weiter erstaunlich, du bist nicht das erste Mal hier! Dieser Park gehört zu einem Krankenhaus . . . oder etwas, das man als solches bezeichnen könnte. Der Begriff Krankenhaus ist nicht besonders passend, denn er hat einen unheilvollen Beiklang.

Du weißt schon, daß die Seele beziehungsweise der Astralkörper eines Wesens, das die Pforten des irdischen Todes durchschritten hat, Ruhe braucht; sie muß neue Kräfte sammeln.

Dazu gibt es die astralen Krankenhäuser. In ihnen werden eventuelle Verwundungen des Astralkörpers geheilt. Das Krankenhaus, das ich dir zeigen werde, befindet sich hinter diesem Wäldchen an einer tiefergelegenen Stelle des Geländes. Es ist nicht das einzige seiner Art, aber es sind auch nicht alle Krankenhäuser gleich. Seine Ausstattung ist weniger interessant als seine Form.

Erwarte nun aber keine Form, die dir unbekannt ist; du kennst sie sogar sehr gut: Es ist eine Pyramide.
Du weißt, daß die irdischen Forscher in den letzten Jahren Pyramidenformen sehr aufmerksam studiert haben. Dies ist gut so und ein Zeichen der Zeit. Keine Angst, ich werde nicht versuchen, dir alle mathematischen Theorien zu erklären, die mit dieser Form zusammenhängen.
Behalten solltest du allerdings, daß die Proportionen der Pyramide sie zu einem Kondensator kosmischer Energie machen. Die wichtigste Wirkkraft, die sich in dieser Form konzentriert, ist das Astrallicht mit den in ihm enthaltenen Lebenspartikeln.
Seine Kraft ist hier natürlich viel stärker als auf der Erde. Die extremste Leistung der Pyramidenform auf Erden besteht darin, einen physischen Körper ins irdische Leben zurückzubringen. Ihre Wirkung erstreckt sich zunächst auf den Astralkörper und erreicht dann den physischen Körper. Dies entspricht im übrigen der Ordnung der Dinge, denn die Seele geht dem Körper voraus und nicht umgekehrt.
Es waren die Abgesandten einer anderen Welt, die in Verbindung mit den Atlantern die große Cheopspyramide in Ägypten erbauten. Irdische Forscher beginnen, dies zu ahnen; ihre Arbeiten sollten ermutigt werden.
Sehr bald werden im Sand Texte entdeckt werden, die ihnen recht und gewissen bornierten, konservativen Archäologen unrecht geben werden. Diese Texte sind sehr wichtig; einige von ihnen werden in koptischer Sprache geschrieben sein.
Vor allem ein Herrscher namens Zurad hat zur Erbauung der sogenannten Großen Pyramide beigetragen. Er hat auf supraterrestrische Anordnung hin gehandelt. Diese Pyramide sollte die Fackel des Wissens an die gegenwärtige menschliche Zivilisation weitergeben.

Eben deshalb und nicht wegen ihrer ursprünglichen weißen Farbe wurde sie von den Alten ›Al Ahram‹ genannt, das heißt das Licht.
Die Menschen haben jetzt eine wichtige mathematische Tatsache in bezug auf dieses Gebäude entdeckt. Seine Grundmaßeinheit ist die heilige Elle, die unter anderem auch vom keltischen Volk benutzt wurde. Sie entspricht 0,635 660 Metern.
Nicht alle Forscher haben jedoch bemerkt — oder sie wollten es nicht bemerken —, daß die Länge der Basisdiagonalen des Gebäudes addiert 25 800 Zoll ergibt (eine heilige Elle besteht aus 25 Zoll).
Erinnere dich: 25 800 Jahre dauert ein Großes Jahr. Natürlich wird man dir genauso wie den Entdeckern dieser Tatsache vorhalten, dies sei reiner Zufall. Laß dich nicht beeinflussen, es ist kein Zufall. Aber komm, schau dir lieber einmal eine solche astrale Pyramide an!«
Ich habe das Gefühl, daß ich der Lektionen meines Geistführers niemals überdrüssig werde.
Ich bin gezwungen, oft die Begriffe Geistführer oder Begleiter zu verwenden; sie erscheinen mir am geeignetsten, denn bis jetzt war es mir nicht vergönnt, den Namen dessen zu erfahren, den wir auch als Freund betrachten. Ich habe ihn auch schon mit »Meister« angesprochen, aber nur weil mir keine andere Bezeichnung zur Verfügung stand. Ich weiß, er liebt diese Anrede nicht, denn er ist der Meinung, alle lebenden Wesen seien ohne Rücksicht auf das Reich, zu dem sie gehören, in den Augen des Schöpfers gleich. Er gibt allerdings zu, daß es Wesen gibt, die auf dem Weg zum Geist mehr oder weniger erfahren, mehr oder weniger weit fortgeschritten sind.
Bald taucht in einer Senke des Parks, umgeben von sattgrü-

nem Rasen, die Pyramide auf und streckt stolz ihre Spitze dem azurblauen Himmel entgegen ... Sie ist schön — wunderbar und seltsam schön ...

Wie bei allen Gebäuden der Astralwelt sind ihre Wände aus einem Material, das ich nicht zu benennen weiß. Es ist hier nicht kristallähnlich, sondern erinnert mich eher an Aluminium; in ein Licht getaucht, das sanft und durchdringend von überall her zu kommen scheint, funkelt sie wie tausend Feuer.

»Dieser Ort ist wirklich gut besucht«, bemerke ich zu meinem Begleiter, als ich Dutzende von Personen durch eine hohe, dreieckige Tür das Gebäude betreten und verlassen sehe.

»Nun, wenn man auf der Erde stirbt, ist ein kurzer Besuch hier im allgemeinen eher wohltuend. Daher dieses ganze Kommen und Gehen. Aber folge mir weiter, ich möchte dich ins Innere der Pyramide führen. Und erinnere dich: Die Wesenheiten, denen du hier begegnest, können dich nicht sehen; deshalb solltest du dich über ihr Verhalten nicht wundern.«

Langsam folge ich meinem Freund, der mit sicherem Schritt den kleinen Abhang hinabgeht, der uns noch von der Eingangstür des Gebäudes trennt.

Er passiert die dreieckige Öffnung, und ich muß gestehen, daß mich ein seltsames Gefühl überkommt, als ich ihm nun an diesen Ort folge.

Warum nur? Ist es die vage Erinnerung an ähnliche, schon einmal erlebte Augenblicke?

Ja, das muß es sein.

Für einen kurzen Moment scheint mir alles klar — meine Vergangenheit, meine früheren Leben, meine Sorgen und meine Freuden, meine Prüfungen, meine Erfolge und meine Tode.

Für einen kurzen Moment habe ich alles begriffen, alles, aber dann ist in meinem Gedächtnis wieder eine seltsame Leere. Ist dies bereits die Wirkung der Pyramide?
»Du siehst«, bemerkt mein Freund, »wie in der ägyptischen Pyramide sind die Gänge, die zu den verschiedenen Räumen führen, nicht horizontal.
Für die Behandlungsräume sind weniger Symmetrie oder eine mehr oder weniger rationelle Form wichtig als vielmehr die Lage, die sie im Verhältnis zum ganzen Gebäude einnehmen.
Wegen der von der Pyramide konzentrierten kosmischen und astralen Strahlung gibt es hier nicht zwei Stellen, die gleich sind. Jeder Raum hat bestimmte Vorteile und wird entsprechend genutzt.
Die schwersten Verwundungen des Astralkörpers werden im großen Raum behandelt, der am weitesten oben liegt. Diesen Raum haben die Menschen auf der Erde als Königskammer bezeichnet. Dort wird der Astralkörper solcher Wesen regeneriert, die während ihres irdischen Daseins drogen- oder alkoholsüchtig waren. Wir werden diesen Raum später besichtigen.«
Der Gang, den wir benutzen, führt endlos bergab; ab und zu münden Seitengänge unterschiedlichster Größe und Form in ihn ein. Manche haben einen rechteckigen, andere einen dreieckigen oder trapezförmigen Querschnitt. Vor allem überrascht mich die außergewöhnliche Stille. Trotzdem erweckt nichts den Eindruck von Trauer oder Niedergeschlagenheit. Ein seltsames Krankenhaus, es wirkt eher wie ein Heiligtum.
Wesen, Männer und Frauen in langen blauen Gewändern, gehen mit heiterem Gesicht ihren Beschäftigungen nach.
»Du hast recht«, sagt mein Begleiter und wendet sich mir

zu, »es ist eher ein Heiligtum als ein Krankenhaus, der Begriff paßt besser. Ich führe dich hier ein wenig durch die Gänge, damit du die Lage der Räume im Zusammenhang besser verstehst. Später werden wir die astrale Teleportation benutzen, um schneller vorwärts zu kommen.
Komm jetzt hier hinein; in diesem Saal ist niemand, und so kann ich dir bestimmte Dinge erklären, ohne daß deine Aufmerksamkeit abgelenkt wird.«
Der Raum, den wir betreten, ist ziemlich groß, ungefähr fünfzig Quadratmeter. Die Luft — obwohl dieser Begriff für die Astralwelt unzulänglich ist — scheint leichter, frischer als in den Gängen.
In der Mitte des Saals steht ein ungefähr zwei Meter langer, ein Meter breiter weißer Quader. Die Wände scheinen aus durchsichtigem Weiß und Blau zu sein, aber diese Worte sind ohne Zweifel schlecht gewählt; ich weiß, daß ich auf der Erde ähnliche Farben nicht finden werde.
Schon allein die Farben erfüllen den Raum mit Leben.
Ich höre sehr leise Pfiffe, kann aber ihre Herkunft nicht erkennen und mir auch nicht vorstellen, woher sie kommen könnten.
»Was wie ein Block aus weißem Stein aussieht, ist in Wirklichkeit ein Tisch«, bemerkt mein Begleiter. »Es ist so etwas wie ein Operationstisch; du siehst, er ist lang genug, daß ein Mensch sich darauf ausstrecken kann.
Und hast du die großen Knöpfe an der Seite des Tisches gesehen? Einige sind grün, andere rot; ich werde dir später sagen, wozu sie da sind.
Im Moment möchte ich dir noch ganz allgemein etwas über den Ursprung von Krankheiten erzählen.
Zunächst einmal mußt du wissen, daß jede Krankheit vor allem eine Krankheit der Aura ist, das heißt des Astralkör-

pers. Du weißt bereits, daß der Astralkörper dem physischen Körper den Lebensstrom eingibt und so für dessen Entwicklung sorgt. Anders gesagt: Der Astralkörper wirkt auf die astrale oder mentale Ebene ein. Nun, du kannst dir sicher vorstellen, wie sehr das mentale Universum eines Menschen seinen physischen Körper beeinflußt.
Eine kleine Erschöpfung zum Beispiel ist eine Krankheit mentaler Art. Aber aufgepaßt, interpretiere meine Worte nicht falsch. Unter ›Krankheit mentaler Art‹ verstehe ich nicht eine Krankheit, die das psychische Gleichgewicht eines Menschen in Unordnung bringt. Darum handelt es sich nicht.
Vielmehr geht es darum, daß der Strom guter oder schlechter Gedanken, den ein Mensch in jedem Augenblick seines Lebens um sich herum erzeugt, für seinen physischen Zustand verantwortlich ist. Dazu kommt noch der Einfluß des Karmas.
Ich habe dir bereits gesagt, daß der Mensch, ebenso wie das gesamte Universum, von einer binären Dynamik beherrscht wird, das heißt vom Gesetz des Positiven und des Negativen. Du wirst dich auch erinnern können, daß für die Struktur des Menschen die Zahl Drei von besonderer Bedeutung ist.
Die binäre Dynamik und die ternäre Struktur sind auf der astralen Ebene genauso wirksam wie auf der materiellen. Daraus ergibt sich, daß jede Krankheit das Ergebnis einer gestörten Harmonie zwischen diesen beiden Systemen ist, wobei der Seele eine Mittlerfunktion zukommt. Auf planetarischer und universeller Ebene verhält es sich ebenso.
Es gibt kranke Welten, die ihren physischen Tod sterben.
Ein Universum ist ein lebender Körper; als solcher besitzt er eine Seele und einen Geist. Die Welten und Planeten sind

seine Organe. Aber diese Welten und Planeten sind ihrerseits wieder Körper mit einer Seele und einem Geist. Die Alchemisten aller Zeiten und Kontinente kannten diese Wahrheiten.

Die Erde ist in ihrem gegenwärtigen Zyklus ein krankes Organ und ein kranker Organismus; ihre Lage ist vor allem deshalb so ernst, weil die auf ihrer Oberfläche lebenden Menschen sie mit den schlimmsten Säuren ätzen, die es gibt: Haß und Egoismus. Aber das führt uns weit vom Thema ab.

Ich sagte also, daß vor dem Körper die Seele leidet. Daher müssen sich alle Behandlungen auf den Astralkörper richten — zumindest idealerweise, denn auf der Erde ist man noch weit davon entfernt, solche Heilmethoden überall lehren zu können. Es gibt jedoch eine große Anzahl von Planeten, auf denen dies durchaus üblich ist. Auf anderen, die etwas weniger entwickelt sind als die letztgenannten, werden Heilmethoden benutzt, die zwischen diesen und den irdischen stehen.

An den Instrumenten, die ich dir zeigen werde, kannst du ablesen, daß im Astralbereich ausschließlich der Astralleib behandelt wird, denn nur mit ihm haben wir hier zu tun.

Der physische Körper und sein astrales oder mentales Doppel haben bestimmte Punkte, von denen ihre Gesundheit zum Großteil abhängt. — ›Oh!‹« ruft plötzlich mein Begleiter, wobei er seinen ernsthaften Ton aufgibt. »Ich sehe, an was du denkst! Du denkst an die Akupunkturpunkte der Chinesen!«

»Ja, genau, sie meinst du doch, oder?«

»Nein, nicht direkt. Die Akupunkturpunkte haben wohl Beziehungen zu Punkten des Astralkörpers, allerdings auf eine ziemlich indirekte Art und Weise. Die Akupunkturpunkte stehen im allgemeinen eher mit dem kosmischen und dem der Erde entstammenden Magnetfeld in Verbindung als mit der eigentlichen Astralebene. Der kosmische Charakter der chinesischen Medizin wird im übrigen durch die Anzahl der von ihr auf dem menschlichen Körper entdeckten Punkte bestätigt: Es sind dreihundertfünfundsechzig, genausoviel wie irdische Tage im Jahreslauf. Entsprechend den zwölf Monaten des Jahres werden sie in zwölf Kategorien eingeteilt.

Aber von ihnen wollte ich eigentlich nicht sprechen; was ich eben meinte, sind die verschiedenen Punkte entlang der Wirbelsäule. Es sind sieben — wie die sieben Grundnoten der Tonleiter, denen sie im übrigen entsprechen.

Man kann diese Punkte auf verschiedene Weise klassifizieren, aber die einfachste besteht zweifellos darin, von unten nach oben zu gehen, also von der Basis der Wirbelsäule zum höchsten Punkt des Kopfes.

Ich vereinfache ein wenig, denn in Wirklichkeit befinden sich nur sechs Punkte auf der Wirbelsäule selbst; der siebte liegt am höchsten Punkt der Schädelplatte. Diese Punkte wurden von den Hindus — die jedoch nicht die einzigen sind, die sie erwähnen — Chakras genannt, das heißt Räder. In einer bilderreicheren Sprache werden sie auch als Lotus bezeichnet. Jeder Lotus besitzt eine unterschiedliche Zahl von Blütenblättern, die davon abhängt, wo er sich auf dem Körper befindet.

Das erste Chakra ist mit dem Prinzip der Erde verbunden und befindet sich in der Nähe des Steißbeins. In ihm liegt eine gewaltige Kraft verborgen, die Kundalini. Ein Teil von ihr wird während des Sexualakts aktiv. Die Kundalini hat in der Geschichte der Menschheit eine besondere Rolle gespielt.

Die gesamte energetische Kraft der Achse Gehirn — Rückenmark konzentriert sich in diesem Punkt. Die Kundalini ist wie eine Schlange eingerollt und wirkt auf die Kreuzspinalnerven ein. Von ebendieser Schlange spricht auch die Genesis. Merk dir das gut!

Die Schlange der Bibel meint die bestialische, instinktive und rein sexuelle Kraft, die den Menschen beherrscht; die Geschlechtlichkeit selbst wird durch den Apfel symbolisiert.

Glaub aber nicht, der Sexualakt sei schlecht an sich; er wird es, wenn er ohne Liebe ausgeführt wird. Du hast sicher schon vom Tantra-Yoga gehört. Er ist in den letzten Jahren wieder zu Ehren gekommen — nicht weil er ein Yoga ist, sondern weil er mit Sexualität zu tun hat.

Der richtig verstandene Tantra-Yoga möchte die höchste Bewußtseinsebene durch die kontrollierte Kraft der Kundalini erreichen. Er ist ein möglicher Weg neben vielen anderen, der aber meiner Meinung nach zahlreiche Risiken birgt.

Zu diesem ersten Chakra solltest du noch wissen, daß es besonders empfindlich für lunare Einflüsse ist.

Sei mit deiner ganzen Aufmerksamkeit bei mir, denn die Wissenschaft von den Rädern ist für den Menschen, seinen Körper und seine Seele, sehr wichtig.«

Bei diesen Worten ist mein Begleiter auf eine der Wände des Saales zugegangen, die mir aufgrund ihres Materials von den anderen verschieden schien.

Seine Hand streift eine bestimmte Stelle der Wand, und sofort gibt diese ein starkes weißes Licht ab, in dem ein menschlicher Umriß sichtbar wird.

»Diese Leuchttafel braucht dich nicht zu erstaunen. Der Saal hier dient von Zeit zu Zeit als Unterrichtsraum. Einige Wesenheiten, die auf der Erde Ärzte waren und sich weiterbilden wollen, können ihre Kunst im Astralbereich weiter ausüben. An Orten wie diesem hier lehren spezialisierte Wesenheiten sie, wie man den Astralkörper behandeln kann, das heißt, sie unterweisen sie in der Wissenschaft von den Chakren.

Sieh dir die Gestalt auf der Tafel genau an. Sie zeigt die wesentlichsten Aspekte der Wissenschaft von den Rädern in einer Kurzfassung. Die Achse Wirbelsäule — Gehirn, die großen magnetischen Zentren sowie ihre Entsprechungen im Organismus und im Kosmos sind deutlich sichtbar.

Das zweite Chakra befindet sich in der Höhe der Kreuzbeinwirbel. Es entspricht dem Element Wasser. Über dieses Nerven- und Magnetzentrum können rheumatische Krankheiten behandelt werden. Wenn auch die Kraft, und speziell die sexuelle Vitalität, sich im ersten Zentrum konzentriert, so entsteht das sexuelle Verlangen doch erst im zweiten.

Wenn wir die Wirbelsäule weiter hinaufgehen, sehen wir in Höhe des Nabels das dritte Nervengeflecht; es ist dem Feuer zugeordnet und steht in ständiger Verbindung mit den Wellen, die von der materiellen Substanz des Planeten Venus ausgesandt werden.

Das vierte Chakra beherrscht hauptsächlich die Funktionen des Berührens.

Das fünfte Chakra, das den Organen der Kehle direkt gegenüberliegt, kontrolliert alle Funktionen des Mundes, vom Sprechen bis zum Schlucken. Seine Rolle beschränkt sich jedoch nicht nur darauf. Mit Hilfe des sechsten Chakras empfängt und speichert es auch eine der Wirkkräfte des Universums: den Äther.

Dieser Äther, der zunächst spiritueller, dann astraler Art ist, regeneriert die Lebenspartikel des Organismus.

Ein Wesen, dem es mit Hilfe geeigneter Techniken gelingt,

sein Bewußtsein bis zur Öffnung des fünften Lotus zu entwickeln, kann sich tatsächlich von vitaler kosmischer Energie ernähren. Es lebt von der Sonne. Jetzt verstehst du ein wenig besser, warum die alten Völker, die Atlanter, die Ägypter und die Indianer Mittel- und Südamerikas, die Sonnenscheibe verehrten.
Kommen wir nun zum sechsten Chakra, das sehr viel ergiebiger ist als die vorhergegangenen. Es befindet sich am Nacken.
Ich möchte dir gleich das Wichtigste zu ihm sagen: Es ist das Chakra des *Geistes*. Über dieses Zentrum kann das menschliche Bewußtsein mit seinem Höheren Selbst kommunizieren und die Kette der Reinkarnationen durchbrechen. Es ist das Zentrum des spirituellen Bewußtseins und befindet sich in ständiger Verbindung mit dem verlängerten Rückenmark. Erinnere dich: Das verlängerte Rückenmark steuert den Blutkreislauf und die Atmung.«
»Jetzt verstehe ich, warum du so ausführlich vom Prana gesprochen hast, von der Yoga-Atmung und der Rolle des Blutes.«
»Ja, genau, du hast die richtige Verbindung hergestellt«, sagt mein Begleiter und scheint mit meinem Wissen recht zufrieden. »Ich sehe, du hast nichts vergessen, aber nun hör mir weiter zu.«
Während er mit dem Finger auf den Nacken der Gestalt weist, sagt er: »Der Kanal, der das verlängerte Rückenmark mit dem sechsten Chakra verbindet, ist besonders sensibel für das vitale kosmische Fluidum, das die Universen durchdringt. Diese Schwingung, die gleichzeitig Licht ist, Licht des Geistes, hat das Licht der Seele hervorgebracht, den Astralbereich, den Äther, ›Akasha‹. Sie ist das Amen und das anfängliche Om. Denk über die Rolle des fünften und sechsten Chakras nach.

Sobald du in deinen physischen Körper zurückgekehrt bist, solltest du dein möglichstes tun, damit die Menschen über die folgenden Worte des Christus Jesus meditieren: ›Es steht geschrieben: Der Mensch lebt nicht vom Brot allein, sondern von einem jeden Wort, das aus dem Mund Gottes geht, dies ist die wirkliche Nahrung für den, der sie aufzufangen weiß‹ (Matthäus 4,4).

Der Christus Jesus sprach in jenem Augenblick nicht in Bildern; er spielte vielmehr auf die Existenz einer Nahrung an, die sich für den, der sie sieht und zu sich kommen läßt, konkretisiert. Es gibt noch jetzt Wesen auf der Erde, die sich von kosmischer Energie ernähren.

Warum sieht man sie nicht? Warum zeigen sie sich nicht? werden die Skeptiker fragen. Ganz einfach deshalb, weil die Kommunion mit dem *Geist* nur möglich ist, wenn man sich jeder Publizität enthält. Immerhin ist sie keine Zirkusnummer!

Die Menschen werden dir vielleicht antworten, dies reiche als Erklärung nicht aus. Es reicht aus! Eines Tages werden sie den Grund für all das verstehen.

Aber ich habe dir gesagt, daß es sieben Chakras gibt und nicht sechs. Das siebte nimmt insofern eine Sonderstellung ein, als es sich nicht auf der Wirbelsäule befindet. Es liegt vielmehr am höchsten Punkt des Schädels; wenn es sich öffnet, ist dies der Höhepunkt eines irdischen Lebens. Wenn die Schale fällt, die das siebte Rad einschließt, findet der Mensch zu seinem wahren Selbst zurück — dem, das *Geist* ist.

Dann entfaltet sich das siebte Zentrum, das Scheitel-Chakra, der tausendblättrige Lotus. Er ist der Sitz des Christus-Bewußtseins, das in jedem Menschen schlummert.

Das Christus-Bewußtsein ist das erleuchtete, unendliche

Bewußtsein; es ist eine Spiegelung der vollkommenen Intelligenz und aus den unergründlichen Mysterien des Unerschaffenen hervorgegangen.

Der tausendblättrige Lotus kommuniziert mit der Außenwelt über das spirituelle Zentrum, das sich an der Nasenwurzel zwischen den beiden Augen befindet und allgemein als ›Drittes Auge‹ bekannt ist.

Nun sollte man vor allem nicht sagen: Das ist hinduistisch, das ist buddhistisch. Es stimmt nicht, es ist ganz einfach universell. Die Eingeweihten aller Religionen, Christen, Mohammedaner und andere, wissen dies. Höre Lukas, den Schüler des Christus Jesus (11,34—36): ›Dein Auge ist das Licht des Leibes. Wenn nun dein Auge lauter ist, so ist dein ganzer Leib licht; wenn es aber böse ist, so ist auch dein Leib finster. So schaue darauf, daß nicht das Licht in dir Finsternis sei. Wenn nun dein Leib ganz licht ist und kein Teil an ihm finster, dann wird er ganz licht sein, wie wenn dich das Licht erleuchtet mit hellem Schein.‹

Die vage Erinnerung an ein früheres Wissen und der gesunde Menschenverstand haben aus der Stelle, an der sich das Dritte Auge befindet, den Sitz der Intuition gemacht. Die Menschen haben diese Stelle auch als ›Stern des Ostens‹ oder ›Auge Schiwas‹ bezeichnet — und du wirst dich erinnern, daß Schiwa der Gott ist, der die Welt der Illusion zerstört und das Rad des Karmas zerbricht.

Die Taube, die am Jordan auf Jesus herabsteigt, um aus ihm den Christus Jesus zu machen, ist eine allegorische Darstellung für die Öffnung des Dritten Auges. Die Erweckung des siebten Chakras entspricht einer psychischen Explosion im Organismus eines jeden Menschen, bei dem sie stattfindet.

Betrachte jetzt noch einmal das Schaubild hier. Siehst du

die rote und die grüne Linie, die rechts beziehungsweise links der Wirbelsäule vom ersten zum sechsten Chakra führt? In ihnen zirkuliert ständig eine positive respektive negativ geladene Energie, die zwischen den sechs Chakras eine Verbindung herstellt und sie ernährt.
Jedes Chakra hat einen positiven und einen negativen Pol. Das Rückenmark enthält also zwölf Pole, sechs aufsteigende und sechs absteigende.
Wahrscheinlich wirst du die Beziehungen zwischen dem menschlichen Körper und dem Kosmos nun besser verstehen, denn die zwölf Pole sind mit den zwölf Tierkreiszeichen verbunden. Sechs gehören zur aufsteigenden Phase vom Beginn des Frühlings bis zum Ende des Sommers und sechs zur absteigenden Phase vom Beginn des Herbstes bis zum Ende des Winters.
Ist nicht schon der Mensch allein ein ganzes Universum? Er besitzt sein siderisches System und seine inneren Planeten, die ganz und gar von ihrer Sonne abhängen, dem Lotus mit den tausend Lichtspeichen.«
Während mein Begleiter diesen Satz beendet, wendet er unversehens den Kopf um und blickt starr zur Tür. Ich tue es ihm nach, sehe aber zunächst nichts.
Das Warten dauert jedoch nicht lange. Ein menschlich aussehendes Wesen betritt den Raum und kommt direkt auf mich zu. Wie bei den anderen Wesen, die ich draußen gesehen habe, könnte ich auch bei ihm nicht sagen, wie alt es ist; es trägt das lange blaue Gewand, die Haare sind halblang.
Plötzlich stockt mir der Atem. Ich bin sprachlos, völlig überwältigt von dem, was mir geschieht. In kürzerer Zeit, als nötig ist, es auszusprechen, ist das Wesen, das seinen Weg mit sicherem Schritt fortsetzte, durch mich hindurch-

gegangen. Jedes Atom seines Wesens hat sich einen Augenblick lang in die meinen hineingeschoben.
Ein seltsamer Schauder überläuft mich, und ich erinnere mich an die Worte meines Freundes: »Vergiß nicht, daß du nicht zu ihnen gehörst. Du siehst sie, aber sie sehen dich nicht. Du schwingst nicht genau in ihrer Frequenz. Deine Atome vermischen sich mit den ihren, wie die des Salzes sich mit denen des Wassers vermischen, um das Meer zu bilden.«
Das Wesen mit dem länglichen Gesicht sieht mich an und wartet halb neugierig, halb amüsiert auf meine Reaktion. Ich lächle ihm zu; es weiß, daß ich verstanden habe.
Der soeben hereingekommene Besucher ist auf die Leuchttafel zugegangen und schaltet sie mit einer gewohnheitsmäßigen Geste ab.
Ich sehe, wie mein Freund den halb angewinkelten Arm bis in Gesichtshöhe hebt. Langsam spreizt er die Finger, wobei die Handfläche nach vorne weist.
Sofort erscheint das Licht wieder auf der Tafel.
Die Wesenheit, die nicht die Zeit hatte, den Raum zu verlassen, dreht sich, als sie das Licht sieht, abrupt um.
Ihr Blick geht nach innen. Dann führt sie die gleiche Geste wie mein Begleiter aus — oder vielmehr fast die gleiche. Die Position der Hand ist identisch, aber der Arm bleibt sehr nah am Körper.
Ihr Blick beginnt, langsam den Raum abzusuchen. Ihre Augen und dann auch ihr Mund deuten ein Lächeln an. Schließlich strahlt das ganze Gesicht. Wortlos wendet sie sich zur Tür und geht hinaus.
Auch mein Begleiter schweigt. Ich verspüre im übrigen nicht das Bedürfnis, ihm Fragen zu stellen. Ich weiß, der Besucher hat verstanden.

Mir ist jetzt auch klar, daß mein Freund seine telekinetischen Fähigkeiten nur selten und in ganz bestimmten Fällen anwendet. Er weiß, daß seine Energie kostbar ist, daß sie göttlichen Ursprungs ist, und vergeudet sie nicht.
Wenn zum Einschalten des Lichts das Berühren eines Knopfes genügt, wird er diesen Knopf berühren; er wird keine spektakulären Aktionen unternehmen, nur um seine Fähigkeiten zu demonstrieren. Ich erinnere mich, daß er mir schon bei einer unserer ersten Begegnungen sagte: »Verschwende deine Energie nicht in sterilen Reden, versuche nicht, jemanden, den du nicht überzeugen kannst, mit allen Mitteln zu bekehren. Auch eine Kraft, die der göttliche Geist dir verliehen hat, solltest du nicht dazu benutzen, deine Fähigkeiten zu beweisen. Bewahre sie für den Tag auf, an dem du oder andere sie wirklich brauchen. Wenn du dies nicht tust, wirst du in den Augen der Menschen nur ein Gaukler sein, der seine Tricks vorführt und bei dem man nur auf eines lauert: daß er einen Fehler macht.«
Im Unterrichtsraum ist es wieder ruhig geworden, und mein Begleiter scheint darauf zu warten, daß ich mit meiner ganzen Aufmerksamkeit wieder bei ihm bin.
»Nun, beenden wir, was wir angefangen haben... Es dauert nicht lange; ich gebe zu, das Thema ist ein wenig trocken...
Es versteht sich von selbst, daß Jesus die Wissenschaft der Chakras vollkommen beherrschte. Nach seiner Auferstehung blieb er noch lange auf der Erde und lehrte seine Schüler das, was die Welt heute als Disziplin der Yogis kennt. Er lehrte sie, wie sie die Lebensenergie mit Hilfe von Atmung und Konzentration die Wirbelsäule entlangfließen lassen konnten. Er lehrte sie, wie sie ihre Chakras für das bewußte Leben öffnen konnten, um in Verbindung mit dem *Geist*

verschiedene Gewalten über sich selbst, die Natur und andere Menschen zu erhalten.
Der Glaube der Schüler Christi war von da an kein blinder Glaube mehr, sondern verwandelte sich unter dem Einfluß des Wissens in einen handelnden Glauben. Paulus und Johannes haben die Lehren ihres Meisters zu diesem Punkt am besten verstanden.
Ich könnte dir zu diesem Thema einen langen Vortrag halten, aber ich habe dir noch so viel zu sagen...
Über einen der esoterischsten Texte des gesamten Christentums, die Apokalypse, solltest du jedoch bestimmte Dinge wissen. Sie wurde sehr wohl von dem Jünger Johannes verfaßt und nicht von einem anderen Johannes, wie einige behaupten.
Wenn die Menschen die Offenbarung (1—20) noch einmal lesen, werden sie feststellen, daß Johannes darin die Wissenschaft von den sieben Rädern erwähnt. Unter dem ›Geheimnis der sieben Sterne‹ ist auf der höchsten Lektüreebene das Geheimnis der sieben Lichträder zu verstehen. Ausgehend von diesem ›Geheimnis‹, hat der Christus Jesus seine Jünger eine halb physiologische, halb psychische Technik gelehrt.
So überraschend dies für manche Wissenschaftler auch sein mag: Das Ziel dieser Technik bestand darin, die Carbohämoglobine im Blut zugunsten der Oxihämoglobine zu verringern. Anders ausgedrückt: Das Carbongas des Blutes sollte durch Sauerstoff ersetzt werden. Der Organismus wird so von Sauerstoffatomen überschwemmt, die eine mächtige, das Rückenmark durchlaufende Kraft erzeugen.
Wenn diese Technik bis zur höchsten Vollkommenheit entwickelt wird, erlaubt sie eine völlige Metamorphose der Zel-

len des Organismus: Sie werden zu reiner energetischer Kraft.
Zunächst einmal wird so das Prinzip der Teleportation des physischen Körpers verständlich.
Erinnere dich, ich habe dir bereits gesagt, daß die Materie im allgemeinen eine negative Polarität besitzt. Und du wirst zugeben, daß unter den Begriff ›Materie‹ auch der physische Körper fällt.«
»Die Gewebe des menschlichen Organismus sind also negativ gepolt?«
»Ja, und zwar weil das Blut zuviel Carbongas enthält. Es gibt jedoch eine Ausnahme, und hier werden die Dinge interessant. Der ganze Körper ist negativ geladen ... bis auf das Gehirn und seine ›Hilfstruppen‹ im Nervensystem, die eine eindeutig positive Polarität besitzen. Sie sind angefüllt mit Sauerstoff, das heißt mit Licht, mit Partikeln des Lebens.
Amerikaner haben diese Tatsache ein paar Jahre vor dem letzten Weltkrieg beobachtet. Zum Nutzen der gesamten Menschheit sollten weiterführende Studien in dieser Richtung unbedingt unternommen werden.
Der Christus Jesus, seine Apostel und die Eingeweihten des Ostens waren natürlich nicht die einzigen, die die Technik der sieben Sterne kannten und anwandten. Dir zeitlich näher gibt es auch im Westen Wesen, die die Wissenschaft der Chakras praktiziert haben, ohne überhaupt von ihrem Vorhandensein zu wissen, so stark war ihr Hunger nach dem Göttlichen. Ich denke an Therese Neumann, die sich von der Kraft des fünften Chakras ernährte, der Kraft des Sonnenlichts, des Ätherlichts.
Du hast bereits erfahren, daß der weiße Block da in der Mitte des Raums ein Behandlungstisch ist. Mit Hilfe der zuvor

erwähnten roten und grünen Knöpfe wird die Schwingungsfrequenz reguliert, die der Tisch je nach den Wünschen der Ärzte, das heißt den Bedürfnissen des Kranken, an den Stellen, an denen die verschiedenen Chakras liegen, aussenden kann. Aber das genügt für jetzt. Nimm meine Hand, wir steigen.«

Ich ergreife die Hand meines Freundes, und augenblicklich ist jede Wahrnehmung von mir genommen.

Der Wille meines Begleiters hat meinen ersetzt. Mit rasender Geschwindigkeit, aber gleichzeitig sehr sanft, fühle ich mich zur Decke des Raums gezogen. Ein Lichtwirbel umhüllt mich, und alles ist vorbei ... Die Umgebung hat sich verändert.

Hinter mir höre ich eine Stimme, die sagt: »Du solltest dich an diese Art der Fortbewegung gewöhnen ... Das ganze Geheimnis besteht darin, zu denken, daß du da bist, wo du sein willst ... Hier gibt es nichts Einfacheres.«

Ich habe mich kaum von meiner Reise erholt, als mein Begleiter auch schon den großen Raum durchschritten hat, in dem wir uns jetzt befinden. Er ist rechteckig. Seine genauen Abmessungen kann ich nicht angeben, aber er scheint ungefähr fünfzig Quadratmeter groß zu sein. Dieses Mal sind wir nicht allein. Die Atmosphäre ist die eines Raumes, in dem fleißig gearbeitet wird.

»Die mit der Behandlung befaßten Wesenheiten arbeiten hier in Schichten«, bestätigt mein Freund. »Wir befinden uns jetzt im höchstgelegenen Raum der Pyramide. Die Strahlungen sind sehr stark, deshalb ist es nicht ratsam, hier mehr als einen Tag von Zeit zu Zeit zu arbeiten — zumindest dann, wenn man in seiner spirituellen Entwicklung noch nicht über diese Ebene hinausgelangt ist. Ich meine natürlich astrale Tage.«

Zunächst erscheint der Raum dem vorher besuchten genau zu entsprechen. Anders ist lediglich die goldene Farbe der Wände, deren Transparenz wahrscheinlich eine beruhigende Wirkung hat. Auch hier steht in der Mitte des Raums ein Block, der aus Stein zu sein scheint. Dieses Mal handelt es sich jedoch nicht um einen Tisch.

»Das ist ein Schrein!« klingt und klingt es beharrlich in mir wider. »Du kannst näher herangehen . . .«

Aber es fällt mir nicht leicht, mich an die Gegenwart der geschäftigen Wesen zu gewöhnen, die um uns herum hin und her gehen und nichts von unserer Anwesenheit wissen.

Mein Begleiter muß einen ersten Schritt zur Mitte des Saals hin tun, damit ich mich endlich bewege. Erst da erkenne ich auf dem Boden um den Schrein herum kleine, ungefähr sechs Zentimeter hohe gelbe Pyramiden. Automatisch beginne ich, sie zu zählen: Es sind zwölf.

»Ja, zwölf«, wiederholt mein Freund, »zwölf wie die Monate des irdischen Jahres, die zwölf Zeichen des Tierkreises, die zwölf Retter jedes Zyklus der Menschheit, die zwölf Schüler des Christus Jesus, die zwölf ungesäuerten Brote der zwölf Stämme Israels. Für Phytagoras war die Zwölf die Zahl des Universums, und sie war die Zahl der Gebote des Moses.«

»Es gab zwölf Gebote?«

»Ja, einige Menschen wissen dies bereits. Moses offenbarte ursprünglich zwölf Gebote. Die beiden letzten, die esoterischer waren als die übrigen, wurden dem Wissen der Allgemeinheit bald entzogen. Ihre Lehre wäre möglicherweise falsch verstanden worden. Vielleicht werden diese beiden geheimnisvollen Gebote in drei oder vier Jahrhunderten enthüllt, wenn der Mensch aus der Geburt des Wassermannzeitalters siegreich hervorgegangen ist.

Aber kümmere dich jetzt nicht weiter um die Pyramiden, richte deine Aufmerksamkeit eher auf den Schrein.
Siehst du, wie dick seine Wände sind? Wie die des Schreins in der Großen Pyramide von Ägypten sind sie rot. Allerdings sind sie hier nicht aus Granit, sondern aus einem Material, das aus dem Denken der hohen astralen Wesenheiten hervorgegangen ist.
Viele Spezialisten auf der Erde glauben noch, der Schrein der Großen Pyramide, der mit dem hier fast identisch ist, habe als Sarkophag dienen sollen.
Das stimmt nicht!
Wenn ein menschliches Wesen mit überdurchschnittlichen sensitiven Fähigkeiten sich einmal in einen solchen Schrein hineinlegen würde, könnte es bald feststellen, wie intensiv die an dieser Stelle konzentrierten Kräfte sind. Mehrere überwachte Behandlungen in diesem Schrein regenerieren jeden schwerbeschädigten astralen Organismus. Die zwölf Pyramiden spielen nur eine Nebenrolle, und ich glaube nicht, daß es notwendig ist, dir diese zu erklären.
Aber gehen wir jetzt! Wir haben hier nichts mehr zu tun. Die Zeit für dich drängt. Berichte dies alles den Menschen, ohne die Einzelheiten auszulassen.
Du und das Wesen, das für dieselbe Sache arbeitet, ihr solltet die Menschen zum Nachdenken anregen, soviel ihr könnt.«

VII

Viele von ihnen sollten sich daran erinnern, daß sie einmal Atlanter waren...

Meine Fußsohlen spüren warmen Sand. Im durchdringenden Licht des astralen Kosmos blitzen all seine Facetten auf. Ein paar Meter entfernt erstrecken sich die sanften, rosa und grün schimmernden Wellen eines klaren Meeres. Die Lagune ist verlassen, unberührt, friedlich. Es ist eine Landschaft vom Anbeginn der Zeit, Natur im Reinzustand, die das Gesicht des Einzigen Wesens spiegelt.

Fabriken und Maschinen existieren nicht mehr, die Schreie der Menge und der abgehackte Schritt vorbeimarschierender Armeen sind weit. Mein Wille hat das alte Universum hinter sich gelassen.

»Wo bist du zu Hause, Meister? Du läßt mich von einem Ende des Universums der Seele zum anderen reisen, du erzählst mir die Geschichte der Menschen, ihrer Erde und ihres Exils, bald wirst du von den Welten sprechen, aber du, wo weilst du?«

»Du warst bei mir, neulich... Erinnere dich an den Dschungel, an die riesigen Blumen und ihren berauschenden Duft. Dort ist mein Reich, dort und im gesamten oberen Universum der Seele.

Nein, wundere dich nicht, mein Haus ist weder aus Stein

noch aus Holz. Es ist aus dem Licht des Geistes und des oberen Astralbereichs.
Was soll ich mit einer Wohnung, die mich beschützt? Beschützt wovor? Die Jahrtausende haben mich von meinem Körper befreit. Was sollte ich fürchten?
Ich habe noch einmal dieses Leben gewählt, um einen Auftrag zu vollenden, den mein physischer Körper in Angriff genommen hatte. Wenn ich ihn abgeschlossen habe, werde ich mich wieder dem unendlichen Vater und einem anderen Selbst nähern.
Wozu brauchen ich und meine Brüder im oberen Astralbereich eine Wohnung? Um uns auszuruhen? Glaubst du, wir müßten uns ausruhen?
Meine Müdigkeit ist mit meinem physischen Körper vergangen. Mein Haus ist heute der obere Astralbereich der Menschen, morgen wird es das Universum sein, denn das Haus Gottes ist das Universum.«
»Aber dein Aussehen ... Du gleichst keinem der Wesen, die ich bisher in der astralen Welt getroffen habe.«
»Ich komme nicht von der Erde, das weißt du. Ich wurde auf einem Planeten geboren, der von dem deinen sehr weit entfernt ist. Ich weiß, was du sagen willst. Du wunderst dich, daß du keinen meiner Mitbrüder bei den Menschen im Astralbereich siehst. Nun, im Reich der Toten wirst du keinen von ihnen antreffen.
Nur ein paar von ihnen sind an der ›Regierung‹ des gesamten Astralreichs beteiligt. Sie stehen in Verbindung mit dem oberen Astralbereich ihres Herkunftsplaneten — wie auch ich von Zeit zu Zeit. Um eine Aufgabe zu erfüllen, halten wir uns also nicht im Astralbereich unserer eigenen Welt auf.
Du mußt wissen, daß es nicht einen Astralbereich gibt, son-

dern mehrere. Jede Welt, jeder Planet, hat seinen eigenen Astralbereich. Jeder lebende und sichtbare materielle Körper ist der Widerschein eines unsichtbaren Körpers.
Der Mensch hat in einem Atom ein ganzes Universum entdeckt, jetzt muß er entdecken, daß auch in den Adern des Universums das Leben fließt.
Ich möchte, daß du das alles selbst siehst. Kehre zur Erde zurück, ohne in deinen Körper einzutauchen. Schwebe einen Augenblick über ihm, und schwinge dich dann wieder in den Raum hinauf, hoch, sehr hoch, noch über die Schichten der Atmosphäre, und betrachte Eretz, die Erde, von der du kommst.«
Mein Freund hat mir starr in die Augen geblickt; es ist, als zöge er einen Vorhang fort. Unter mir ruht mein Körper, unbeweglich und in tiefem, fast hypnotischem Schlaf.
»Schwebe ein paar Augenblicke, ruhe dich aus.«
Die Worte meines Freundes kommen mir ins Gedächtnis zurück.
»Steig jetzt hoch, dein Wille bringt dich voran.«
Mühsam hat mein Astralkörper sich stabilisiert und beginnt seinen Aufstieg. Ich verschmelze mit der Decke meines Zimmers, dann lasse ich sie hinter mir.
Ich schließe die Augen, konzentriere mich auf mich selbst und sammle allen Willen, der mir zur Verfügung steht. Ich habe das Gefühl, mit unerhörter Gewalt nach vorne geschleudert zu werden.
Plötzlich höre ich in mir die Stimme meines Führers: »Öffne die Augen, hab keine Furcht, sonst wirst du unsanft in deinen Körper zurückkehren.«
Was ich sehe, ist grandios. Vor mir befindet sich eine riesige Masse, deren Oberfläche von weißen, grauen und ockerfarbenen Flecken übersät ist. Ich schaue ein wenig nach oben

und erkenne eine gekrümmte Linie. Die Erde! So wie nur ein Kosmonaut sie sehen kann!
Von meinem Nabel aus zieht sich ein vibrierendes, dünnes, graues Dunstband in Richtung der imposanten Masse: meine Silberschnur. Sie verbindet mich mit meinem physischen Körper; an dem Tag, an dem mein Herz aufhören wird zu schlagen, wird sie sich langsam im Äther auflösen und mir die ganze Freiheit zurückgeben.
»Du bist noch nicht angekommen, steig weiter, du bist zu nah«, höre ich die Stimme.
Der Aufstieg geht weiter; automatisch lege ich die Arme an den Körper. Ich versuche, an nichts zu denken, solange ich die Wirkung der Beschleunigung spüre.
An der Stelle, von der das dünne, graue Dunstband ausgeht, fühle ich eine Leere; endlos zieht es sich dahin, wird länger und länger.
»Ja, gut, jetzt reicht es.«
Eine große, blau und ockerfarben schimmernde Kugel schwebt unter mir im Raum. Es herrscht unendliche Stille; ein seltsames, sehr klares Licht hüllt alles ein. Unveränderlich treffen mich die Strahlen der Sonne, die mich weder erwärmen noch überraschen.
Die vertraute Stimme meines Freundes gibt weitere Anweisungen: »Laß dich ein wenig zur Seite treiben, sieh nicht zur Sonne. Jetzt halte inne, und betrachte ruhig die Erde.
Versuche ihre Aura zu sehen. Du bist überrascht, das solltest du nicht sein ... Du weißt, daß jeder Körper je nach seinem physischen und moralischen Gesundheitszustand einen Lichtkreis um sich herum aussendet. Die Erde bildet da keine Ausnahme. Ich hatte dir gesagt, daß sie lebt. Wende die dir bekannte Technik an, beschäftige dich nur mit

den Umrissen des Erdballs. Alles andere sollte vor deinen Augen verschwimmen.
Geht es mit den astralen Augen nicht einfacher als mit den irdischen?«
Allmählich wird das geheime Strahlen des Planeten erkennbar; ich sehe ihn in einer leuchtenden Umhüllung, die sich in ständiger Bewegung befindet.
Wieder höre ich in mir die Stimme: »Welche Farben siehst du?«
»Grau, ein Grau, das stellenweise heller oder dunkler, mehr oder weniger bläulich ist.«
»Die Erde ist krank, die Erde ist es müde, Menschen zu tragen, die sich gegenseitig töten, die Erde ist es leid, Wesen zu ernähren, die nicht eine Stunde ihres Daseins zubringen können, ohne unheilvolle Gedanken auszusenden.
Die kleinen senkrechten Geschöpfe halten sich für die Herren der Schöpfung, obwohl sie noch nicht einmal verstehen, wie sie funktioniert. Sie wissen nicht, daß der menschliche Körper und sein Gehirn Strahlen aussenden, die von ihrer gesamten Umgebung aufgefangen werden.
Die Erde ist gezwungen, die Schwingungen aufzunehmen, die der Mensch erzeugt. Dies stört ihr tiefinneres Leben, daran leidet sie.
Allen Haß, der in der menschlichen Rasse enthalten ist, gibt sie an ihre Aura weiter. Wenn die Menschen auf dem Weg beharren, den sie bis jetzt eingeschlagen haben, wird die Ausstrahlung ihres Planeten von Tag zu Tag immer dunkler werden — bis zur völligen Sättigung. Die Folge von dem allen kann nur eine abschließende Katastrophe sein.
Die Erde wird einen tiefen Seufzer ausstoßen und wieder bei Null anfangen. Dies ist schon einmal geschehen, dies wird vielleicht relativ bald wieder geschehen. Die Erde darf

nicht noch einmal die Erfahrung von Atlantis und der ihm vorausgegangenen Zivilisationen machen.
Die Aura der Erde ist nicht immer der direkte Grund für die großen Erschütterungen, die die Oberfläche des Erdballs verwüsten können. Die Aura, die das Leben eines Organismus spiegelt, dient auch als Magnet beziehungsweise Schutzschild.
Weißt du, was der Ausdruck bedeutet: mit jemandem auf gleicher Wellenlänge sein? Nun, er bedeutet, daß die Aurastrahlung zweier Wesen zusammenpaßt, sie ist in Harmonie und spielt gewissermaßen die Rolle des Magneten.
Ich habe eben gesagt, die Aura sei auch ein Schild, und dir ist klar, daß ein Schild nicht dazu da ist, etwas anzuziehen, sondern um es im Gegenteil abzustoßen, das heißt zum Schutz. Ein kranker Körper verliert seine natürlichen Verteidigungsmöglichkeiten, ein geschwächter Organismus öffnet den Einflüssen von außen Tür und Tor. Ebenso ist ein kranker Planet allen Angriffen aus dem Kosmos ausgeliefert.
Er kann den Einflüssen der Kometen und der riesigen Meteore, die er aufgrund seines zyklischen Laufs in periodischen Abständen trifft, nicht den Widerstand entgegensetzen, der ihm im Vollbesitz seiner Kraft zur Verfügung stünde.
Wegen des Tuns der Menschen muß sich die Erde des 20. Jahrhunderts auf Katastrophen kosmischen und irdischen Ursprungs vorbereiten. Unter anderem aus diesem Grund hielt ich es für wichtig, daß ein Buch mehr über dieses Thema geschrieben wird.
Die Vertreter der unheilvollen Kräfte sind bei der Wahl ihrer Mittel nicht kleinlich. Ebenso sollten auch die Wesen, deren Ziel Frieden und Liebe ist, sich nicht schonen.
Es ist notwendig, daß die Menschen des 20. Jahrhunderts

tief in ihrem eigenen Inneren suchen. Viele von ihnen müssen sich daran erinnern, daß sie einmal, vor sehr langer Zeit, Atlanter waren. Sie sollten tief in ihrem Herzen den Gedanken verankern, daß sie heute nicht da sind, um wieder denselben Fehler zu machen wie damals.

Sprich aber nicht vom Ende der Welt!

Es gibt kein Ende der Welt.

Das Leben wird immer stärker sein.

Was eintreten kann, ist das Ende einer Welt, der Welt der gegenwärtigen Menschen, die doch glauben, ganz und gar auf dem Weg des Fortschritts zu sein, und deren leitende Politiker täglich hauptsächlich das eigene Ego befriedigen.

Atlantis ist durch das Wasser vernichtet worden, die Neigung der Erdachse hat sich stark verändert. Die moderne Zivilisation des 20. Jahrhunderts wird vielleicht durch das Feuer untergehen und die Achse der Erde sich vollständig umkehren.

Das ist der Lauf der Dinge, die Zivilisationen sind abwechselnd von Feuer und Wasser zerstört worden. Atlantis war ein Überbleibsel Lemuriens. Die Welt der Menschen von morgen sollte nicht die armselige Konsequenz der heutigen sein.

Für die meisten Menschen gehört Atlantis immer noch in den Bereich der Legende. Sie lachen darüber, aber es könnte sehr wohl sein, daß sie in weniger als dreißig Jahren die traurigen Helden einer anderen Legende sind.

Der Mensch muß lernen, seinen Planeten zu lieben. Und zwar zunächst um seiner selbst willen, denn er muß das, wodurch er soviel lernen kann, am Leben erhalten; um des Planeten willen sodann, denn er ist ein lebendes Wesen, das leidet.«

Mein Freund macht eine kleine Pause, und tief in meinem

Inneren hallen dann ganz klar seine Worte wider: »Jedes Organ dieses Planetenwesens ist ein heiliger Ort. Sie befinden sich auf allen Kontinenten und auch unter den Meeren. Es sind Flüsse, Berge, natürliche Höhlen. Oft haben die großen Religionsstifter diese Orte geweiht. Nichts ist ein Ergebnis des Zufalls. Die sichtbaren Organe der Erde sind magnetische Zentren.
Einige wurden noch nicht enthüllt, aber morgen werden sie in ihrem ganzen Glanz erstrahlen. Die Ära des Wassermanns und der Odem des *Geistes* werden sie offenbaren.
Es ist nicht verwunderlich, daß Jesus den Jordan wählte, um dort in Gegenwart von Johannes dem Täufer die Taube zu empfangen. Das Wasser des unteren Jordan hat — ebenso wie das des Ganges — eine besondere Eigenschaft: Es sendet Strahlen aus, die den Überschuß an negativen Ionen in einem Organismus ausschalten können.
Das Wasser des Ganges wirkt darüber hinaus stark antiseptisch; das erscheint unglaublich, wenn man den Verschmutzungsgrad des großen heiligen Flusses Indiens kennt, und doch ist es die Wahrheit.
Hat etwa ein Mensch seine Fähigkeiten verloren, nur weil seine Kleider beschmutzt sind? Die Gelehrten sollten es daher nicht wie die Hausfrau halten, die nur die Gäste im Smoking schätzt; sie sollten das Wasser des Ganges weiter untersuchen.
In einer geheimen Höhle unter den Wassern des großen Flusses gibt es Wesen, die beten. Von ihnen geht die Energie aus, die das heilige Wasser weiterleitet.«
Wieder macht mein Freund eine Pause. Ich bemerke, daß es mir keinerlei Schwierigkeiten mehr bereitet, nach rechts und links in die Unermeßlichkeit des Kosmos zu schweben.

»Suche Venus, den Morgenstern, hast du ihn gefunden? Suche dort unten, auf der anderen Seite, Mars ...
Findest du es nicht seltsam, daß gerade diese beiden Planeten dem Erdball am nächsten sind? Erinnere dich an Venus, die Göttin der Liebe, und an Mars, den Gott des Krieges. Ist vielleicht die Erde das Resultat ihrer Liebe? Tobt nicht auf deinem Planeten der Kampf zwischen Liebe und Haß, zwischen Frieden und Gewalt?
Eine seltsame Dualität der Materie, seltsame Namen, die den beiden Nachbarn deines Planeten von den Alten gegeben wurden, findest du nicht?
Betrachte ihn nun wieder normal, und nähere dich der Erde. Suche einen kleinen Fleck, der Griechenland ähnelt. Suche gut, das Land liegt noch halb im Dunkeln, denn die Morgendämmerung hat für es noch kaum begonnen.
Denk an deine Reise nach Delphi, denk an den Augenblick, in dem du deine Hand auf den Omphalos legtest, jenen riesigen, länglichen, konischen Stein. Die Menschen haben ihn von seinem früheren Platz an der Seite eines Berges entfernt.
Das war ein schwerer Fehler, denn diese Stelle bezeichnete eines der heiligen Zentren der Erde, einen der bevorzugten Orte, an dem die Eingeweihten ihren Puls schlagen hören.
Für die Griechen war Delphi das Zentrum der Welt, bevor es zum geographischen Zentrum ihres Landes wurde. Für die Menschen von heute hat der Ort diese Auszeichnung verloren, aber er ist noch immer von einem bestimmten Wert.
Delphi ist ein magnetisches Zentrum. Die sogenannten Naturgeister sind dort in größerer Zahl vorhanden als an vielen anderen Orten.
Aber nicht deshalb sollte man sich mit dem heiligen Berg beschäftigen, denn du weißt, daß man a priori den Umgang

mit Naturgeistern nicht suchen sollte. In Delphi sollte man vor allem einen Ort sehen, an dem der Mensch wegen gewisser physischer Eigenheiten der Erde und der Natur nahe ist.

Aber ich wollte dir noch etwas zu diesem Omphalos sagen, denn alles, was die Völker einander näherbringen kann, muß erwähnt werden.

In Indien findet man Kultgegenstände, die die Form eines länglichen Steins haben, der auf einer runden Basis steht. Sie werden als ›Lingam‹ bezeichnet und symbolisieren die göttliche Energie, die ihre Gnade auf der Erde verteilt, das heißt das positive Einwirken des Geistes auf die Materie.

Manche Forscher behaupten, der Lingam sei ein phallischer Kultgegenstand, aber sie irren sich, denn ihre Analyse ist nicht tiefgründig genug.

Der Omphalos ist ein Lingam, die Bedeutung der beiden Gegenstände ist identisch. Sie stehen für die Verbindung der transzendierenden mit der transzendierten Kraft und sind ein Symbol des göttlichen Hermaphrodismus.

Das heilige Delphi mußte ich etwas ausführlicher erwähnen, vom Olymp jedoch möchte ich nur sagen, daß dieser Berg zu Unrecht als heilig gilt; er war nichts als die Zufluchtsstätte von Wesen, die sich selbst für Götter hielten und vergessen hatten, daß auch sie einmal erschaffen worden waren.

Auch der Dichter Ovid schreibt in den griechisch-römischen Legenden seiner *Metamorphosen* die Erschaffung der Welt nicht Jupiter zu, der doch als Herr aller Gottheiten angesehen wird. Er spricht nur vage von einem ›Gott‹, dem der Fortschritt der Natur geholfen habe (I. I/23). Selbst die Alten sagten, Jupiter sei nicht der Unerkennbare.«

Unversehens ändert sich der Tonfall meines Begleiters. Seine Stimme wird sanfter. Er ist nicht mehr der Meister, der seinem Schüler etwas beibringen will, sondern ein Freund, der sich mit einem Freund unterhält.
»Komm nun wieder zu mir. Verlaß diesen Ort. Er kann dich nichts mehr lehren. Ich wollte, daß du selbst siehst, wie die an Körper und Seele verwundete Erde aussieht. Schließ die Augen, denk sehr stark an den Strand mit dem warmen Sand, an dem ich bin und an dem du jetzt bist.«
In einer Spirale aus Licht verschwindet die Erde aus meinem Gesichtsfeld. Es bedarf nur eines Wortes meines Begleiters, eines Wunsches, der für den Bruchteil einer Sekunde in mir auftaucht, und schon existiert die Zeit nicht mehr.
Mein Freund erwartet mich am Strand. Er sitzt im Lotussitz, sein ruhiger Blick ist auf mich gerichtet.
»Mein Astralkörper ist hier geblieben«, sagt er, »aber mein Geist hat dich nicht verlassen. Setz dich, dann können wir besser reden. Ich möchte dir noch mehr vom Leben der Erde erzählen. Ich möchte noch einmal von Indien und Tibet sprechen.
Schon wieder! wirst du denken. Haben diese Länder etwa mehr zu bieten als andere?
Sie haben nicht mehr zu bieten! Sie sind lediglich älter in dem Sinne, als ihre physische Geographie sich seit der letzten Sintflut nicht wesentlich verändert hat.
Kontinente wie Europa, Afrika oder Asien sind zum großen Teil umgeformt worden; ganze Länder sind verschwunden, andere aus den Ozeanen aufgetaucht.
Die letzten großen Erschütterungen der Erdkruste sind sehr viel jünger, als die Menschen glauben. Sie fanden vor zwölf- bis neuntausend Jahren statt.
Um den göttlichen Plan zu verwirklichen, haben die Geist-

wesen der frühen Menschheiten darauf geachtet, daß ein Teil Asiens verschont und als bedeutendes spirituelles Zentrum erhalten blieb. Indien war vor dreizehntausend Jahren ein extrem reiches Land. Jeder dort kannte die Gesetze der Materialisation. Aber weil jeder alles zur Verfügung hatte, verfiel er schließlich der Bequemlichkeit.

Die Inder bezahlen heute für die Untätigkeit und das völlige Sichgehenlassen jener Zeit. Sie kannten den Überfluß, jetzt kennen sie den Hunger. Sie sind ein Beispiel für das Rad des Karmas.

Glaub nicht, Gott habe sie bestraft. Gott straft nie. Der Mensch bestraft sich selbst, und oft ist die Strafe, die eine vom Göttlichen ergriffene Seele sich selbst auferlegt, die schlimmste.

Der Auftrag Indiens besteht darin, eine spirituelle Richtung zu zeigen und der Welt hervorragende Wesen zu geben, die viel für die Menschheit tun können. Du mußt wissen, daß man sehr viel für andere tun kann, auch wenn man scheinbar inaktiv ist.

Ein Gebet ist eine Woge der Güte, die sich über die Welt und die Universen verbreitet. Wenn es richtig gelenkt wird, kennt es keine Grenzen.

Indien und Tibet haben mehr als alle anderen Länder Asiens Techniken bewahrt, durch welche die vom menschlichen Gehirn ausgesandten Wellen präzis und effizient kontrolliert werden können.«

»Du meinst die Mantras?«

»Ja, aber es gibt auch andere Methoden. Im Westen war in den letzten Jahren viel von der Autosuggestionsmethode des französischen Arztes Emile Coué die Rede. Coué hat jedoch nichts erfunden. Die Menschen des Westens haben nur die jahrtausendealte Technik der Mantras wieder aufgenommen.

Mantra bedeutet ›Werkzeug des Denkens‹.
Jeder Satz, der auf eine bestimmte Weise ausgesprochen wird und in dem bestimmte, vor allem tiefe Töne vorherrschen, hat die Kraft, sich an das Selbst des Sprechers zu wenden, das heißt an seine Seele, an den Teil seines Bewußtseins, das den Astralkörper bewohnt.
Wesen, die sehr viel Übung und einen starken spirituellen Willen haben, erreichen durch das Gebet ihr Höheres Selbst beziehungsweise den *Geist* und kommunizieren so mit dem Göttlichen. Auf diese Weise wirkt der *Geist* auf die Materie ein. Es gibt im Kosmos kein Geheimnis, kein ›Wunder‹. Man braucht nur die Gesetze Gottes zu verstehen und anzuwenden.
Ich habe eben erwähnt, daß Klänge mit tiefer Resonanz für den Mechanismus des Gebets besonders wichtig sind. Diese Erkenntnis wurde vor allem von zwei Religionen angewandt: dem tibetischen Buddhismus und dem Christentum.
Hat du je tibetische Mönche beten hören? Der Klang ihrer Stimme ist so tief, daß er aus dem Innersten der Erde zu kommen scheint.
Die scheinbare Monotonie ihres Gesangs erklärt sich ebenfalls durch das angestrebte Ziel. Klänge, die mit leichten Variationen zyklisch wiederholt werden, üben eine hypnotische Wirkung aus. Ein tibetischer Mönch praktiziert also eine Art Selbsthypnose, durch die er sich momentan von der Welt der Materie lösen und mit seiner Seele und schließlich mit seinem Geist in Verbindung treten kann.
Wenn du dich mit dem Werk von Johann Sebastian Bach beschäftigst, wirst du bemerken, daß er der erste westliche Musiker war, der diesen Mechanismus bewußt oder unbewußt verstanden hat. Zumindest hat er ihn in seinen religiö-

sen Kompositionen regelmäßig angewandt. Zur Wiederholung sehr fein differenzierter Töne hat er das Cello benutzt, das extrem tieftönig ist.

Hör dir die *Matthäuspassion* einmal aufmerksam an; achte besonders auf die Antworten des Christus Jesus und ihre Begleitung durch das Bogeninstrument.

Hauptsächlich aber durch die Orgel hat der Westen sein Genie in Sachen Musik unter Beweis gestellt. Gibt es ein vielfältigeres Instrument?

Die zyklische Wiederholung der Töne hat nicht nur eine hypnotische Wirkung, sie vollzieht auch den zyklischen Gang des Universums nach.

Die sogenannte elektronische Musik mancher junger Komponisten des 20. Jahrhunderts greift diese Prinzipien wieder auf. Sie ist so erfolgreich, weil der Mensch unbewußt weiß, was sie bedeutet, und weil sie in ihm einen segensreichen Mechanismus auslöst.

Sie bringt seine innersten Saiten zum Schwingen, die dem entsprechen, was er ist, und nicht dem, was er sein will und zu sein scheint.«

Während mein Freund so zu mir spricht, kann ich mich nicht enthalten, das Kommen und Gehen der Wellen zu beobachten, die mit leisem Plätschern ans Ufer schlagen.

Der Himmel ist fliederfarben, kein Windhauch bewegt die Luft. Die tiefe Stille wird nur vom an- und wieder abschwellenden Atem des Meeres unterbrochen. Ich glaube, mein Freund hat meine Verwunderung über soviel Schönheit bemerkt.

Er hält inne und läßt mich die Stille genießen. Selbst die Wellen des Meeres scheinen leiser geworden zu sein. Es ist, als ob die Luft singen und das astrale Licht tausend zarte Glöckchen zum Klingen bringen würde.

»Das Licht ist ein Ton, es ist Wort Gottes«, sagt mein Begleiter nur, während er mich aus seinen kleinen Augen fest ansieht. »In den höheren Schichten des Astralbereichs genießt der Mensch einen Vorgeschmack des Friedens. Die grausamen Dualitäten der Materie verschwinden hier.
Du weißt, daß dies hier nicht die absolute Wahrheit ist. Aber es ist eine wichtige Etappe auf dem Weg zu ihr.
Niemand bekämpft hier seinen Nachbarn, niemand verwüstet die Natur und verdunkelt das Licht. Weißt du, was der Friede Gottes ist?«
Fast heftig hat mein Begleiter mir diese letzte Frage gestellt, während mein ganzes Wesen damit beschäftigt ist, die Süße dieser Ebene in sich aufzunehmen.
»Nein«, sage ich, ohne mir überhaupt die Mühe zu machen, weiter darüber nachzudenken.
»Der Friede Gottes ist das, was auf der Erde der Menschen verwirklicht werden sollte.
Es ist ein Friede voller Energie, kein passiver Friede. Es ist ein Friede, der kein Waffenstillstand mehr ist; ein Friede, der vom Heiligen Geist auf die Wesen herabsteigt, und das Verlangen nach Frieden, das von den Wesen zum Heiligen Geist aufsteigt.
Der Friede Gottes ist ein Friede kosmischer Ordnung — nicht weil er den Gesetzen des Kosmos unterworfen ist, sondern weil er sich aus der Harmonie ergibt, die zwischen dem Menschen und dem Kosmos besteht.
Er ist der Friede des Menschen mit dem Universum, aber auch der Friede des Menschen mit sich selbst. Er ist die offene Tür zur ursprünglichen Heimat, die Schwelle, die das Ende eines Zyklus und den Beginn eines neuen anzeigt. Im immateriellen Bereich wird die Seele mit dem *Geist* verschmelzen, im materiellen Ganymed seine Herrschaft antre-

ten, der Mundschenk der Götter. Die neue Zeit ist das Kommen des Wassermanns, der wie der Fisch des Christus Jesus das Wasser evoziert, der aber auch und vor allem ein Luftzeichen ist, Atem des *Geistes*. Du und die, die alles mit dir teilt, ihr solltet zunächst für das Kommen des neuen Zyklus auf Erden arbeiten.

Danach werdet ihr für die Entwicklung des Menschen arbeiten, dafür, daß er sich von der Welt der Dualitäten löst. Schmiedet euer Werk, macht aus ihm ein Werkzeug, das der Reintegration der Seele in den *Geist* dient.«

»Meister, wenn man Ideen entwickelt, handelt man; aber tut man auch etwas für die Menschheit, wenn man betet? Hat das Gebet außerhalb von uns und unserem Höheren Selbst einen Widerhall?«

»Aber ja! Ein Mensch, der betet, wendet sich an seinen Geist, aber seine Aura richtet sich an die Welt, sie sendet ebenso wie das verlängerte Rückenmark und das Gehirn positive Strahlen aus. Ein wohltuendes Fluidum kann sich so über die Erde verbreiten und ihre Aura von Grund auf wandeln. Es hängt von den Menschen ab, ob sie sich retten oder untergehen. Beschuldige die zurückgezogen lebenden Mönche nicht der Untätigkeit, sie arbeiten Hand in Hand mit den Erbauern des Friedens, die für alle sichtbar wirken.

Aber meinst du nicht, daß wir vom Thema abgekommen sind? Ich möchte, daß du die großen Lebenszentren der Erde kennenlernst und bekannt machst.«

Mein Begleiter steht auf und geht ein paar Schritte in Richtung Meer; nie ist mir die feine Ebenmäßigkeit seiner Gestalt so deutlich aufgefallen.

»Ich weiß wohl, daß es in einer solchen Umgebung nicht einfach ist«, sagt er, »aber versuch einmal, dir den Hima-

laya vorzustellen! Siehst du seine Gipfel, die auf die Erde herabblicken?
Glaub mir, nicht umsonst hat man ihn als das Dach der Welt bezeichnet. Tibet ist einer der seltenen Landstriche, die von der Sintflut verschont geblieben sind. Es gibt dort noch ganze Städte, die zwölftausend Jahre und älter sind. Die Chinesen werden ihr Geheimnis nicht durchdringen, ihre Rasse ist noch nicht soweit.
Aber nicht von diesen Städten wollte ich sprechen.
Du hast sicher schon vom Berg Meru gehört, der auch Kailash genannt wird. Er ist der große heilige Gipfel Tibets, das Rückenmark der Welt, die Achse des heiligen und symbolischen Rades.
Wie du dich vielleicht noch aus dem Geographieunterricht erinnerst, entspringen vier große Wasserläufe im Herzen des Kailash: der Karnali, die Sutley, der Indus und der Brahmaputra. Sie symbolisieren die vier Himmelsrichtungen und die Speichen des heiligen Rades.
Bis hierher, wirst du sagen, ist das Ganze nicht besonders aufregend; das gebe ich zu. Aber du weißt noch nicht, daß am Fuße des Meru zwei Seen liegen: im Osten der Manasarovar und im Westen der Raskatral. Du brauchst dir ihre Namen nicht zu merken, wichtig ist nur, daß du von ihrem Vorhandensein weißt und ihre Lage kennst.
Der erste hat ungefähr die Form einer Sonne, er ist so etwas wie der Stern des Ostens und symbolisiert für die Tibeter die Mächte des Lichts.
Und nun glaub nicht, daß dies ein Zufall ist: Der zweite See erstreckt sich nach Westen und hat die Form einer Mondsichel.
Die Pilger, die sich früher zu ihm begaben, sahen in ihm die Kräfte der Nacht, die sie erschreckten, weil sie sie nicht kannten oder schlecht verwendeten.

Erinnert diese Symbolik dich nicht an die alchemistische Tradition des Westens? Erinnern Mond und Sonne, Negativ und Positiv dich nicht an die beiden Pole des Lebensstroms, der die Chakras des Rückenmarks verbindet?
Die beiden Seen des Kailash sind die Ausgangspunkte für die kosmischen und psychischen Energieströme, die die Achse des spirituellen Universums durchqueren.
Der See der Sonne steht für den tausendblättrigen Lotus der Erde, ihr höchstes Bewußtsein; der See des Mondes symbolisiert den Sitz der Kundalini und der inneren Kräfte.
Findest du es nicht erstaunlich, daß zwei Wasserflächen die Entwicklung des Menschen, der Erde und des Kosmos symbolisieren?
Bei einer unserer nächsten Begegnungen werde ich dir noch etwas zum See der aufgehenden Sonne sagen, denn auch der Baum des Lebens steht mit ihm in Verbindung. Ja, du hast richtig gehört: der Baum des Lebens. Er ist weder eine christliche noch überhaupt eine biblische Erfindung.
Der Mensch versucht, seine hochgerühmte Atomenergie in den heiligen Regionen Tibets anzusiedeln. Wenn er so weitermacht, geht er dem Unglück entgegen.
Er wird die Erde töten, wenn er ihre vitalen Zentren zerstört. Es wäre wichtig, diese Zusammenhänge allen Menschen klarzumachen. Man sollte endlich auf einen Ort Rücksicht nehmen, der ein Symbol und gleichzeitig eine effektive Kraft ist. Wie du und ich, wie alle Wesen, die sie trägt und nährt, atmet auch die Erde. Tag und Nacht entsprechen ihrer Ein- und ihrer Ausatmung. Die gegenwärtige Tendenz mancher Menschen zur sogenannten Ökologie sollte unterstützt werden. Die Ökologie ist jedoch unvollständig. Sie predigt die Rückkehr zur Harmonie zwischen Mensch und Natur vor allem deshalb, weil sie die Lebens-

bedingungen des Menschen verbessern möchte. Ihr Irrtum besteht darin, daß sie nicht auch den Planeten Erde als lebendes Wesen begreift.
Die heutige Vorstellung von einer ökologischen Gesellschaft wird im gegenwärtigen Entwicklungszyklus der Menschheit niemals realisiert werden.
Der Verzicht auf Motorfahrzeuge zugunsten naturnäherer Fortbewegungsmittel ist reine Utopie; er wird höchstens kurzzeitig praktiziert werden, und zwar infolge eines weltweiten ökonomischen Niedergangs, seismischer Katastrophen und internationaler Konflikte. Die Rückkehr zu einer rustikaleren Lebensweise ist nicht realisierbar und auch nicht wünschenswert.
Obwohl die ökologische Bewegung im Augenblick die einzige politische Strömung von Interesse ist, verkennt und ignoriert sie die Zyklen der Menschheit genauso wie die anderen Richtungen. Der Mensch ist geschaffen, um vorwärtszugehen. Seine Heimat ist nicht die Erde.
Ich vereinfache ganz bewußt, wenn ich sage, daß es nicht darum geht, den Benzinmotor abzuschaffen, um das Fahrrad wieder einzuführen.
Die Wissenschaftler sollten die kosmische Energie erforschen; darunter verstehe ich die Energie, die aus den heute noch verborgenen Kräften der Natur stammt, und nicht die Atomenergie. Die Lösung für alles ist im Licht und in der Schwingung des Tons enthalten.
Der Mensch ist nicht geschaffen, um über Felder zu reiten, zwei Pedale zu treten oder den Gashebel eines Benzinmotors zu drücken. Der Mensch, der unabänderlich und in jeder Beziehung vom Höheren angezogen wird, muß bis zu einem gewissen Punkt den Weg der Atlanter noch einmal gehen. Glaub mir, der Mensch ist für die Luft geschaffen.

In den ersten Jahrhunderten des Wassermannzeitalters wird der physische Mensch über seine ersten tastenden Versuche auf zwei oder vier Rädern lachen. Eine neue Art Luftfahrzeug wird verbreitet werden.
Solche Fortschritte werden zunächst indirekt, dann direkt verwirklicht werden, und zwar durch die Hilfe von Wesen, die von einem anderen Planeten kommen als der Erde.
Die ersten Jahre des 21. Jahrhunderts werden die Ankunft von Menschen erleben, die von den Sternen kommen. Sie werden sich mit den Erdbewohnern verbinden und die Geste der biblischen Elohim erneuern. Durch sie wird die Menschheit verstehen, was unter ›zyklischer Geschichte‹ und ›kosmischer Spirale‹ zu verstehen ist.«
Nach einem kurzen Schweigen wendet mein Begleiter sich zu mir: »Jetzt mußt du wieder in deinen Körper zurück. Morgen wirst du dies alles notieren, und beide werdet ihr euren Mitmenschen sagen, daß Mond und Sonne ihre Eltern sind, die Erde aber ihre Ernährerin, solange sie einen Körper aus Fleisch und Blut haben. Diese Worte werden manchen dunkel erscheinen, aber das bisher Gesagte ist klar. Wer verstehen will, wird verstehen.«

VIII

Drei Lesungen im Gedächtnis des Universums

Es ist früher Morgen, kühl und neblig. Die große Stadt mit den grauen Fassaden scheint noch zu schlafen. Auf dem Platz, den ich wie ein Automat überquere, ohne zu wissen, warum und wohin, liegt eine drückende Atmosphäre.
Ein langgestrecktes Gebäude mit hohen, schmucklosen Mauern mir gegenüber läßt mich an eine Festung denken. Eine riesige Tür aus Holz, die mit der Zeit dunkel geworden ist, versperrt den Eingang.
Was ist das? Ein Gefängnis? Ein Festungsbau? Eine Kaserne? Ich mache mir weiter keine Gedanken darum. Erstaunt und beunruhigt nur über die Stille, setze ich meinen Weg fort.
Wo führen meine Schritte mich hin?
Mein Wille scheint unfähig, meine Bewegungen zu beeinflussen, als sei ich eine Marionette, an deren Fäden man zieht.
Rechts von mir, am Ende des Platzes, erkenne ich eine mächtige Brücke aus grauem Stein, die über einen breiten Fluß führt.
Für Bruchteile von Sekunden zuckt in meinem Gehirn ein Name auf: »Jenissei«.
In die Stille knallt jäh ein Schuß. Sein Echo hallt wider an

den leblosen Fassaden des weiten Platzes. Meine Beine haben beschlossen stehenzubleiben.
Ich habe das Gefühl, allein dort zu sein — wie ein Tier in der Falle. Auf der anderen Seite der Straße, die mich von der Festung trennt, erkenne ich eine Reihe von Männern; in uniformähnlicher Kleidung, das Gewehr unter dem Arm, hasten sie die Mauern entlang.
Die Schüsse kommen jetzt von überall her. Hinter jedem Fenster des großen Platzes scheint plötzlich höllisches Leben erwacht zu sein.
Ich bin wie gelähmt, weiß nicht, was ich machen soll.
Ich schaue mich um. Aus einer kleinen Straße taucht ein Trupp Männer auf. Ich laufe verzweifelt auf die Brücke zu, die mir, ohne daß ich weiß, warum, meine einzige Hoffnung zu sein scheint.
Nur noch zwanzig Meter, nur noch zehn; um meine Ohren pfeifen die Kugeln.
Was habe ich getan? Wollen sie mich töten? Endlich! Ich bin auf der Brücke. Ohne Zutun meines Willens bin ich über die Brüstung gestiegen und tauche mit dem Kopf nach unten ins Wasser. Ein Druck in Höhe des Zwerchfells ruft eine vage Erinnerung in mir wach. Das Wasser erscheint mir nicht kalt, eigentlich spüre ich es gar nicht. Ich weiß nur, daß es überall um mich herum ist und daß ich noch nicht wieder an die Oberfläche kommen sollte.
Die Zeit scheint stillzustehen.
Ich bin mir nicht mehr ganz bewußt, was mit mir geschieht.
Plötzlich gelange ich an die frische Luft. Ich beginne, mit aller Kraft zu schwimmen.
Schnell, dort drüben, das andere Ufer!
Immer wieder hallt in mir dasselbe Wort: Jenissei! Jenissei!
Das Schwimmen strengt mich nicht an. Stehen meine Glie-

der, über die ich noch immer keine Gewalt habe, unter dem Einfluß eines Betäubungsmittels? Das Wasser setzt mir keinen Widerstand entgegen. Das Ufer ist nah, nur noch eine Armlänge entfernt. Ich klammere mich an ihm fest. Ich sehe, daß meine Hände bluten, von Steinen zerschnitten, aber ich spüre keinen Schmerz.

Noch immer klingen die Schüsse in meinen Ohren, aber sie sind jetzt weiter entfernt.

Mit letzter Kraft stürze ich mich in eine Gasse. Mein ausgezehrter Körper schleppt sich mühsam dahin. Mein Gang wird langsamer; ich schleiche jetzt nur noch die Mauern entlang wie jemand, der schuldig ist oder völlig erschöpft.

Unmerklich hat sich am äußersten Ende der kleinen Gasse ein monotoner, tiefer Gesang erhoben; es klingt wie Psalmen.

Eine kleine Schar von Männern in schwarzen Gewändern kommt auf mich zu — wie in einer Prozession. Ich bleibe stehen, als ob ihre Gegenwart mich beruhigen würde. Ich sehe, daß der Mann an der Spitze ein Pope ist. Sein Patriarchengesicht beruhigt mich vollends. Seine Hände tragen einen Kelch.

Die kleine Menschengruppe geht an mir vorüber. Ihr Gesang rührt das Innerste meines Wesens; er ist für mich ein Hafen des Friedens in dieser Stadt, in der man sich tötet, ohne daß ich weiß, warum.

Ein Priester, der wie die anderen schwarz gekleidet ist und eine zylindrische Kopfbedeckung trägt, bleibt vor mir stehen und spricht mich an. Ich möchte ihm sagen, daß ich ein Fremder bin, daß ich ihn nicht verstehen werde, aber zu meinem großen Erstaunen erfasse ich den Sinn seiner Worte: »Sind sie noch weit weg? . . . Der Gottesdienst wird stattfinden, ganz gleich, was geschieht . . .«

Ich weiß nicht, ob ich die Zeit habe, dem Mann in Schwarz zu antworten, dessen Augen sich mit Tränen gefüllt haben.
Ich fühle mich nach oben gerissen, schnell und sanft zugleich wie aus mir heraus. Unter mir bleibt der Körper eines verstörten, ungefähr vierzigjährigen Mannes zurück, der in Lumpen gekleidet ist. Auf seiner ärmlichen Jacke wird ein roter Fleck am rechten Arm größer und größer ...
Mein Bewußtsein stürzt in den Abgrund der Zeit. Nichts existiert mehr.
Der Mann mit dem blauen Gesicht lehnt an einem riesigen Felsblock und sieht mich schweigend an. Mir wird klar, daß er meinem Bericht aufmerksam zugehört hat.
»Du hast aus dem Gedächtnis des Universums geschöpft«, sagt er jetzt nur.
»Dem Gedächtnis des Universums?«
»Ja, natürlich«, antwortet er amüsiert. »Das Universum lebt genauso wie du und ich, zumindest folgt es den gleichen Grundprinzipien ... gesteh ihm also auch das Recht auf ein Gedächtnis zu! Um allerdings in den Erinnerungen von jemand anders lesen zu können, muß man dazu eingeladen worden sein. Schließlich kann man sich nicht jedem anvertrauen! Damit die Tür der Erinnerung sich für dich öffnet, muß dir also jemand den Schlüssel gegeben haben.«
»Hast du ihn mir gegeben?«
»Nein, nicht ganz. Zunächst beginnt jedes Wesen, sich durch Studien und spirituelle Übungen selbst einen Schlüssel zu schmieden.
Dieser Schlüssel erlaubt ihm, von Zeit zu Zeit mit dem Teil von sich in Verbindung zu treten, den es am wenigsten kennt ... obwohl er eigentlich mehr als ein Teil ist, denn er ist das Wesen selbst, das heißt sein Geist.

Ja, jedes Geschöpf kann dem Geist, der es beseelt, sehr nahe sein, näher, als es glaubt. Die vereinfachende Feststellung, der Mensch bestehe aus Körper, Seele und Geist, bedeutet nicht notwendigerweise, daß der Geist von dem Bewußtsein, das am irdischen Leben teilnimmt, weit entfernt ist. Hast du nach einer längeren Konzentration oder morgens beim Aufwachen noch nie einen starken Druck zwischen den Augen verspürt? Es ist dein Geist, der mit deinem irdischen Bewußtsein einen Dialog aufnehmen möchte.
Wenn du meine Worte von vorhin behalten hast, ist dir klar, warum sein Ruf sich an dieser Stelle bemerkbar macht.
In solchen Augenblicken solltest du dir ein paar Momente der Stille und der Meditation zugestehen, vielleicht hörst du dann seine Stimme... die in Wirklichkeit deine überbewußte Stimme ist.
Du bist sicher nicht der einzige, bei dem dieses Phänomen auftritt, aber sehr viele Wesen achten nicht darauf, weil sie nicht wissen, daß es wichtig ist.
Jetzt meinst du wahrscheinlich, wir hätten uns sehr weit vom Gedächtnis des Universums entfernt, aber das stimmt nicht. Ich wollte dir nur verständlich machen, daß man sich selbst die Türen zur Kommunikation mit seinem Geist öffnen kann. Dies ist der erste Schritt, um auf die Mitteilungen des universellen Gedächtnisses ein Anrecht zu haben. Wenn der Mensch dieses Stadium erreicht hat, kann er von hohen astralen Wesenheiten eine Art Passierschein zum ›Saal der Erinnerungen‹ erhalten. Vorbedingung dafür ist, daß man keine materiellen Absichten hat.
Es gibt auf der Erde mehr Männer und Frauen, als man glaubt, die ins Gedächtnis des Universums eintauchen können. Das Problem ist, daß viele von ihnen ihre Fähigkeiten

gar nicht kennen und sich nicht bewußt an ihre Erfahrungen erinnern.
Dir hilft deine Praxis der Projektion des Astralkörpers, das Gesehene und Erlernte zu behalten. Freu dich darüber nicht allzusehr, denn es gibt Wahrheiten, die schwer zu ertragen sind. Nicht, weil der Einzige Schöpfer nicht alles für das größtmögliche Wohl alles Lebenden getan hätte; aber der in einen Körper eingeschlossene Intellekt — das Mentale, wenn du willst — erwirbt nur allzuoft engstirnige und irrige Denkgewohnheiten, die eine unvollkommene Welt erschaffen.«
»Ja«, sage ich ein wenig verwirrt, »aber du hast mir auch gesagt, der Mensch könne die absolute Wahrheit nicht erkennen und in der Unendlichkeit der Zeit gäbe es immer etwas zu lernen.«
»Sicher, aber das widerspricht nicht dem, was ich gerade gesagt habe. Das Gedächtnis des Universums ist nur ein Gedächtnis der physischen Dinge.
Wenn du dich in die Annalen der Welten und der Zeit vertiefst, findest du nur Lösungen für historische oder geologische Probleme — für alles, was zum Bereich des materiellen Universums gehört. Probleme, die das Göttliche betreffen, lassen sich nicht auf diese Weise bewußtmachen.
Selbst Christus hat die Wahrheit nicht definieren wollen, als Pilatus ihn danach fragte. Lies selbst im Evangelium des Johannes (18,38) nach!«
»Das alles verstehe ich, Meister, aber wie funktioniert das Gedächtnis des Universums?«
»Ich kann dir nur sagen, das astrale Licht wirkt wie ein Film, auf dem alles, was an irgendeinem Punkt des Universums geschieht, unauslöschlich eingeprägt wird. Daher kann niemand eine getane Tat ungeschehen machen, sie exi-

stiert für immer. Jede Geste jedes Menschen geht in die Evolution der Menschheit ein und kann gemäß dem Prinzip der Kettenreaktion unerwartete Folgen haben. Karma und Reinkarnation sorgen dann dafür, daß alles wieder in Ordnung kommt.«

Mit katzenartiger Geschmeidigkeit hat mein Freund begonnen, ein paar Felsen zu erklettern.

»Siehst du diese wundervolle Landschaft? Sie enthält in ihrem Innersten einen besonderen Ort, den ich dir später zeigen werde. Im Augenblick jedoch solltest du die smaragdgrün funkelnden Berge betrachten. Es ist das erste Mal, daß ich dich hierherbringe.«

Wie gut mein Führer mich und die Angewohnheit der Menschen kennt, die wenigen uns geschenkten Augenblicke der Fülle gar nicht richtig zu erfassen!

Während ich meinem Freund zuhörte, hatte ich die Schönheit der üppigen Natur und der hohen verschneiten Gipfel im Hintergrund fast vergessen. Aber nun tue ich es meinem Freund nach und klettere vergnügt über ein paar Felsen, die im alles umhüllenden Licht der hohen astralen Schichten sanft funkeln.

Ich habe schon versucht, meine Eindrücke zu schildern, als mein Freund mich die Dschungel, die Oasen, die Strände des Astralreichs besuchen ließ. Aber was können Worte schon vermitteln? Sie können eine Farbe beschreiben, ein Licht, aber die Seele einer Farbe? Die Seele eines Lichts?

Alles hier lebt, und das ist nicht nur eine Metapher. Was mich heute jedoch mehr als alles andere überrascht, ist die grüne Farbe der Berge. Ich dachte zunächst an Gras, aber beim Näherkommen erkannte ich später, daß es sich um Fels handelte.

Mein Begleiter machte einmal die folgende Bemerkung:

»Im Astralbereich ist Grün die dominierende Farbe. Das ist nicht weiter erstaunlich, Grün hat immer regenerierende Eigenschaften gehabt. Du weißt, daß Grün für die Menschen die Farbe der Hoffnung ist. Diese Zuordnung ist normal, sie stammt aus einer unbewußten Erinnerung.
Der Astralbereich stellt für die Menschen, die ihre irdische Evolution noch nicht beendet haben, die Hoffnung auf ein Leben nach dem Leben dar. Du findest es normal, daß die Pflanzen grün sind, aber du wirst sehen, daß auch manche Felsen grün sind. Es ist ein sehr sattes Grün, das tief belebt; es hat die Farbe des Smaragds, die Farbe des Grals.«
Mein Begleiter, der den Gipfel der Berge betrachtet, hält einen Augenblick inne und fährt dann fort: »Was du mir gerade erzählt hast, war eine Reise in die Zeit. Allerdings nicht so, wie die Science-fiction-Autoren sie im allgemeinen beschreiben — du brauchtest zum Beispiel nicht in irgendein seltsames Gefährt zu steigen. Dein Körper ist zu Hause geblieben, nur deine Seele ist zu fernen Horizonten aufgebrochen. Es gibt im Universum privilegierte Orte, an denen man besser als anderswo im Gedächtnis der Zeit lesen kann. In der Astralwelt existieren mehrere solcher Orte. Einer von ihnen befindet sich nur ein paar Meter von dir entfernt.
Auf der Erde kann man Kristallkugeln zu ähnlichen Zwecken benutzen. Die wenigen wahren Seher kennen die Prinzipien, nach denen sie funktionieren. Sie wissen, daß sie die Vergangenheit leichter aus ihnen lesen können als die Zukunft, denn die Zukunft besteht aus Wahrscheinlichkeiten, die Vergangenheit dagegen aus Gewißheiten. Deshalb sollten diese Seher sich eher damit beschäftigen, die großen Rätsel der Vergangenheit des Menschen zu erhellen.

Eine Kristallkugel, an die kein Sonnenlicht herankommt, hat die Eigenschaft, sehr viel Energie auffangen und konzentrieren zu können; diese Energie entstammt dem Astrallicht, das unendlich viele Angaben über das physische Universum enthält. Auch hier zeigt sich also, daß das gesamte Universum im kleinsten Energiepartikel enthalten ist. Die Form des Kristalls sowie seine Transparenz üben auf den Menschen eine hypnotische Wirkung aus und stellen eine Verbindung zwischen seinem Selbst und dem vom Astrallicht transportierten Film des Universums her. Du hast eben die gleiche Erfahrung gemacht wie ein Seher, obwohl es bei dir während des Schlafs und ohne bewußtes Zutun geschah. Dein Selbst beziehungsweise dein Unbewußtes hat sich von deinem Körper gelöst und zu einem Ort eine Verbindung hergestellt, an den du auch mit Hilfe der Kristallkugel hättest gelangen können.
Aber jetzt komm mir nach. Hab keine Angst zu fallen, es kann dir nichts geschehen; erst die Furcht schafft die Gefahr und macht den Körper für Verletzungen empfänglich.«
Während mein Freund weiter über die smaragdfarben schimmernden Felsen hüpft, meint er: »Was du eben erlebt hast, war eine Episode aus der russischen Revolution, aber das war dir sicher schon klar.«
Ich nicke ihm zu.
»Das besondere an dieser Art von Erfahrung ist, daß man die Realität der historischen Ereignisse mit den Augen eines Wesens wahrnimmt, das sie erlebt hat.
Du bist nicht dieses Wesen, und es identifiziert sich auch nicht mit dir, das heißt, es überläßt dir nicht seinen Körper. Der Tod des Mannes, durch dessen Augen du gesehen hast, hat für dich keine Konsequenzen. Du hast lediglich den Eindruck, der Film sei gerissen, sonst nichts.«

»Ob viele Menschen das akzeptieren können?« meine ich etwas skeptisch.
»Sehr wenige, das gebe ich zu. Die Menschen haben die ärgerliche Angewohnheit, allem Grenzen zu setzen, außer ihren Streitereien.
Ich sage dir, nichts ist unmöglich. Wenn die Welt der Materie gewisse Grenzen setzt, so übernehmen die anderen Welten den Anschluß, und deshalb ist in der Unermeßlichkeit des Universums alles denkbar und realisierbar. Es braucht noch einige Zeit, bis dies auf der Erde verstanden wird . . . Aber komm, wir sind da, hier ist es!«
Die Bergwand vor uns gibt einen Gang frei. Ohne ein Wort zu sagen, verschwindet mein Führer in ihm und deutet mit einer Gebärde an, ich solle neben ihm gehen. Eigentlich hätte man erwartet, daß es an einem solchen Ort dunkel ist, aber ein lebendiges, sehr weißes Licht scheint aus dem Herzen der Steine selbst zu kommen.
Ich versuche mein Erstaunen zu verbergen, um die Stille des Ortes nicht zu brechen.
»Dies ist kein Heiligtum«, sagt mein Freund, »eher ein Studienzentrum, eine riesige Bibliothek, wenn du so willst.«
Der Gang ist nicht sehr lang. Ein geheimnisvolles grünes Licht, das aus einer kreisförmigen Öffnung in der linken Seite der Wand strömt und uns allmählich vollständig einhüllt, kündigt sein Ende an. Wir überschreiten die Schwelle.
Die Atmosphäre erinnert mich zunächst an einen Traum, so seltsam ist das, was ich sehe. Vor uns liegt ein riesiger Saal, der die Form einer Halbkugel hat. Starker Schwindel ergreift mich, als ich ein paar Schritte zur Mitte des Raumes hin tue. Jeglicher Lärm scheint absorbiert zu werden, entweder von den Wänden der Halbkugel oder von dem seltsamen grünen Licht, ich weiß es nicht.

Ich glaube, jenseits des Gewölbes Formen erraten zu können, aber das ist zweifellos eine Täuschung, denn es besteht aus einem halb festen, halb durchscheinenden Material, das mehr als einen unserer Architekten verwundern würde. Auch der Boden, obwohl etwas durchsichtiger, besteht aus diesem Material.

»Sieh einmal nach unten«, sagt plötzlich mein Begleiter, »siehst du die Leere?«

Ein oder zwei Sekunden hat ein weißlicher Schimmer mir die Sicht genommen. Ich spüre, wie die Hand meines Freundes mich kräftig an der Schulter packt, so als wolle er mich daran hindern, in einen Abgrund zu stürzen.

»Was war das?« stammle ich benommen und versuche, wieder klar zu denken.

Mein Begleiter lacht. »Ich dachte, du würdest in der Zeit verschwinden«, sagt er und wird wieder ernst.

»Unter uns ist die Leere«, fährt er fort, »oder vielmehr eine umgekehrte Halbkugel, die mit dieser hier identisch ist.

Der Saal hier im Herzen des Berges ist eigentlich eine Kugel. Der halbdurchsichtige Boden bildet die Grenze zwischen ihren beiden Hälften. Wenn man sich einige Augenblicke in der Mitte des Raums aufhält und sich der Leere über und unter sich bewußt wird, befindet man sich momentan außerhalb der Zeit.

Das Spiel des sanften grünen Lichts, das uns von überall her umgibt, ist ebenfalls an der hypnotischen Wirkung des Raums beteiligt.

Mit ein wenig Konzentration und Übung kann man leicht wählen, welche Periode der physischen Geschichte des Universums oder der Erde man mit den Augen eines Zeitgenossen erleben möchte. Zunächst ergreift eine Leere den Geist — das, was du eben wahrscheinlich gespürt hast —, dann wird man sich erneut des Gewölbes bewußt, das jedoch intensiv weiß geworden ist. Fast sofort läuft dann um uns herum ein Film der Periode und des Ortes ab, die wir gewählt haben; mit unglaublicher Geschwindigkeit werden Bilder auf uns projiziert, sie ziehen uns in sich hinein und lassen uns die Geschichte so wiedererleben, wie sie war. — Ich glaube, diesen Ort könnte man allen Historikern empfehlen«, fügt mein Freund scherzhaft hinzu.

»Aber bleiben wir nicht im Zentrum des Raums, sonst erliegen wir seinem Zauber, bevor der richtige Zeitpunkt gekommen ist. Gehen wir wieder zu der kreisrunden Öffnung, durch die wir hineingekommen sind.

Weißt du, daß jedes Individuum nach jedem seiner physischen Tode an einen Ort gebracht wird, dessen Funktionen diesem hier entsprechen? Jede Wesenheit aus dem mittleren Astralbereich sieht so den Film ihres Lebens vor sich ablaufen. Sie selbst richtet über das Dasein, das sie geführt oder anderen auferlegt hat.

Ist es dir nie seltsam und völlig unlogisch erschienen, daß Gott seine Geschöpfe beurteilt und bestraft? Gott urteilt nicht, und er verzeiht alles.

Wir selbst beurteilen uns und vergeben uns keinen unserer Fehler; wir selbst schaffen die Kettenreaktion des Karmas, wir selbst sind ausschlaggebend bei der Wahl des Lebens, das wir, wenn es notwendig ist, wieder auf Erden führen werden.

Alle großen Offenbarungsreligionen machen aus Gott ein ewig gutes und barmherziges Wesen; wie kann man da von einem unerbittlichen Urteil sprechen, dem für die Schuldigen die ewige Hölle folgt? Wenn es eine Hölle gibt, dann schaffen wir sie uns selbst — so lange, wie es uns nach dem physischen Tod nicht gelingt, durch die Erhabenheit unse-

rer Gedanken den wirren Ozean der niederen astralen Schichten hinter uns zu lassen.
Die ewige Hölle, in der Flammen und mit Spießen bewehrte Teufel den Menschen quälen, wurde von schlechten Priestern erfunden, die die Neigung der Menschen zum Aberglauben ausnutzten, um ihre zeitliche Macht zu festigen.«
»Dann führt also jede Wesenheit bei ihrem ›Jüngsten Gericht‹ selbst den Vorsitz?« frage ich meinen Lehrmeister.
»Achte auf die Begriffe . . . Das ›Jüngste Gericht‹ ist nicht notwendig die Selbstbeurteilung des Menschen nach jedem seiner physischen Tode! Vergiß nicht, daß der Ausdruck ›Jüngstes Gericht‹ das allerletzte Gericht meint.
Durch ihre Stellung im Kosmos sind die Erde und die Menschen Zyklen unterworfen; das weißt du bereits. Um ihre Entwicklung zu vollenden, verfügen die Menschen über sehr lange Zeiträume, die man als Menschheitsperioden bezeichnet. Am Ende jeder dieser Perioden ändert sich plötzlich ein Teil der Universen, aus denen das Große Universum besteht. Welten explodieren und fangen mit anderem Gesicht wieder bei Null an.
Die Seelen, die sich bis zum Ende jeder Menschheitsperiode nicht von materiellen Begierden frei machen konnten, werden einfach mit den Welten, die sie beherbergt haben, aufgelöst. Das ist die einzige Strafe, die eine Seele zu fürchten hat — obwohl es sich da eigentlich nicht um eine Strafe handelt, sondern um eine Vernichtung.
Aber versichere den Menschen: Es gibt nur sehr wenige Wesenheiten, denen es nie gelingt, sich zu erheben. Das ist unter dem Begriff ›Jüngstes Gericht‹ zu verstehen. Es findet weder nach dem physischen Tod noch nach jedem Zyklus des Tierkreises statt, sondern nach jeder sehr langen Menschheitsperiode.

Aber komm, gehen wir ein wenig hinaus. Ich möchte dir einige Dinge sagen, für die unsere Anwesenheit hier nicht unbedingt erforderlich ist.«
Beim Anblick der blauen Luft stoße ich einen kleinen Seufzer der Erleichterung aus.
»Gefällt dir der Ort nicht?«
»Das ist es nicht, aber da drinnen fällt es mir schwer, das Gleichgewicht zu bewahren. Ich weiß nicht, ob es an der Form des Saals, seinem Licht oder beidem liegt.«
»Ich dachte das schon«, antwortet mein Freund. »Hier können wir besser reden ... Obwohl du gleich wahrscheinlich denken wirst, ich sei dafür verantwortlich, wenn dir schwindlig wird, denn ich spreche sehr viele Probleme in kurzer Zeit an und springe übergangslos von einem Thema zum anderen ... Aber weder du noch ich sind für diesen Rhythmus verantwortlich. Die Zeit drängt. Hör mir gut zu! Sicher hast du bemerkt, daß seit ein paar Jahren vor allem zwei Arten von Literatur auf der Erde Furore machen.«
»Ja, die UFO-Literatur und die esoterische Literatur.«
»Genau, und zur UFO-Kategorie kannst du auch die Werke rechnen, die eine nichttraditionelle Archäologie zum Thema haben.
Ich habe oft bemerkt, daß die Autoren dieser beiden Richtungen nicht zu einer einheitlichen Darstellung gelangen. Entweder erklären sie, die Götter der alten Zeiten seien Menschen aus Fleisch und Blut gewesen, die von einem anderen Planeten als der Erde kamen, und die Existenz Gottes sei also nicht unbedingt erforderlich; oder sie entwickeln esoterische Lehrgebäude, die sich auf die verschiedenen Religionen berufen, sich aber um die von der UFO-Literatur aufgeworfenen archäologischen Probleme nicht kümmern.

Jeder beharrt auf seiner Position, ohne sich zu fragen, was sein Nachbar macht. Wesen, die eine Synthese dieser beiden Meinungen anstreben, sind sehr selten. Trotzdem sollte in dieser Richtung weitergeforscht werden. Steht einer solchen Synthese eigentlich etwas entgegen? Wenn man dir die Frage stellt: ›Sind die Menschen in einer mehr oder weniger fernen Vergangenheit der Erde mit Bewohnern eines anderen Planeten in Berührung gekommen?‹, kannst du, ohne einen Fehler zu fürchten, mit Ja antworten.
Die Menschen haben nicht nur andere Menschen gekannt, die aus dem Weltraum kamen, sie sind sogar in gewisser Weise deren Nachkommen.
Dies ist jedoch kein ausreichender Grund, Gott und die Religionen zu leugnen. Gibt es einen einzigen heiligen Text, der behauptet, der Mensch sei auf der Erde entstanden?
Im Jahre 1961 ist in Virginia eine kleine Gruppe von Wissenschaftlern zusammengekommen und hat festgestellt, daß allein in der Milchstraße, zu der die Erde gehört, fünfzig Millionen Zivilisationen mathematisch möglich sind.
Ich sage dir, daß sie nicht unrecht hatten, auch wenn die Zahl nicht ganz exakt ist. Es gibt Planeten, auf denen das Leben nicht so entwickelt ist wie auf der Erde, aber es gibt auch andere, auf denen es unendlich viel weiter entwickelt ist.
Ich möchte dir nicht verbergen, daß ich einen Begriff ganz und gar nicht schätze, nämlich den Begriff ›außerirdisch‹. Er wurde von so vielen Menschen bei so vielen Gelegenheiten zu Recht und zu Unrecht benutzt, daß er nichts Richtiges mehr bedeutet. Es ist ein Begriff, der an Science-fiction erinnert und zwar Neugierde hervorruft, aber auch ein abschätziges Lächeln. Zudem stellt man sich die Wesen von jenseits des Raums oft als Aggressoren vor. Aber nein, sie spionieren dem Tun der Menschen nicht nach, um sie aus-

zulöschen; können die Erdbewohner die Ideen von Haß und Krieg nicht ein für allemal aufgeben, die an ihren Absätzen kleben und ihre Spur überall verraten?
Warum den Unbekannten immer als Feind betrachten? Die Erde und die Menschen verdanken den anderen Welten viel — weit mehr, als sie glauben.
Die Bibel und die anderen heiligen Texte verquicken die Erschaffung des Lebens im Kosmos, seine Entwicklungsprinzipien und die Erschaffung der Menschen. Daraus resultiert sehr viel Verwirrung. Wahr ist, daß in den ältesten Zeiten Wesen, die von einem sehr weit von der Erde entfernten Planeten kamen, in den Gang der irdischen Entwicklung eingegriffen haben.
Es gibt keinen triftigen Grund, aus dem diese sehr einfache Tatsache auch dem rationalsten Menschen unwahrscheinlich erscheinen könnte.
Einer der größten Gelehrten auf der Erde ist heute der Professor Carl Sagan. Seine Arbeit ist äußerst wichtig. Vor einigen Jahren hat er den Menschen die Möglichkeit gezeigt, den Planeten Venus zu erobern.
Der Begriff ›erobern‹ ist nicht zu stark. Durch die massenhafte Zufuhr von Algen in die Atmosphäre der Venus will er die Lebensbedingungen dort so verändern, daß sie für den menschlichen Organismus erträglich werden. Dies wird natürlich mehrere tausend Jahre dauern.
Carl Sagan möchte das Evolutionsschema eines Planeten verändern beziehungsweise beschleunigen — genauso wie Wesen dies früher für die Erde getan haben. Entspricht dies nicht der Theorie der Zyklen, von der ich dir so oft erzählt habe?
Der Mensch wurde von Wesen von jenseits des Raums auf die Erde gebracht. Er war nie ein Affe und noch weniger

eine Blaualge. Der Mensch war immer Mensch in dem Sinne, als er nicht aus einer Tier- oder Pflanzenart hervorgegangen ist. Allerdings war er nicht immer der Mensch, den wir heute kennen; das heißt, sein physisches Aussehen hat sich mehr als einmal geändert. Ich werde dich gleich eine Erfahrung machen lassen, die dir zu diesem Thema mehr Informationen an die Hand gibt.

Du erinnerst dich, daß ich dir sagte, das Fleisch sei eine Projektion des Geistes. Dem widerspricht nicht, daß es der Erde fremde Wesen waren, die den Menschen auf ihr heimisch werden ließen und seinen Organismus und sein physisches Aussehen formten.

Es ist nur ein scheinbarer Widerspruch. Ein einziges Mal bitte ich dich, mir zu glauben, ohne daß ich dir einen Beweis liefere. Um dir alles zu erklären, müßte ich Konzepte zu Hilfe nehmen, die heute auf der Erde absolut unbekannt sind.

Die Menschen werden später die Gesetze verstehen, die die Erschaffung der Seele und des Körpers sowie ihre Interdependenz regeln. Ich meine hier technische Gesetze, eine Art Biologie, wenn du willst, denn die wahren und grundlegenden Prinzipien sind die, die ich immer dargelegt habe.

Es ist wichtig, nicht zu schnell vorzugehen, alles kommt zu seiner Zeit, wenn das Denken reif ist.

Gehen wir jetzt in die Halbkugel zurück, ich möchte dir etwas zeigen, das sich deinem Gedächtnis sicher einprägen wird. — Du wirst berichten, was du gesehen hast.«

Wieder dringen wir in den Berg ein. Mein Begleiter scheint schneller zu gehen als üblich. In meiner Vorstellung tauchen aus den Wänden aus weißem Licht tausend indiskrete Blicke auf, die mir zu sagen scheinen: »Was willst du hier? Willst du die Geheimnisse der Zeit verletzen? Oder die deiner Erinnerung als Mensch?« Seit dem Tag, an dem die Existenz meines Geistführers sich mir offenbarte, ist dieser Augenblick vielleicht der aufregendste: ein Mensch, der auf der Suche nach der Vergangenheit seiner Rasse in einen Felsen eindringt, und jede Vorstellung von Zeit, von sich selbst und dem Ort, an dem er sich befindet, verliert.

Mein Begleiter ist stehengeblieben und segnet mich, indem er einen imaginären Kreis auf mein Herz zeichnet.

»Möge es behalten und verstehen« ist alles, was er mit seiner sanften, warmherzigen Stimme sagt.

Das Zentrum der Halbkugel, das durch einen winzigen grünen Punkt bezeichnet ist, zieht mich an wie ein Magnet. Ein paar Sekunden lang hält mein Blick das leuchtende Gewölbe fest; mir ist, als träten meine Augen aus den Höhlen.

Wie ein Schleier senkt tiefe Stille sich auf mein Wesen. Die wirren Gedanken, die mich zu überfallen drohten, sind ausgelöscht. Der Boden unter mir verschwindet; ich falle in einen grünlichen Nebel. In mir hallt laut die Stimme meines Freundes: »Hab keine Angst, ich führe dich.«

Dieser Satz durchzuckt mich wie ein Blitz.

Ich sehe jetzt klar das Gewölbe der Kugel. Es ist milchigweiß. Dann zerbirst alles, ich weiß nicht, ob ich einen Schrei ausstoße. Mit unvorstellbarer Geschwindigkeit stürzt das Gewölbe auf mich zu. Ich bin eins mit ihm. Kräftiges, kaltgelbes Licht durchdringt mich ... Ich habe den Schleier der Zeit zerrissen ... Aus einem Raum, der im Halbdunkel liegt, steigt ein Murmeln. Aber ist es ein Raum — oder eher ein Gang? Ich glaube nicht, weder das eine noch das andere trifft zu.

Die Wände scheinen aus Metall zu sein. Vor mir, hinter mir, neben mir warten Männer und Frauen. Einige sind nackt,

andere tragen ein Stück Stoff nach Art eines Lendenschurzes. Alle sind ruhig.
Quietschend öffnet sich vor uns eine Tür. Ein bleicher Sonnenstrahl fällt auf unsere Körper, und ich bemerke die dichten, langen, blonden Haare meiner Gefährten.
Durch eine Tür hinter uns tritt ein Wesen. Es ist sehr groß, sehr schlank. Es hat ebenfalls blonde Haare, die allerdings länger sind als die der anderen, und trägt sehr weite, sehr helle, leicht orangefarbene Kleidung.
Aus seinen ungezwungenen Bewegungen schließe ich, daß es ihr Anführer ist — oder vielmehr unser Anführer, denn mir wird klar, daß ich für die Zeit des Experiments einer von ihnen bin, genauso nackt und wie sie auf irgend etwas wartend.
Unsere Gruppe gerät in Bewegung; ich glaube, man läßt die ersten von uns über eine Art breite Treppe nach unten gehen. Während ich weiter vorrücke, erblicke ich mehr und mehr von der Landschaft draußen und dem Boden, auf den wir unsere Füße setzen werden: Es ist eine riesige grüne Ebene mit einigen Bergen in der Ferne.
Der Himmel ist fahlgrau wie an einem frühen Herbstmorgen. Jetzt ist es an mir, die Stufen herabzugehen; ich kann nicht anders, als meinen Willen dem Wesen zu überlassen, durch dessen Augen ich sehe. Da erfasse ich den ganzen Unterschied ... den ganzen Reichtum meiner Erfahrung.
Meine Gefährten sind untersetzt, ihre Haut ist extrem bleich, fast bläulich, die Frauen haben sechs Brüste ...
Das Gras ist hoch, es reicht uns bis zur Hüfte. Niemand spricht. Ich spüre nicht den Wind auf meiner Haut, aber ein an- und wieder abschwellendes Brausen läßt mich seine Gegenwart ahnen. Er läßt das dichte blonde Haar meiner Gefährten in alle Richtungen flattern.
Andere sehr große Wesen in orangefarbener Kleidung

kommen auf uns zu und dirigieren uns in bestimmte Richtungen.
Langsam dreht mein Körper sich noch einmal um, als wolle er dahin zurückkehren, von wo er gekommen ist, zu diesen breiten Stufen aus silbernem Metall.
Eine riesige dunkle Fläche nimmt mein gesamtes Gesichtsfeld ein. Ich brauche einige Augenblicke, um mich von meiner Überraschung zu erholen und festzustellen, daß es sich um einen Gegenstand oder vielmehr eine Maschine handelt, die ellipsenförmig und mehr als zweihundert Meter lang ist. Von ihrer dunkelgrauen, glatten Oberfläche scheint ein schwacher gelber Glanz auszugehen.
Er taucht die Maschine in ein bleiches Licht. Gleich einer beständigen Flut kommen aus dem Bauch des unbeweglichen Monsters immer mehr Frauen und Männer. Ich gehe weiter und bahne mir mühsam einen Weg durch das hohe Gras. Ich weiß weder, wohin ich gehe, noch, warum.
Bei einem letzten Blick nach hinten bemerke ich, daß die gewaltige graue Masse auf drei Beinen ruht, die weit nach außen ragen. Kein Fenster, keine andere Tür außer diesem riesigen Mund, aus dem mir ähnliche Wesen kommen, geben der düsteren Form ein wenig Leben.
Der Menschenzug stoppt plötzlich, aufgehalten von einem dieser übergroßen blonden Wesen, die uns dirigieren und die wahrscheinlich für unsere Anwesenheit hier verantwortlich sind. Das Wesen hat in der linken Hand etwas, das ich zunächst für einen Koffer halte, tatsächlich aber eine Art rote Walze ist. Meine Gefährten, die nach mir kommen, schieben mich noch ein Stück weiter nach vorne. Es ist, als seien wir alle auf der Flucht. Aber vor was und warum?
Der Lichtschein, der die gigantische graue Masse umgab, ist intensiver geworden.

Mit weit ausholenden Gebärden sorgen die orangefarben gekleideten Wesen dafür, daß sich die letzten Nachzügler aus der Nähe der Maschine entfernen. Meinen Augen bietet sich dann ein faszinierendes Schauspiel:
Drei- oder vierhundert Männer und Frauen mit wachsbleicher Gesichtsfarbe beobachten, wie die düstere Masse sich langsam und mit betäubendem Lärm in die Luft erhebt.
Tumulthafte Schreie dringen aus der Menge. Ein heftiger Wind zwingt uns, in die Knie zu gehen, aber unsere Augen verlassen die Maschine nicht; sie starren auf diese Kraft, die sich vom Boden losreißt und sich langsam in Richtung des Berges entfernt . . .
»In jenen Tagen wurden im Schöpfungsraum der Götter, in ihrem Haus ›Duku‹, Lahar und Akhman geformt. In jenen Tagen sagte Enki zu Enlil: ›Vater Enlil, lassen wir Lahar und Akhman, die im Duku erschaffen wurden, im Duku hinabsteigen.‹ So sprachen die alten Sumerer.«
Die kräftige Stimme meines Führers reißt mich aus meiner Betäubung. Das Gewölbe aus grünem Licht scheint plötzlich jedes Leben verloren zu haben. Eine Hand ergreift meinen Arm und zieht mich aus dem Saal.
»Komm«, sagt mein Begleiter, »in ein paar Sekunden kannst du mich wieder hören. Du solltest dich an diese Art des Reisens gewöhnen.«
Der Gang aus weißem Licht scheint endlos.
»Meister«, sage ich, »war das Haus ›Duku‹ der Sumerer jene gewaltige dunkle Masse, die sich in die Luft erhob?«
»Nein, aber es glich ihr. Ich habe die alten Schriften in dir erklingen lassen, damit du zwischen dem, was du gesehen hast, und den Berichten der frühen Völker eine Beziehung herstellst. Du wirst später noch andere Reisen dieser Art un-

ternehmen, aber wir werden jedesmal hierher zurückkehren, um zu reden.
Hör mir jetzt gut zu!
Der gebildete Mensch des 20. Jahrhunderts, dein Zeitgenosse, hat die ärgerliche Manie, zu glauben, er wisse alles oder er kenne zumindest die großen Wahrheiten.
Hast du nie bemerkt, für wie wichtig deine Zeitgenossen sich halten? Der moderne Mensch glaubt, das edelste Produkt seiner Art zu sein; er beruhigt sein Gewissen, indem er die primitiven Völker und die ältesten noch auf der Erde vorhandenen Texte studiert. Er erklärt, die Mythen und Legenden seien interessant und das kollektive Unbewußte der Völker ließe sich aus ihnen ablesen.
Aber es wird ein Tag kommen, an dem die Menschen die Wahrheit erkennen werden. Man wird über den Begriff des kollektiven Unbewußten lächeln und statt dessen vom Karma eines Landes, eines Volkes sprechen. Man wird endlich verstehen, daß die ältesten Schriften die größten Wahrheiten enthalten; man wird wissen, daß Wesen von jenseits des Raums die Erde in aufeinanderfolgenden Schüben mit Menschen bevölkert haben, und zwar an verschiedenen Orten und zu verschiedenen Zeiten.
Ich sage dir: Was Enki und Enlil für die Sumerer taten, taten andere anderswo. Sie brachten verschiedene Rassen von Menschen auf die Erde. Hör, was die Quiché-Indianer über die Erschaffung des Menschen durch die Götter sagen: ›konstruierter Mensch, geformter Mensch, Marionette Mensch . . .‹; behalte den Begriff ›konstruierter Mensch‹; er besagt, daß der Mensch nicht aus dem Nichts entstand.
Behalte auch den Begriff ›Marionette Mensch‹, er spielt auf die zwei- beziehungsweise dreifache Natur des Menschen an, denn das Fleisch ist nur eine Projektion des Geistes.

Du möchtest ein anderes Beispiel? Sieh nach Japan auf die kleine Insel Hokkaido, die von den Ainus bewohnt wird. Die Menschen in diesem Teil der Welt behaupten in ihren Mythen, direkt von Gottheiten abzustammen, die aus dem Kosmos kamen. Ich versichere dir, sie haben recht.
Ich könnte auch die Osterinsel anführen, aber dieses Beispiel gefällt mir nicht besonders, es ist zu abgedroschen; die Anhänger der UFO-Theorie haben es zu einem ihrer Lieblingsargumente gemacht. Allerdings interessiert man sich zu sehr für die Steine und nicht genug für die Texte.
Denk an die elliptische Form, die du im Gedächtnis der Zeit beobachten konntest; sie ist die ideale Form für alles, was für Ortsveränderungen in der Luft oder zwischen den Galaxien bestimmt ist. Die Götter der Pascuans kamen aus den Lüften und reisten an Bord eines Eies . . .
Berichte auch folgendes: Der Mensch wurde in aufeinanderfolgenden Schüben von Wesen auf die Erde gebracht. Ich meine damit, daß die großen menschlichen Rassen nicht aus einer einzigen Schöpferrasse hervorgegangen sind.
Voltaire im 18. Jahrhundert hatte recht, als er in diesem Zusammenhang die Klimatheorie ablehnte. Die physischen Eigenheiten der Völker haben immer bestanden. Sie sind von Anfang an so geplant gewesen, um mit diesem oder jenem Klima, dieser oder jener irdischen oder kosmischen Strahlung zu harmonieren.
Die Geographie eines Landes hat zwar einen leichten Einfluß auf die physische Rasse, aber sie begründet sie nicht. Niemals wird ein Weißer schwarz, weil er in Afrika lebt.
Die Menschen sind aus mehreren Schöpfern von jenseits des Raums hervorgegangen. Diese Schöpfer hielten und halten sich für Brüder vor Gott. Die Menschen auf der Erde sollten entsprechend handeln.

Die Menschen haben ihre Herkunft von jenseits des Raums genauso vergessen wie ihren spirituellen Ursprung.
Die Entfernung vom Ursprung hat den Geist dazu geführt, die Materie hervorzubringen; das Vergessen seiner Ursprünge hat den physischen Menschen dazu geführt, die schwerwiegendsten Irrtümer zu begehen.
Sucht unermüdlich, um zu beweisen, daß alle heiligen Texte der Menschen untereinander stimmig sind, und stellt dann die folgende Frage: Warum verträgt das vertikale Geschöpf, das die Erde verwüstet, sich nicht mit seinen Mitmenschen? Warum erkennt es nicht an, daß es nicht verschiedene heilige Schriften gibt, sondern nur eine, die alle umfaßt?
Der Mensch war ein Gott, genauso und noch mehr als die Wesen, die ehedem auf die Erde kamen.
›Die Götter fallen vom Himmel, wenn ihr Gedächtnis in Verwirrung gerät . . .‹ Dies ist die große Lehre des ›Dighanikaya‹. Der Fehler ist der Schluck Wasser, der an der Quelle des Lethe getrunken wird. Er führt, wie schon Platon sagte, zum Vergessen und zur Kette der Reinkarnationen.
Das Leben auf der Erde ist ein Schlaf; Johannes wußte es, denn er behauptete von sich, ein Mensch von einer anderen Welt zu sein. Denk auch an Buddha, dessen Namen ›der Erwachte‹ bedeutet; er wußte es ebenfalls.
Behalte das folgende: Die typische initiatische Prüfung besteht seit jeher darin, dem Schlaf zu widerstehen. Die australischen Eingeweihten haben genauso wie der mesopotamische Held Gilgamesch einen Kampf gegen das Vergessen liefern müssen.
Dir zeitlich näher möchte ich das Beispiel der Jünger Jesu nennen, die am Ölberg einen armseligen Kampf gegen den Schlaf führten.«

Mein Freund hält plötzlich inne; dann, sehr viel langsamer und jedes Wort betonend, fährt er fort: »Verwechsle nicht die Schöpfung, die permanent und das Ergebnis des Einzigen Wesens ist, mit den Schöpfungen, die die Frucht des Fleisches sind. Die Schöpfung ist eins, die Schöpfungen sind mannigfaltig; sie entsprechen den ewigen Zyklen.

In Asien, Europa und Amerika zählt man die Zeit und die Schöpfungen nach Zyklen. Aber auf diesem Gebiet gelingt den Menschen eine Verständigung genausowenig wie auf anderen. In Indien spricht man von vier Zyklen zu je 864 000 Jahren; im Westen sind die Perioden auf 24 000 oder 26 000 Jahre begrenzt; die rabbinischen Schriften kennen sieben und die griechischen vier Zeitalter. Die mexikanischen Chroniken schließlich sprechen von fünf Zyklen.

Warum werfen die Menschen alles durcheinander? Alle diese Schriften haben recht, aber man muß wissen, daß in den verschiedenen Ländern und Kulturen nicht dieselben Berechnungsmethoden verwandt wurden. Alle Methoden sind richtig, aber sie spielen nicht auf dieselben Zyklen an.

Ein System von Zyklen ist gleichzeitig für die Welt, ihr Sonnensystem und ihr Universum gültig. Ein anderes betrifft das Universum der Universen — und so fort bis ins Unendliche.

Nachdem wir all dies wissen, möchte ich die Ziffern beiseite lassen, denn sie verkomplizieren nur eine Situation, die einfach sein könnte, wenn man lediglich die hauptsächlichen Faktoren berücksichtigen würde. Beschäftigen wir uns also ausschließlich mit der Ebene der Erde und nicht mit der Ebene des Kosmos.

Ich habe schon kurz angedeutet, daß dein Planet Zyklen un-

terliegt, die zwischen 24000 und 26000 Jahren schwanken. Jede Periode zerfällt in zwei Unterperioden, eine aufsteigende und eine absteigende.
Jede Unterperiode teilt sich in vier Zeitalter: das goldene, silberne, bronzene und eiserne. Diese Zeitalter haben je nach den Völkern verschiedene Namen, aber das Prinzip ist das gleiche.
Jeder große irdische Zyklus umfaßt acht Zeitalter.
Eine griechische Seherin, rabbinische Texte, die Mayas und die Hindus spielen auf diese Einteilung an. Das von den Menschen oft nostalgisch beschriebene Goldene Zeitalter war das Ergebnis einer Konkordanz zwischen einem irdischen und einem solaren goldenen Zeitalter. In periodischen Abständen, ungefähr alle zwölftausend Jahre, wenn eine auf- beziehungsweise absteigende Phase des Tierkreises beendet ist, inkarniert sich ein mehr oder weniger bedeutender göttlicher Abgesandter auf der Erde, um den Menschen den Weg zu weisen.
Dies war in einer weit zurückliegenden Vergangenheit die heilige Aufgabe von Moses, Buddha, Jesus und anderen. Ich versichere dir, in wenigen Jahren wird die Erde den Besuch des nächsten Boten erhalten, dem des Wassermannzeitalters. Die gegenwärtige Phase des irdischen Lebens ist eine schmerzhafte Übergangsperiode; sie bezeichnet das Ende eines zweitausendjährigen Zyklus — des Zyklus der Fische, die das Abzeichen des Christus Jesus waren.
Vom Ende dieses irdischen Jahrhunderts an werden die Menschen einen Großteil ihrer Nahrung aus dem Meer beziehen; sie opfern so den Fisch und das Wasser, Abzeichen des Christus Jesus, ebenso wie die Hebräer den Widder opferten, der das Abzeichen der Ära Abrahams war. Auf der Erdoberfläche werden große Umwälzungen stattfinden,

vergleichbar denen, die in periodischen Abständen ihr Gesicht verändert haben.
Die Kontinente werden auseinandergerissen werden, New York wird nicht immer seine Türme gen Himmel richten und durch Erde, Feuer und Wasser zerstört werden. Schon mehrmals hat die Erde gigantische Katastrophen erlebt, die auf die Schuld der Menschen, das Eingreifen von Wesen jenseits des Raums und die gestörten Naturgesetze zurückzuführen waren.
Die in allen Mythologien zu findende Geschichte von der Sintflut schildert nichts anderes als den endgültigen Fall von Atlantis zehntausend Jahre vor der Ankunft des Christus Jesus, das heißt vor zwölftausend Jahren; damals begegneten sich die beiden Bögen des großen irdischen Jahres.
In jenen Zeiten waren die Menschen nicht weise genug, um das Drama zu verhindern und die kosmischen Einflüsse zu bekämpfen, und so wurde die Erdkugel verwüstet.
›Die Alten wußten, daß der Mensch schon geschaffen war und sein Leben sich viermal manifestiert hatte, als Himmel und Erde geformt wurden.‹ Dies lehren die Annalen des Königreichs von Mexiko; die Menschen sollten darüber nachdenken.
Noch etwas: Der Mensch, der dieses Namens würdig ist, sah nicht immer so aus wie heute; du hast dies selbst feststellen können. Auch die Sterne hatten ein Gesicht, das von dem heute bekannten verschieden war. Die Mayas etwa sprechen von vier Sonnen: der des Wassers, der des Erdbebens, der des Zyklons und der des Feuers.
Die Sonnenscheibe ist nicht immer im Osten erschienen, dort, wo Asien liegt, dessen Name ›Morgendämmerung‹ bedeutet; die Rotationsrichtung deines Planeten hat sich mehrmals geändert.«

Mein Freund unterbricht sich und sieht mich fest an. Seine kleinen Augen lächeln. Ich verstehe, daß ich wieder in den Saal im Inneren des Berges zurückkehren soll, dorthin, wo die Zeit keine Bedeutung hat.
Emotion und Verwirrung begleiten auch diesmal meinen Weg, und wieder zerbricht für mich die Mauer der Zeit.
Der Lärm einer aufgeregten Menge dringt an mein Ohr. Männer, Frauen und Kinder reden und schreien durcheinander. Es ist fast Nacht, der Himmel stellenweise rötlich; die ersten Sterne sind erschienen.
Mein geliehener Körper hastet eine breite Straße entlang. Zahlreiche Wesen, die Schleier und Turbane tragen, eilen an mir vorüber. Zu beiden Seiten der Straße erkenne ich niedrige Häuser, deren einfaches Äußeres wenig variiert. Einige hundert Meter vor mir heben sich jedoch auch höhere Gebäude vom Himmel ab. Sie haben vielleicht vier oder fünf Etagen; es kommt mir nicht in den Sinn, sie zu zählen. Nur ihre großen weißen Fassaden sind mir in Erinnerung geblieben.
Ich kann die Gedanken des Wesens, durch dessen Augen ich sehe, nicht erfassen, aber sie scheinen bestimmt von Unruhe und Furcht.
Mein Körper bleibt stehen, und meine Augen suchen besorgt den Himmel ab. Nach was? Ich weiß es nicht.
Die Luft ist heiß und trocken. Die Wesen, die vor mir, hinter mir, neben mir gehen, sind leicht bekleidet; auf ihren verängstigten Gesichtern zeichnen sich im letzten Licht der untergehenden Sonne dünne Rinnsale von Schweiß ab.
Ich versuche, mir ins Gedächtnis zurückzurufen, daß ich nicht hier bin, daß ich nicht zu ihnen gehöre, aber die von der Menge ausgehende Spannung und ihre Unrast verwirren mich zutiefst.

Und wenn es wahr wäre? Wenn dieser vorwärtshastende Mann in der gelben Tunika wirklich ich wäre, wenn ich hier eines meiner Leben wiedererleben würde, wenn das, was zu einem Alptraum wird, kein Ende nähme? ...

Ich bin nun umgeben von einer endlosen Menschenflut. Alle scheinen einem Ort zuzustreben, der mir unbekannt ist. Die Menge bewegt sich immer schneller, sie beginnt zu laufen, und auch ich laufe — wie ein Automat.

An meiner Seite erscheint ein untersetzter Mann mit gelbbraunem Teint. Er klammert sich an meine Tunika, als wolle er meine Flucht aufhalten. Gewaltsam stoßen meine Hände ihn fort, und meine Augen sehen ihn scharf an.

Plötzlich dringt aus der Menge ein Schrei, der lauter, rauher ist als die anderen: »Dort! Seht dort! ...«

Die Menschen heulen und kreischen; allgemeines Wehklagen scheint die ganze Stadt zu erfassen.

Rechts von uns, am fast schwarzen Himmel, ist ein gelbes Licht erschienen, das in Sekundenschnelle erschreckend schnell größer wird. Nur ein paar Dutzend Meter über den flachen Dächern der Häuser zieht es über uns hinweg und löst ein allgemeines Chaos aus: Männer und Frauen fallen zu Boden und stehen nicht mehr auf. Hinter uns drängt die Menge immer stärker, immer weiter nach vorn. Sie will weiterkommen, weiterflüchten, auch wenn sie dabei menschliche Leiber zertritt.

Ich habe das Gefühl, als ob meine Beine keine Kraft mehr hätten; ich weiß nicht, ob ich von der Menschenflut getragen werde oder ob ich mich verzweifelt ans Leben klammere.

Die leuchtende Kugel ist ein zweites Mal über unsere Köpfe gezogen. Dieses Mal habe ich sehen können, um was es sich handelt: eine riesige, dunkle, eiförmige Maschine, die von

einem Kranz aus gelben und orangefarbenen Lichtstrahlen umgeben ist. Wieder verschwindet sie im Himmel genauso schnell, wie sie gekommen ist.
Wie eine eiserne Faust senkt sich auf unsere Herzen nun das Warten, während wir weiter und weiter fliehen. Die panikerfüllten Schreie haben einer seltsamen Stille Platz gemacht. Ich höre nur noch das Keuchen der atemlosen Wesen und das dumpfe Geräusch von Körpern, die schwanken und fallen.
Die Abstände zwischen den Häusern werden größer, die Straße breiter. Eine innere Stimme sagt mir, daß wir die Stadt verlassen, daß vielleicht alles vorüber ist, daß wir nichts mehr zu fürchten haben...
Allmählich zerstreut sich die Menge, ihre Vorwärtsbewegung wird langsamer. Meine Füße graben sich in leichten, lockeren Boden; ich denke an Sand, aber ich kann nicht überprüfen, ob meine Vermutung richtig ist, denn meine Augen gehorchen mir nicht.
Wir sind stehengeblieben und blicken auf die Stadt, in der sich noch andere Menschen befinden und zu fliehen versuchen.
Ich weiß jetzt, daß nichts vorüber ist... Auf der Seite, auf der soeben die Sonne untergegangen ist, taucht am Horizont plötzlich eine Vielzahl von Lichtern auf. Mit gellendem Pfeifen ergießen sie sich über die Stadt, Feuerzungen verteilend, die die Dächer in Brand setzen. Meine unglücklichen Gefährten schreien auf und versuchen erneut zu fliehen.
Der Boden schwankt, und Donner erschüttert den Himmel. Aus den Häusern schlagen die Flammen. Das Schauspiel ist gewaltig. Links von uns ist eine weitere Gruppe leuchtender Kugeln erschienen. Sie beschreibt am sternenübersäten

Himmel einen Halbkreis und stürzt sich dann auf die Feuerstrahlen, die Zerstörung säen. Ich erlebe eine Vision der Apokalypse ... Ein gnadenloser Kampf ist in der Luft entbrannt.
Bündel aus gelbem, rotem und blauem Licht durchpflügen den Himmel über den Mauern der Stadt, die in den Flammen untergeht.
»Vergiß dies nie, präge dir diese Bilder ein ...«
Die tiefe, beruhigende Stimme meines Lehrers klopft wieder an die Pforte meines Herzens. Ich möchte ihm antworten, ihm sagen, wie grauenerregend die Situation war und was ich empfand, aber ich weiß nicht, ob er mich hören wird, ob er nah von mir ist oder fern ... Die Stimme spricht weiter, langsam und ruhig, und ihre Hinweise legen sich wie Balsam auf meine Seele.
»Nimm Abstand von dem allen hier, dir geschieht nichts, nicht mehr als in einem Kinosessel ... Es ist nicht eine vergangene Existenz von dir, die du hier erlebst. Du hast das Drama eines Volkes gesehen, das in ein paar Stunden vernichtet wurde, weil es das kosmische und ewige Gesetz nicht befolgen wollte, das besagt: ›Verhalte dich dem andern gegenüber so, wie du möchtest, daß er sich dir gegenüber verhält.‹ Zwischen den Nationen muß die Liebe genauso existieren wie zwischen den Menschen eines Landes.
Was du heute gesehen hast, ist vor sehr langer Zeit geschehen, lange vor der letzten Sintflut, lange bevor Atlantis den Höhepunkt seines Ruhms erreichte.
Diese Menschen, die sich im Weltraum bekämpften, aus ihrer brennenden Stadt flohen und bereit waren, sich zu zerfleischen, um zu überleben, waren in dem Bereich zu Hause, den die heutigen Erdbewohner die Wüste Gobi nennen.

Suche mit deinen Augen, versuche, die Natur zu sehen, die von diesen Menschen gerade vernichtet wird; sie erlebt ihre letzten Augenblicke.
Damals gab es Felder und Weinberge; was blieb, waren eine Sandwüste und die Ruinen einer Zivilisation, die mehr als drei Meter unter der Oberfläche des windüberstrichenen Bodens vergraben sind.
Dieser Boden ist reich für deine Seele, aber nicht für deinen Körper ... Die Menschen von heute erinnern sich nicht einmal mehr daran, daß dort früher irgend etwas war.
Die Einwohner des alten Landes Gobi hatten das Einzige Wesen vergessen und Ehrgeiz und Macht zu ihren Göttern erhoben. Die Seelen der damaligen Menschen waren nicht reif, aber wie sieht es heute mit den Seelen deiner Mitmenschen aus? Sind sie reif? Alle Wesen guten Willens sollten ein Spiegel sein, sie sollten auf der Erde die Strahlen des göttlichen Lichts reflektieren: Liebe und Wissen.
Deine Augen haben die fliegenden Maschinen gesehen, die Feuer spuckten. Die Alten nannten sie ›Vimaanas‹.
Behalte den folgenden Sanskrit-Text, den nur wenige Menschen kennen: ›Ein Apparat, der sich dank einer inneren Kraft wie ein Vogel bewegt, sei es auf Erden, zu Wasser oder in der Luft, heißt Vimaana.‹
Deine Mitmenschen haben dieses technologische Niveau noch nicht erreicht, obwohl sie in der Lage sind, ihren eigenen Planeten in die Luft zu jagen.
Denk nach, und betrachte noch ein wenig das verwüstete Gobi, dann komm zu mir und deinem Mentalkörper zurück.«
Mein Begleiter hat aufgehört zu sprechen, und meine Aufmerksamkeit gilt wieder den Wesen, die nicht einmal mehr die Kraft haben, um zu laufen.

Ich habe meine Ruhe wiedergefunden und betrachte die Szene nun mit mehr Abstand. Eine seltsame Erfahrung: Auf der einen Seite mein geliehener Körper, der schwach und kraftlos ist und vielleicht von einer Minute zur anderen sterben wird, und auf der anderen mein astrales Bewußtsein, das endlich verstanden hat, daß es dies alles als eine Lektion sehen und behalten sollte.

Am Himmel und auf der Erde wütet weiter das Feuer. Ich glaube, im Licht der roten und blauen Blitze gewaltige Gegenstände zu sehen, die aus der Luft fallen. Die Erde hat sich in ein riesiges Flammenmeer verwandelt; die Männer und Frauen, die sich neben mir hinschleppen, haben jetzt verbrannte, geschwärzte, rissige Gesichter.

Sie schreien nicht mehr; die Erde bebt, ich höre ihr schreckliches Stöhnen, und mein Körper wird zu Boden geworfen.

IX

Jeder Geist ist ein androgynes Wesen

Ein kleiner Wildbach singt und springt über die Felsen; auf einem dichten Rasen bemerke ich kleine Blumen mit blauen, glockenförmigen Kelchen. Ein paar Meter vor mir taucht aus den Tiefen des astralen Dschungels ein Mann auf. Er schaut in unsere Richtung und macht ein kleines Zeichen. Sein Gewand ist safrangelb.

»Es ist ein tibetischer Lama«, sagt mein Begleiter. »Er weiß sehr viel.« Innerlich bin ich glücklich, denn dies ist das erste Mal, daß ein Bewohner des Astralreichs — außer meinem Geistführer — meiner Gegenwart Aufmerksamkeit zu schenken scheint.

»Ich weiß, was du möchtest, aber das ist nicht möglich«, sagt mein Begleiter mir freundlich, wobei er mit der Hand auf die Geste des Lama antwortet.

»Er kann nicht kommen und mit dir sprechen; auch er erfüllt einen Auftrag, und seine Zeit ist kostbar. Du weißt, das Dasein nach dem Tod kann sehr aktiv sein. Man kann soviel für sich und andere tun.

Unser aller Ziel hier ist, an der allgemeinen Vervollkommnung zu arbeiten. Das Wirken für das Wohl anderer bereichert jedes Herz, und je reicher ein Herz ist, desto mehr kann es anderen geben.

Ich habe dir gesagt, daß ich hier der einzige bin, der dich unterrichten wird. Nur meine Schwingungen harmonieren gegenwärtig mit den deinen. Das ist der Grund, weshalb wir so leicht miteinander kommunizieren können.«

Unterdessen hat der Lama still und diskret, wie er gekommen ist, den kleinen Wildbach wieder überschritten und ist in den Blätterdschungel zurückgekehrt.

»Ich habe für unser weiteres Gespräch diesen Ort hier den smaragdgrünen Hängen vorgezogen, weil das Vorhandensein von Pflanzen eine beruhigende Wirkung auf die Seele hat.

Legen wir uns ein wenig auf das Moos hier, und entspannen wir uns. Dein physischer Körper wird müde, du wirst reizbarer, hast du es nicht bemerkt?

Dein Auftrag im Astralbereich wird in einiger Zeit zu Ende gehen — dann, wenn ich dir die Einzelheiten über die Existenz der Menschen seit dem Ende der Atlanter mitgeteilt habe. Dann kannst du dich ausruhen, und du wirst mich weniger häufig sehen.

Eine Seele, die noch einen fleischlichen Körper besitzt, sollte sich hier nicht allzulange aufhalten; es könnte sonst sein, daß sie von Bitterkeit erfüllt wird, wenn sie die Erde wiedersieht. Einem Menschen, der sich in den Wonnen des Astralbereichs verliert, fällt es schließlich sehr schwer, sich von ihnen zu trennen. Sein Fall auf die Erde wird immer härter. Du hast einen Körper, und dies bedeutet, daß du mit ihm etwas machen solltest.

Ich wiederhole noch einmal: man sollte den Astralbereich genausowenig zum ausschließlichen Ziel seiner Gedanken machen wie den physischen Körper, denn beide sind nichts anderes als Spiegelungen einer höheren Realität.

Nicht damit deine Augen etwas Schönes sehen oder du Stolz entwickelst, wurde die Kenntnis des Astralbereichs dir gestattet, sondern damit du lernst, verstehst und andere zum Verständnis führst.

Bleibe weder bei dieser wundervollen Natur noch bei meiner Person stehen, denn beide sind wir vergänglich.
Wenn ich meine Aufgabe beendet habe, wird ein Tag kommen, an dem du mich nicht mehr in dieser Form kennen wirst, und an dem Orte wie dieser hier dir unbelebt erscheinen werden im Vergleich zu denen, die dein Geist dir zeigen wird. Nicht aus der Welt der Seele sollten deine Leser den Gegenstand ihres Verlangens machen. Die astrale Welt ist der Bereich, in dem Wesen, die ihr Selbst noch nicht genügend verfeinert haben, nach ihrem irdischen Tod leben, sonst nichts. Sie ist weder das Paradies noch das Nirwana. Das einzig Wahre ist der *Geist*, das kannst du deinen Lesern nicht oft genug wiederholen.
Das Wissen um die Astralebenen sollte nicht dazu benutzt werden, sie zu erreichen, sondern um über sie hinaus zu gelangen, sie sollten nicht mit dem Ziel verwechselt werden. Mit sehr viel Liebe kann jedes Wesen zu seinem Selbst zurückkehren, zu seinem Geist.
Betet und veranlaßt andere zum Beten, handelt und veranlaßt andere zum Handeln, damit dieses Ziel erreicht wird. Da, wo die Seele aufhört, beginnen der Geist und die Vollkommenheit.
Du möchtest, daß ich dir den *Geist* beschreibe? Das ist unmöglich. Das Wort entstellt.
Der Geist besitzt ein Universum beziehungsweise Universen, er ist nicht etwas Unbestimmtes, ganz im Gegenteil. Genauso wie es einen astralen Körper gibt, gibt es auch einen spirituellen Körper. Wie der Funke, der ihn beseelt, vervollkommnet er sich unendlich, bis er die Gipfel erreicht, die für das Verständnis des Körpers und der Seele unfaßlich sind.
Der Geist ist androgyn; er projiziert seine fleischlichen Marionetten auf die Erde, und zwar bis zu neun gleichzeitig.«

»Bedeutet dies, daß der Mensch bis zu neun parallele Existenzen auf der Erde lebt?« frage ich verwirrt. »Was bleibt von uns, ein Nichts, ein Staubkorn, wenn wir nur der neunte Teil der Projektion eines Geistes sind, den wir nicht einmal kennen!«

»Du gehst zu schnell voran! Deine Überlegung ist falsch, denn du läßt mich nicht zu Ende reden. Berichte das, was ich dir sage, aber interpretiere nichts selbst, denn die Natur des Geistes, seine Rolle und seine Manifestationen sind nicht leicht zu verstehen. Die spirituelle Welt ist für das Bewußtsein des Erdenmenschen schwer vorstellbar. Behaupte vor allem nicht, der Mensch habe neun Existenzen gleichzeitig auf Erden. Die Zahl Neun ist eine Höchstzahl. Sie wird nur selten verwirklicht. Meist projiziert ein Höheres Selbst beziehungsweise ein Geist zwei oder drei physische Körper gleichzeitig in die Materie. Praktisch gesprochen erlaubt ihm dies, Zeit zu gewinnen, das heißt, verschiedene Erfahrungen in kürzerer Zeit zu machen.

Die materiellen Projektionen des Geistes sind männlich und weiblich. Dies bedeutet, daß, da du ein Mann bist, ein anderer Teil von dir gegenwärtig eine Existenz im Körper einer Frau lebt.

Umgekehrt gilt natürlich das Entsprechende: Jede Frau hat ihr männliches Doppel.

Die wechselseitige Anziehung der Geschlechter und die menschliche Suche nach Liebe sind zum Teil eine Folge der vagen Erinnerung an den ursprünglich androgynen Geist. Wenn unsere Seele — oder vielmehr unsere Seelen — den Weg, der sie in den Sumpf der Materie geführt hat, im umgekehrten Sinne wieder zurückgelegt haben, wird die Verschmelzung stattfinden; unsere Bewußtseinsparzellen werden sich mit unserem Überbewußtsein vereinigen und die

Basis des Lichtwesens wiedererschaffen, das wir einmal waren und in Ewigkeit sein werden.
Weder mit dem Körper noch mit der Seele, die nichts als das Ergebnis vieler vergangener Epochen ist, solltest du dich zu sehr beschäftigen.
Beschäftige dich damit, deine wahre Individualität wiederzufinden, von der dein Körper nur eine Frucht ohne große Süße ist. Es ist nicht möglich, das andere Ich wiederzufinden, die beiden parallelen Existenzen dürfen sich in der Materie nicht vermischen. Es ist auch möglich, daß eine Existenz gar nicht auf der Erde stattfindet. Du weißt, daß es eine Unzahl bewohnter Welten gibt und hinsichtlich der Anzahl der Dimensionen neun Arten von Universen existieren.
Es kann sein, daß ein Höheres Selbst seine physischen Marionetten auf verschiedene Planeten, in verschiedene Dimensionen projiziert. Du fragst dich, wer deine Gattin ist ... Du kennst sie, es ist kein Zufall, daß ihr auf Erden zusammen seid. Ihr habt zahlreiche Epochen zusammen erlebt. Eure Seelen sind nicht neu, und gemeinsam habt ihr die zu vollbringende Arbeit gewählt. Im allgemeinen glauben die Menschen, die Verbindung zu ihnen nahestehenden Personen sei ein Ergebnis des Zufalls. Das ist völlig falsch! Nicht selten bestehen zwischen Eheleuten, Freunden oder den Mitgliedern einer Familie alte karmische Beziehungen, gute oder schlechte.
Die Bande können sich ändern, das hat keine große Bedeutung. Nur die Bande des Geistes sind stark und unzerstörbar. Ein Tag wird kommen, an dem der Geist deiner Gattin und der deine sich sehr nahe sein werden.
All diese Dinge scheinen sehr seltsam, aber es genügt, nachzudenken und sich nicht mehr mit seinem fleischlichen Körper zu identifizieren.

Der wahre Mensch wurde nach dem Bilde Gottes geschaffen. Ich weiß, daß man sich im Westen Gott oft als einen alten bärtigen Mann vorstellt, aber ich hoffe, daß nie irgend jemand ernsthaft behaupten wird, Gott habe die Züge eines Mannes oder einer Frau.

Das Einzige Wesen ist der *Geist*, der alles umhüllt und beseelt, für den alles existiert und der in sich die beiden universellen Prinzipien enthält: männlich und weiblich, aktiv und passiv. Ebenso ist jeder wahre Mensch, jeder Geist, ein androgynes Wesen. Diese Feststellungen werden viele Menschen überraschen, aber sie sind nicht neu. Zu allen Zeiten haben Eingeweihte überall auf der Welt das gleiche behauptet. Im Westen wurde diese Meinung bereits von Platon im *Symposion* vertreten: ›Wisset zunächst, daß die Menschheit nicht aus zwei Geschlechtern bestand, dem männlichen und dem weiblichen, sondern aus drei ... Sie hatten vier Hände und ebenso viele Beine.‹

So beschrieb der große Philosoph symbolisch das androgyne Wesen, das begonnen hatte, in die Materie zu fallen.

Bei den Indianern Mittelamerikas und der Anden war die Tradition der ursprünglichen Androgynität ebenfalls verbreitet. Für sie war Viracocha oder Quetzalcoatl, ›der große Schöpfer der Dinge und der Welt‹, am Anfang Mann und Frau zugleich. Und hast du nie von Adam Kadmon gehört? Der Überlieferung zufolge hat auch er zwei Geschlechter. Für die Eingeweihten des Westens ist er die Essenz ganzer Menschheiten, die intelligente Seele des Universums, die im göttlichen *Wort* existierte. Diesen großen Adam müssen wir für uns wiederentdecken. Er ist unsere wahre Wohnstatt.

Erinnere dich an die Worte des heiligen Paulus: ›Das sage ich aber, liebe Brüder, daß Fleisch und Blut das Reich Gottes nicht ererben können; auch wird das Verwesliche nicht erben das Unverwesliche‹ (1. Korinther 15,50).

Wenn die Bibel von der Schöpfung spricht, meint sie die spirituelle Schöpfung. Der Mensch, der von dem Einzigen Wesen erschaffen wurde, ist der große androgyne Adam. Der physische Mensch ist ein Ergebnis des Fleisches und der Begierde. Der irdische Adam ist die materielle menschliche Rasse, die ihr Lichtgewand verloren hat.

Die Tierfelle, in die Adam sich nach dem Fehler im biblischen Eden kleidet, sind die Gewänder des vergänglichen Fleisches.

Adam und Eva waren nur ein einziges Wesen. Sie waren der Schatten dessen, was die Hebräer JHWH (Jahwe) nannten, das zyklische Gesetz der Zahl Vier, das Abbild des Absoluten.

Vielleicht verwirrt dich das, denn ich hatte dir gesagt, die Zahl Drei dominiere im Universum. Aber denk nach und erinnere dich. Die Vier ist ein anderes Bild der Eins. Sie führt die Ziffer Drei zur Einheit zurück. Vater, Mutter und Kind (1, 2, 3) bilden die Familie (4). Die Menschen haben vier Gliedmaßen, die ausgestreckt ein Kreuz bilden, die Strahlen des kosmischen Rades und die vier Himmelsrichtungen.

Nachdem Adam und Eva in die Materie gefallen waren und sich in zwei einander suchende komplementäre Formen aufgespalten hatten, verstrickten sie sich immer weiter in die physische Welt. Wenn die Bibel Eva aus der Seite Adams hervorgehen läßt, ist dies natürlich nur ein Bild. Es bedeutet, daß aus der Zahl Eins, die aktiv ist, ganz natürlich die passive Zwei entsteht. Kabbalistisch gesprochen, ist die Zwei die erste Zahl, die aus der Eins hervorgegangen ist.

Um auf unser Thema zurückzukommen, das heißt die immensen Möglichkeiten des Menschen in der Vergangenheit: In den ältesten Zeiten war der Mensch fähig, mehr als tausend irdische Jahre zu leben. Das Alter ist nichts als eine Krankheit der Seele und des Geistes. Damals kommunizierten die Menschen untereinander und mit den Tieren per Telepathie. Heute leugnen sie sogar die Existenz dieser Epochen.

Das schlimmste ist nicht, zu sagen: ›Ich will nicht mehr‹, sondern zu sagen: ›Ich glaube nicht.‹

Erinnere dich an die Worte des Philosophen Louis-Claude de Saint-Martin: ›Du weißt alles! Du kennst alles! Und du willst nichts sein!› Sie spiegeln dieselbe Wahrheit.

Zu Beginn der Existenz von Atlantis, das heißt in einer uns relativ nahen Zeit, betrug die Mindestdauer des menschlichen Lebens sechs bis sieben Jahrhunderte.

Ich weiß, Ärzte und Wissenschaftler werden diese Zahl für unsinnig halten; es sollte dich nicht kümmern, denn alles muß bekannt werden.«

Mein Freund ist langsam aufgestanden und fügt hinzu: »Der Mangel an Liebe zersetzt den Menschen wie ein Rost, der sich langsam und tief ins Eisen frißt. Es liegt am Menschen selbst, wenn er sich physisch begrenzt fühlt.

Schon allein die Überzeugung, daß man altert, löst den Prozeß des Alterns aus.

Seit mehreren Monaten bereits mache ich dich mit den verschiedenen Bereichen des astralen Universums bekannt. Hast du dort Wesen gefunden, die krank waren oder deren Aussehen sich verschlechterte? Nein, und selbst wenn du Jahrhunderte und Jahrtausende in dieser Welt bleiben würdest, würdest du nicht sehen, daß die Körper älter werden.

Es liegt nur an euch Menschen, daß ihr Hunderte von Jah-

ren in einem physischen Körper lebt. In dem Maße, wie ihr euch dem Göttlichen nähert, werdet ihr euch von den Begrenzungen des Fleisches lösen.
Ich meine nicht, man solle versuchen, das materielle Leben zu verlängern; ich meine, daß eine in einer positiven Evolution begriffene menschliche Rasse ihre Grenzen auf allen Gebieten zurückweichen sehen müßte, und zwar durch das Einwirken des Geistes auf die Materie. Die medizinischen Fortschritte des 20. Jahrhunderts sind leider nur das Einwirken der Materie auf die Materie.
Einige der von euch als ›Außerirdische‹ bezeichneten Wesen sind zu einem Stadium gelangt, in dem die Dauer des materiellen Lebens kein Problem mehr ist. Manche dieser Wesen von jenseits der Erde gehören mehr den spirituellen Welten an als anderen Bereichen oder stehen zumindest in enger Verbindung zu ihnen.
Ich sagte ›manche‹ und nicht ›alle‹. Die Welten des Geistes sind innerhalb einer natürlichen Hierarchie unendlich vielfältig und werden von allen Religionen beschrieben; ich meine die sogenannten Engel, Erzengel und Äonen.
Auch sie haben Aufgaben zu erfüllen. Sie beschäftigen sich, jeder auf seiner Stufe, mit den großen Phasen der Entwicklung des göttlichen Plans. Vereinfachend könnte man sagen, daß sie sich spezialisiert haben.
So hat der Erzengel Raphael die Leitung bei allem, was die Einweihung in die wahren Geheimlehren, das heißt die wahre Wissenschaft, betrifft.
Wenn du auf die Erde zurückgekehrt bist, solltest du einen sehr schönen Text suchen, der aus einem der heiligen Bücher Indiens stammt: dem Mahabharata. Besser als irgendein anderer Text beschreibt er die Hierarchien des *Geistes*, die Unendlichkeit seiner Welten und ihre Vollendung. Es

wird dir nicht schwerfallen, diesen Text zu finden, denn deine Augen haben ihn bereits überflogen.«

Ich möchte die wichtigsten Zeilen dieser Stelle aus dem großen indischen Epos, die von den himmlischen Sphären berichtet, hier gleich wiedergeben: ». . . Dieser Raum ist unendlich, bewohnt von den Seligen und den Gottheiten; er ist angenehm und umfaßt alle Arten von Wohnstätten, seine Grenzen sind unerreichbar. Weder Mond noch Sonne zeigen sich über oder unter diesen Regionen, die Götter sind ihr eigenes Licht, sie glänzen wie der Himmel und leuchten wie Feuer. Auch sie sehen die Grenze des Himmelsgewölbes und seiner riesigen Ausdehnung nicht, denn es ist schwer zugänglich und ebenfalls unendlich. Aber nach oben zu ist dieses Universum, das selbst die Götter nicht ausmessen können, von lichtvollen, strahlenden Wesen erfüllt.«

Seit meinen letzten Begegnungen mit meinem Freund drängten sich in mir die Fragen. Ich spüre jetzt, daß der Moment gekommen ist, die Frage zu stellen, die mir am meisten am Herzen liegt. Wie mein Begleiter habe ich mich aufgesetzt. Ein wenig verlegen frage ich nun: »Du hast mir von der Welt des Geistes und den anderen materiellen Welten erzählt, die in Beziehung zur Erde stehen; aber wie kann man wissen, wann die heiligen Texte von physischen Geschöpfen von jenseits der Erde sprechen und wann von rein geistigen Wesen?«

Mein Begleiter lächelt. »Was ich dich bisher gelehrt habe, hätte dir diese Frage beantworten können, aber ich gestehe, das Problem ist ziemlich heikel.

Die Geschöpfe von jenseits des Raums arbeiten mit der Welt des Geistes harmonisch zusammen. Die Schwierigkeit besteht darin, daß man schwer sagen kann, wo die Welt des Geistes genau anfängt.

Es gibt Dinge, die geistiger Natur scheinen, es aber nicht sind; so die Welt der Antimaterie. Die Antimaterie ist nicht das Gegenteil von Materie, sie ist nicht Geist, sondern eine spiegelbildlich andere Materie. Dies hängt mit dem oft angesprochenen Gesetz der Dualität zusammen.
Physische Körper existieren gemäß einem Grundgesetz, das auf der Symmetrie beruht. Jeder existierende Lebenspartikel besitzt einen sogenannten Antipartikel, dessen magnetische und elektrische Eigenschaften ihm genau entgegengesetzt sind.
Gewisse UFO-Erscheinungen sind Manifestationen einer Welt, die in der Antimaterie liegt.
Aber lassen wir das, es führt zu weit. Du solltest nur wissen, daß die Erde einen symmetrischen Zwilling hat, und Seelen sich je nach Bedarf in der einen oder in der anderen Welt inkarnieren können. Um das rein Geistige vom Noch-Materiellen zu unterscheiden, müssen alle Aspekte eines Textes sehr gründlich studiert werden, wobei auch die verschiedenen Verständnisebenen zu berücksichtigen sind; vor allem müssen die Texte miteinander verglichen werden, denn oft erwächst die Erkenntnis aus einer Gegenüberstellung.
Bei heiligen Texten ist es schwierig zu sagen, ob ein Ding eher zur geistigen oder eher zur materiellen Welt gehört. Nimm ein so abgegriffenes Beispiel wie den Wagen des Ezechiel: Einige Menschen werden dir in allen Einzelheiten beweisen, daß es sich um ein Raumfahrzeug handelt, während andere dir genauso überzeugend darlegen werden, daß er ein Symbol ist, die allegorische Beschreibung einer göttlichen Manifestation auf Erden. Wer hat recht?
Weder die einen noch die anderen, oder vielmehr beide. Der Wagen des Ezechiel war ein materielles Objekt, die Elohim waren Wesen aus Fleisch und Blut, aber ihr Kommen war

auch eine Manifestation der göttlichen Macht auf Erden. Die Elohim und ihr Raumgefährt hatten einen spirituellen Auftrag.
Merke dir: Während der verschiedenen Besuche der Wesen von jenseits des Raums kam es zu einer Vereinigung der Menschen mit den ›Göttern‹ aus Fleisch.
Ziel dieser Verbindungen war zunächst die Zeugung von Wesen, die die Menschen weise regieren und anleiten sollten, aber da die Vereinigungen auch von Liebe bestimmt waren, bekamen sie den Wert eines Pakts. Sie fanden hier und da überall auf der Erde statt und führten zur Geburt einer Rasse von Riesen. Diese Riesen sind die berühmten Helden, von denen alle irdischen Mythen sprechen, von Tibet über Australien und Indien bis hin zum Mittelmeerraum.
Ich möchte dir das nicht in allen Einzelheiten erzählen, denn dieses Thema hat die Menschen in den letzten Jahren stark interessiert und ist entsprechend ausführlich erörtert worden. Aber du mußt wissen, daß für den Gigantismus dieser weit zurückliegenden Zeiten nicht irgendeine lunare Strahlung oder eine auf Vulkanausbrüche zurückzuführende Radioaktivität verantwortlich war, wie auch behauptet worden ist. Die Texte in der ganzen Welt sprechen ausdrücklich davon, daß eine Rasse von Riesen über Menschen herrschte, die ungefähr so groß waren wie die heutigen.
Erinnere dich an die Geschichte von David und Goliath; oder an den Riesen Atlan, den die Griechen Atlas nannten; er war der Gründer von Atlantis, das von ihm seinen Namen hat. Wenn du die Mythen der Inkas oder der Mayas liest, findest du die Spuren von Atlan und Theitani, aus dem die Menschen im Westen Titan gemacht haben. Auch die Überlieferung der Alchemie bestätigt, was ich dir gesagt habe.

Zosimos, der die ersten Lehrsätze der alchemistischen Wissenschaft aufstellte, sagt, Engel seien auf die Erde herabgestiegen und hätten Riesen gezeugt. Die Beziehungen zwischen den Menschen auf der Erde und den Menschen aus dem Raum sollten gründlich studiert werden.
In groben Zügen kann ich dir nur sagen, daß die Herrschaft der Riesen nicht immer besonders glücklich war; einige von ihnen waren wahre Tyrannen, während andere den Erdbewohnern Kenntnisse vermittelten, die von diesen nicht korrekt angewandt wurden.
Ich habe dir gesagt, einige Götter der griechischen und römischen Mythologie seien falsche Götter gewesen; es waren Geschöpfe, die nicht mit einer konstruktiven, sondern mit einer egoistischen Zielsetzung aus dem Raum auf die Erde kamen.
Du siehst, wenn man von den Engeln spricht, jenen göttlichen Boten der alten Schriften, muß man seine Worte abwägen. Gute und böse Wesen von jenseits des Raums haben sich bekriegt und illustrieren so den ewigen Kampf des Guten gegen das Böse, des Lichts gegen die Finsternis.
Es gab Riesen, die von den Kräften des Bösen beseelt waren; das Buch Henoch nennt ›Kokabiel‹: ›Kokabiel lehrte die Zeichen, und die ganze Erde wurde verdorben durch die Wissenschaft des Werkes von Azazel.‹
Azazel ist niemand anders als Luzifer.
Hier möchte ich einen Irrtum richtigstellen: Luzifer ist nicht Satan. Satan, der Gegenspieler, ist das Prinzip des Bösen, des Negativen. Luzifer war ein Wesen aus Fleisch und Blut, ein Wesen von jenseits des Raums, das auf die Erde gekommen war, um ihr gegen den Willen der Vertreter des Lichts sein Gesetz aufzuzwingen. Er ist tatsächlich der gefallene Engel, den man sich gemeinhin vorstellt. Genau wie

der Mensch war er einmal ein hoher Geist. Seine Liebe zur eigenen Macht löste ehedem eine kosmische Katastrophe aus, das heißt die Explosion seines Planeten.
Du kannst ihn mit der Gestalt in Verbindung bringen, die in den Mythen der Quiché ›Ara‹ genannt wird: ›Wohlan denn, ich bin die Sonne . . . So sprach Fürst Ara. In Wahrheit aber war Fürst Ara nicht die Sonne, sondern brüstete sich wegen seines Jadegesteins.‹
So sind die Dinge. Der Stolz bewirkt den Fall, aber mangelndes Streben verbessert nichts. Der Mensch darf nicht glauben, er sei Gott gleich, aber er sollte glauben, daß er aus der göttlichen Quelle hervorgegangen ist.
Vielen wird dies wahrscheinlich banal erscheinen, aber ich habe dir gesagt, daß ich vereinfachen werde. Der Kampf, der seit Zehn-, ja seit Hunderttausenden von Jahren auf der Erde stattfindet, ist der des Positiven gegen das Negative, der der Liebe gegen Stolz und Egoismus — auch wenn es von außen komplexer erscheint. Atlantis ist untergegangen, weil die Seelen sich ohne Maß und Ziel der Materie in die Arme geworfen hatten, weil sie die enormen Kräfte, die sie über die physische Natur der Dinge und Wesen hatten, schlecht verwandten.
Die Geschöpfe, die von anderswo kamen, um den göttlichen Plan zu durchkreuzen — ihre Spur findet sich vor allem in der griechischen Mythologie —, wurden von den Alten ›Söhne des Beel‹ oder auch ›Söhne des Belial‹ genannt.
Von diesem Begriff haben die Menschen der vergangenen Zeiten das Wort Beelzebub abgeleitet, das eigentlich ›Beel-‹ oder ›Baal-zevuv‹ zu lesen ist, das heißt Bienenschwarm des Beel. Beel-zebub ist also ein Gattungsname und nicht der Name eines einzigen Individuums. Er erinnert an die Kata-

strophen, die die Erde in biblischen Zeiten verwüsteten, an die Meteoritenregen und Zyklone, die wie ein Schwarm Bienen über die Menschen herfielen.
Beel-zevuv war an sich weder gut noch schlecht, sondern die natürliche Ursache einer weltweiten Katastrophe. Vor jetzt viertausend Jahren haben die Priester seine Charakteristika mit denen Luzifers durcheinandergebracht, so daß sie austauschbar wurden.
Die Wesen von jenseits des Raums, die in das irdische Evolutionsschema eingegriffen haben, die verschiedene Tierarten und dann die Menschen auf die Erde brachten, mit denen sie sich verbanden, die der irdischen Rasse halfen, sich von provozierten oder natürlichen Katastrophen zu erholen — diese Wesen kämpfen auch heute noch gegen die negativen Kräfte, die die Erde umgeben.
Im intergalaktischen Raum fanden und finden materielle Kämpfe statt, bei denen es um die Erde geht. Die technologischen Fortschritte, welche die Menschen bislang haben machen können, müßten ihnen die Augen öffnen.
Deine Mitmenschen dürfen die Fehler ihrer Vorväter nicht wiederholen; sie dürfen die Geschöpfe von anderen Planeten und diese Planeten selbst nicht vergöttern.
Ich möchte mich nun nicht weiter verbreiten über die Ereignisse, die vor dem großen Erdbeben und der Sintflut stattfanden, die Atlantis und seine Nachbarn zerstörte. Allein über dieses letzte Thema könnte man tagelang reden, ohne es erschöpfend zu behandeln. An jenem Tag hat die menschliche Rasse fast Tabula rasa gemacht; ich sage ›fast‹, denn du weißt wohl, daß Kenntnisse und Erfahrungen über den physischen Tod hinaus bewahrt werden. Die Welt, die du heute kennst, hat an dem Tag begonnen, an dem Noah — Nepht in der Sprache der Atlanter — die Fackel des Wis-

sens von einer Zivilisation an die nächste weitergab. Glaub aber nicht, daß Noah und die Seinen die einzigen Überlebenden der Sintflut waren. Noah war ein Wesen aus Fleisch und Blut, aber auch ein Symbol. Ich versichere dir, in der Geschichte der Menschheit gab es viele Noahs: Jedesmal wenn — ganz gleich, aus welchem Grund — eine Welt zerstört wurde, nahmen außergewöhnliche Wesen die Aufgabe auf sich, die Verbindung zwischen den Epochen herzustellen.

Die Archäologen haben auf der Erde sehr viele Namen gefunden, die dem Noahs gleichzusetzen sind, sogar auf den kleinsten Pazifikinseln. Diese Namen, von denen ich nur einige nennen möchte, sind sehr bekannt: Nu Wah bei den Chinesen, Tapi bei den Azteken, Nu-Nu bei den Bewohnern von Haiti.

Eins aber solltest du dir besonders merken. Erinnerst du dich an die von Ovid berichtete Geschichte von Deukalion und Pyrrha? Sie wird mit der Noahs identifiziert, aber das ist vollkommen falsch; Deukalion ist nicht Noah. Er hat existiert, er hatte sogar dieselbe Rolle wie Noah, allerdings Jahrtausende später. Die letzte Sintflut ist nicht die, von der die Bibel spricht; und die Sintflut des Ogygos war wieder eine andere Katastrophe. Die Menschheit hat vor allem die Sintflut des Noah in Erinnerung behalten, weil sie die heftigste und längste war und die technologisch fortgeschrittenste Zivilisation zerstörte, die sich jemals auf der Welt entwickelte hatte.

Am Ende dieses Jahrhunderts werden die Menschen die Existenz von Atlantis nicht mehr leugnen, denn wichtige Entdeckungen werden in Ägypten, Mittelamerika, Indien und China gemacht werden.

Übrigens haben viele Menschen eine falsche Vorstellung

von Atlantis. Es war nicht eine einzige Landmasse inmitten der Ozeane, sondern bestand aus mehreren Inseln, und zwar bis zu sieben. Im Abstand von mehreren tausend Jahren wurden sie nacheinander zerstört und von den Wassermassen verschlungen. Die von Platon stammende Beschreibung über das Ende von Atlantis betrifft nur die letzte Insel.

Atlantis wurde dreimal zerstört; die ersten beiden Male verlor es nur einen Teil seiner Landmassen: Die letzte Hauptstadt war von Kanälen umgeben, die der Verteidigung und dem Handel dienten.

Ich möchte, daß du all dies genau berichtest; die Menschen sollen darüber nachdenken. Sie sollten nicht glauben, die Kontinente, auf denen sie heute leben, behielten ewig dasselbe Gesicht; eines Tages werden sie nicht mehr auf der Oberfläche der Erde vorhanden sein. Ab dem Ende dieses Jahrhunderts wird die Erdkruste sich stark verändern.

Einige große Weise verlegen im Moment ihren Wohnsitz und lassen sich ohne ersichtlichen Grund in Ländern nieder, die sie nicht kennen. Beobachte, wohin sie gehen, denn sie zeigen die Gegenden an, die von den kommenden Katastrophen verschont bleiben. Diese Boten des Geistes sind die zukünftigen Noahs. Sie bereiten alles vor, damit die wahre, die rettende Wissenschaft weitergegeben werden kann.

Die Gebiete, die sie heute durch ihre Anwesenheit heiligen, sind für die zukünftigen Zivilisationen wie ein Gral.«

Mein Begleiter hat aufgehört zu sprechen. Ohne mich anzusehen — sein Gesicht ist dem kleinen Wildbach zugewandt, der von Fels zu Fels hüpft —, legt er mir die Hand auf die Schulter: »Du sollst wissen«, sagt er eindringlich, »daß jeder Traum sich realisiert, wenn er vom Willen zur

Liebe beseelt ist. Ich versichere dir: Die Menschen haben den Garten Eden verloren, aber sie können ihn wiederfinden, wenn sie wollen.
Eden war nicht Atlantis, denn Atlantis wird übertroffen werden. Bemühe dich, deinen Mitmenschen durch dieses Werk zu zeigen, daß es trotz der tausend Wege des Wissens und der Religionen nur eine Möglichkeit gibt, weiter voranzukommen.
Handelt so, du und deine Gattin, daß jeder das Bedürfnis nach Wissen verspürt und den Wunsch, bei der Herstellung des Friedens auf Erden und der Rückkehr in die ursprüngliche Einheit mitzuwirken.«
»Meister, du sagst, die gegenwärtige Zivilisation gehe großen Gefahren entgegen und die Kontinente werden noch einmal erschüttert. Wird dies wie früher plötzlich und gewaltsam geschehen?«
»Eine Katastrophe erscheint denen, die sie erleben, immer unerwartet und brutal. Es werden Ereignisse stattfinden, welche die Menschen nicht haben kommen sehen; sie werden sie als plötzlich bezeichnen, weil sie blind waren und die Vorzeichen nicht erkannten.
Atlantis wurde nicht auf einmal zerstört ... Das ist alles, was ich dir zu diesem Thema sagen darf. Es wird denen, die verstehen wollen, genügen.
Bevor du noch einmal ins Herz der Zeit blickst, möchte ich ein anderes Thema kurz ansprechen. Ich möchte, daß du bestimmte Dinge über die menschlichen Rassen weißt, damit du deine Erkenntnisse an andere weitergeben kannst und der Friede auch dadurch hergestellt wird, daß die Rassenschranken fallen.
Ich habe dir bereits gesagt, die Morgendämmerung des 21. Jahrhunderts werde das Entstehen einer neuen Rasse erle-

ben. Es wird die fünfte große Rasse sein, die der Welt ihren Stempel aufdrücken wird.
Vier große Menschenrassen hat die Erde schon getragen. Manche meinen auch, es seien sieben gewesen, weil sie die Unterrassen oder die Rassen früherer Menschheiten mit einbeziehen.
In dem Menschheitszyklus, der uns interessiert, hat als erstes die gelbe Rasse auf deinem Planeten geherrscht. Von daher kann man zu Recht sagen, Asien sei das Mutterland der übrigen Zivilisationen.
Ihr folgte die rote Rasse, die das Zeitalter von Atlantis heraufführte. Die Atlanter waren rot, und ihre letzten Nachkommen sind die Indianer Nordamerikas, Mittelamerikas und der Anden.
Ihr Blut hat sich natürlich schnell mit dem der ursprünglichen Bewohner dieser Landstriche vermischt, und die Kenntnisse, die sie von Atlantis hinüberretteten, haben sich im Lauf der Jahrhunderte beträchtlich verändert.
Allmählich wurde die Erinnerung an ihre Herkunft bei ihnen immer schwächer, und man mußte sie in Stein ritzen, damit sie nicht von der Erde verschwand.
Der Mensch bleibt immer derselbe. Er hat ein kurzes Gedächtnis und verfällt leicht dem Aberglauben.
Auf der Pyramide von Xochicalco in Mexiko erzählen Hieroglyphen noch die Geschichte einer Erde, die ›inmitten des Ozeans lag und zerstört wurde‹ und deren Bewohner ›getötet wurden, so daß nichts als Staub von ihnen blieb‹.
In Villahermosa erinnern riesige, sogenannte olmekische Steinköpfe an diese Epoche. Die Wissenschaftler zerbrechen sich den Kopf über sie, aber ich kann dir sagen, daß sie zu Ehren der Menschen aus dem Land Olma aufgestellt

wurden, die ebenso wie gewisse Atlanter die letzten Überlebenden der Sintflut waren.
Einige Bewohner des Landes Olma flüchteten weder ins heutige Mexiko noch in irgendeine andere Gegend des amerikanischen Kontinents. Sie gingen nach Europa, vor allem ins Mittelmeerbecken, und setzten sich an der Küste Chaldäas und Kretas fest. Deshalb findet man dort heute noch Mosaiken, die denen von La Venta in Südmexiko sehr ähnlich sind.
Dies bedeutet: Nicht alle überlebenden Atlanter brachen zum amerikanischen Kontinent auf; viele gingen auch nach Europa — vor allem in die Pyrenäen —, nach Nordafrika und nach Ägypten.
Es ist kein Zufall, wenn das Wissen von Atlantis an Ägypten weitergegeben wurde. Glaub mir, nichts ist ein Zufall! Ägypten war so etwas wie eine Kolonie von Atlantis geworden; seine spirituellen Bestrebungen waren sehr stark. Die anderen Kolonien von Atlantis in Amerika besaßen in jenen weit zurückliegenden Zeiten nicht die Macht Ägyptens.
Als Atlantis verschlungen wurde, ging das Zepter der weltlichen Macht auf die schwarze Rasse über, die sich bis nach Asien ausdehnte.
Ich brauche dir nicht zu sagen, daß in Afrika damals ein anderes Klima herrschte als heute und es eine sehr blühende Epoche erlebte. Archäologen haben den Überresten einer Zivilisation in der gegenwärtigen Sahara nachgespürt. Ihre gegenwärtigen und zukünftigen Funde sind die Überreste der Epoche, in der die schwarze Zivilisation auf dem Höhepunkt ihrer Macht stand; es sind nicht, wie angenommen wurde, die Ruinen von Atlantis.
Die Sahara war zunächst ein sehr fruchtbares Land; dann

wurde sie vom Wasser überflutet, das auf ihrer Oberfläche große Seen zurückließ. Ein heftiges Erdbeben sorgte dann dafür, daß sich ihr Wasser in den Atlantik ergoß.
Dieses Ereignis liegt nicht allzulange zurück. Es ist daher nicht verwunderlich, daß die schwarze Zivilisation relativ wenige Spuren hinterlassen hat.
Das schwarze Volk war zu jener Zeit sehr kriegerisch; es eroberte einen Teil Europas, Kleinasiens und Indiens, wo es insbesondere die Sklaverei betrieb.
Du siehst, das Karma einer Rasse existiert genauso wie das eines Individuums; die schwarze Rasse hat jahrhundertelang für den Fehler bezahlt, den sie vor einigen Jahrtausenden beging. Sie ist selbst versklavt worden.
Ich habe ein solches ›Umschlagen‹ bereits in bezug auf das indische Volk erwähnt, und ich möchte, daß diese Beispiele den Menschen bekannt werden. Die weiße Rasse, die heute noch auf Erden herrscht, sollte sich sagen, daß der Mechanismus des Karmas für alle Völker gilt, denn alle sind aus der gleichen Familie hervorgegangen.
Der Christus Jesus sagte: ›... Wer das Schwert nimmt, der soll durchs Schwert umkommen‹ (Matthäus 26,52). Dieser Satz enthält eine der großen ewigen Wahrheiten.
Wer die Anwesenheit des schwarzen Volkes in Asien bezweifelt, sollte das große indische Epos lesen, das unter dem Namen *Ramayana* bekannt ist. Es berichtet von den Niederlagen der schwarzen Rasse in Indien. Der letzte Akt dieser Begegnungen spielte sich auf der Insel Ceylon ab, wo der schwarze Kaiser endgültig besiegt wurde.«
»Begann damals der Aufstieg der weißen Rasse?«
»Du hast es wieder zu eilig!« sagt mein Freund lachend. »Komm, folge mir lieber, wir kehren zum Smaragdberg zurück.

Ich möchte, daß du die Geschichte des weißen Volkes besonders gut kennst, denn schließlich gehörst du zu ihm; außerdem werden durch die Kenntnis dieser Geschichte viele Dinge politischer und religiöser Art verständlich.
Steh jetzt auf, und lege Füße und Hände zusammen; so konzentrierst du deine Energie in dir. Laß mich machen: Wir bewegen uns per Teleportation vorwärts, damit wir nicht so lange zu gehen brauchen.«
Mein Begleiter steht mir gegenüber und macht die mir vertraute Geste: Seine Hand legt sich ganz leicht auf mein Herz, ohne Druck, aber mit einer solchen inneren Kraft, daß ich sicher bin: Sie könnte sein Schlagen auch beenden.
Meine Sicht wird undeutlich, und wieder werde ich von einem Wirbel vielfarbiger Lichtfunken hinweggetragen. Ich habe das Gefühl, als würde die Gewalt des Lichts mich gänzlich in sich aufsaugen, als würde ich, wenn die Zeit stehenbliebe, für immer dort bleiben — in jener Landschaft, die auf keiner Karte verzeichnet ist und die doch alle Geheimnisse der Natur in sich enthält.
Aber die Sprache ist schal und kann nicht vermitteln, mit welchem Glück eine solche Erfahrung die Seele erfüllt.
Wieder trägt der Boden aus kristallischem grünen Gestein mein Gewicht. Mein Begleiter hat mich nicht verlassen, ein paar Sekunden noch bleibt seine Hand auf meinem Herzen.
Mich überkommt ein seltsames Gefühl: Sind wir stehengeblieben, und hat sich vielleicht nur die Umgebung bewegt?
»Nein . . . wir haben uns bewegt«, flüstert mein Freund. »Aber ist das überhaupt wichtig? Die Entfernung ist genauso eine Illusion wie die Zeit. Du existierst überall gleichzei-

tig — einfach deshalb, weil du existierst. Werde dir dessen bewußt. Dann hat die Materie keine Bedeutung mehr für dich.«

Mein Freund läßt mich vorgehen. Das starke weiße Licht lenkt unsere Schritte ins Innere des Berges; wieder öffnet sich vor meinen staunenden Augen das smaragdfarbene Gewölbe, und ich bin begierig, ein neues Mal zu lernen.

X

Im Land der sieben Ochsen

In einer mit kurzem Gras bewachsenen Ebene bewegt eine Menschenkolonne sich vorwärts. Ich gehe ... Unser Schritt ist schwer, aber angefüllt mit geheimer Kraft. Die Gesichter meiner Gefährten sind hart, ihr Blick entschlossen. Man könnte an eine Gruppe von Menschen denken, die in den Krieg ziehen, aber die Atmosphäre ist locker, es wird geredet und gelacht, einige singen.
Meine rechte Hand hält einen langen Stock, mit dessen Spitze sie im Rhythmus der Schritte auf den Boden tippt.
Mein Nachbar, ein kleines blondes Wesen mit kräftigem blonden Bart, wendet sich zu mir: »Ich glaube, wir sollten haltmachen, unsere Frauen schaffen es heute nicht mehr weiter.« Die Laute, die aus seinem Mund kommen, sind kurz und ein wenig rauh, aber meine Ohren haben ihren Sinn ohne Mühe erfaßt.
»Nein«, sage ich, »der ..* hat gesagt, das Ziel sei nahe. Seine Kundschafter sind heute nachmittag zurückgekommen. Sie haben das Dach des Landes gesehen, das gut für uns ist. Der ... möchte, daß wir alle es heute noch erblicken.«
Ich wende mich um und sehe, eine lange Kolonne von Männern und Frauen zieht hinter uns her. Noch weiter hinten, sicher ein paar hundert Meter entfernt, erkenne ich auch

* Den Namen des Gemeinten habe ich nicht behalten

schwere Wagen. Sie scheinen aus Holz zu sein; große Leinenplanen bedecken die Lasten. Männer zu Pferd, deren Haare im Winde wehen, reiten langsam die Kolonnen entlang. Ein kurzes Schwert hängt an ihrer Seite.
Ich bemerke, daß ein großer Teil von uns eine Art weite Hosen aus grober Leinwand trägt. Die vorherrschenden Farben sind Rot, Ockergelb und Blau.
Jeder besitzt zumindest einen dem meinen ähnlichen Stock; andere haben einen mehr oder weniger orangefarbenen Helm aus Fell oder Metall, ein kurzes Schwert und einen hölzernen Schild.
Der Mann vor mir geht barfuß, aber die meisten von uns tragen Fellstiefel, die von unterhalb des Knies sich kreuzenden Bändern gehalten werden.
Den Unterhaltungen meiner Gefährten entnehme ich, daß ihre Frauen und Kinder hinter uns sind und wie wir auch zu Fuß gehen. Die Wagen sind ausschließlich für den Transport von Lebensmitteln bestimmt. An Wasser scheint es nicht zu mangeln, den ein breitschultriger Mann ein paar Meter vor mir benetzt sich gerade ausgiebig das Gesicht damit; die Bäume jedoch sind dürr, die Büsche mit Dornen besetzt.
Ich bin noch nicht lange mit diesen wild aussehenden Wesen unterwegs, aber ich fühle bereits, wie eine gewisse Müdigkeit meine Seele erfüllt.
Ich denke an das Volk Israel, das sein Land sucht, aber das kann es nicht sein. Nichts an diesen Menschen mit der hellen Haut und den breiten Schultern erinnert an den semitischen Typ. Auch ist die Umgebung keine Wüste, sondern eine unbebaute Ebene, über die anscheinend oft der Wind hinwegfegt.
Ich weiß nicht, ob die Hitze den Körpern etwas ausmacht; weder meine Glieder noch meine geliehene Haut geben mir

einen entsprechenden Hinweis. Es fällt mir sehr schwer, meine Gedanken zu lenken; es ist, als ob ich nur visuell aufnehme, nur die kleinsten Details dessen, was um mich herum geschieht, behalten sollte.

Wieder spricht mich mein Nachbar an, diesmal in scherzhaftem Ton. Seine Worte sind mir nicht im Gedächtnis geblieben, denn meine Augen sind voll auf die Landschaft konzentriert und bleiben dann an einem Reiter hängen, der in schnellem Galopp vom vorderen Abschnitt der Kolonne auf uns zukommt.

Er schreit, und während er sich uns nähert, beginnt die Menge zu pfeifen und zu singen. »Da! Da! ... Schaut nach vorne!« Wie ein Meteor ist er, angeklammert an die Mähne seines Reittiers, an uns vorübergeschossen.

Überall fahren nun die Finger in die Luft und weisen auf den Horizont. »Ja, dort hinten, das muß es sein ...« Über den grünen Hügeln sind mehrere weiße Punkte erschienen, die wie eine Linie wirken.

»Komm zurück! Komm zurück, habe den Willen zurückzukommen!«

In meinem tiefsten Inneren ist die Stimme meines Lehrers erstanden; ihre Kraft erschüttert den Zustand völliger Rezeptivität, der von mir Besitz ergriffen hatte. Es ist vorbei! Ein Blitz aus gelbem Licht hat meine Augen gestreift.

Mein Freund hat mich am Arm genommen und führt mich weg von jenem Ort, an dem die Zeit keine Bedeutung hat.

»Es war nicht notwendig, daß ich dich länger zuschauen ließ. Diese Reisen ermüden dich, und du hättest im Augenblick nichts weiter gelernt.

Bleiben wir nicht hier, die von diesem Berg ausgehenden Strahlen vertragen sich nicht lange mit einer Seele, deren physischer Körper irgendwo auf Erden wartet.

Ich möchte an einen Ort zurückkehren, den du schon kennst und der dir sehr gefallen hat.
Die Landschaften des Astralbereichs sind unendlich vielfältig, aber die, die ich jetzt meine, entspricht dir sicher mehr als jede andere. Erinnerst du dich an den kleinen Strand, an dem wir uns vor einiger Zeit unterhielten?«
Mein Freund hat gesprochen, und das hat genügt. Ich bin wieder an dem kleinen Strand mit seinen Kokospalmen, seinem gold- und rubinfarbenen Sand, seinen seltsam schimmernden Wellen und seinem fliederfarbenen Himmel.
»Jedenfalls kannst du mir nicht vorwerfen, ich hätte dich nicht umherreisen lassen!« sagt lachend mein Freund.
Ich fühle, daß er den Zustand der Euphorie in mir zu bremsen versucht, der sich in solchen Augenblicken manchmal einstellt. Offensichtlich will er mich nicht mit meinen Gedanken allein lassen und hat deshalb einen Scherz gemacht.
»Diese Welt hier ist zu wunderbar für jemanden, der noch eine Hülle aus Fleisch hat. Wenn du hierherkommst, solltest du nicht an die physische Welt denken. Für ein Wesen, das seinen physischen Körper noch nicht völlig hinter sich gelassen hat, sind Vergleiche nicht gut. Geh nicht in die Falle, profitiere vom astralen Universum, aber erliege nicht seinem Zauber. Dein Platz ist noch auf der Erde.« Die anrollenden Wellen werfen leuchtende Zungen auf den goldroten Sand des Strandes, die beim Näherkommen in allen Farben des Regenbogens schimmern.
Ich bin ungeduldig, mehr zu erfahren, und auf den Rat meines Freundes hin bemühe ich mich, meine Aufmerksamkeit nicht mehr auf die Schönheiten des oberen Astralbereichs zu konzentrieren. So lausche ich weder dem Rauschen des

Meeres noch dem Knirschen des warmen Sandes unter unseren Füßen; mein Herz ist offen für die Stimme meines Begleiters.

»Es war einmal . . . auf Erden ein großes Volk. Vor mehr als achttausend Jahren entstand es in einem Gebiet, das sich das ›Weiße Land‹ nannte. Wegen der sieben Sterne, die sein Geschick lenkten und heute noch einen riesigen Wagen bilden, wurde es auch als ›Land der Ochsen‹ bezeichnet.

Dieses Land ist das dir bekannte ›Septentrion‹* vor der Katastrophe, die es hinwegschwemmte, das Hyperborea der alten Legenden, die Mutter des Reichs von Thule. Die Menschen dieses Landes lebten in einem angenehmen Klima und unterhielten über die Meere hinweg zahlreiche Beziehungen zu anderen Völkern der Welt.

An dem Tag, an dem die Erde erschüttert wurde und dein Planet begann, sich in die andere Richtung zu drehen, stürzte dieses Reich in den Ozean, dann bedeckten es die Eismassen. Die Menschen in der übrigen Welt vergaßen alles bis auf seinen Namen und sahen an der Stelle, an der es einst gelegen hatte, nur noch eine riesige Eis- und Schneewüste, die sie ›Arktis‹ nannten. Lediglich eine kleine Gruppe von Männern und Frauen, die sich auf die Höhen und in die Umgebung des exakten Pols geflüchtet hatten, entging der Katastrophe.

Aus dieser Handvoll isolierter Wesen, die gar nicht mehr wußten, daß es noch andere Geschöpfe gab, entstand die weiße Rasse.

Dank der Wärmezonen, die um den physischen Pol der Erde herum existieren, konnte die kleine Gemeinschaft sich

* Lat. septemtriones = »die sieben Dreschochsen«, das Siebengestirn (Großer Bär, Großer Wagen), Norden.

entwickeln. Sie wurde zu einem wirklichen Volk auf der Suche nach einem größeren Land.
Die Menschen von dort erreichten in kleinen Gruppen zunächst ein Land, dessen Oberfläche damals bedeutender war als heute: Großbritannien. Von dort aus zogen sie nach Polen und ins heutige Deutschland. Die weiße Rasse mit ihren großen, schweren Menschen geriet dann in Konflikt mit der schwarzen Rasse: Obwohl die Macht der schwarzen Armeen bereits dem Ende zuging, trugen sie wegen einer besseren Organisation und besserer Technik den Sieg davon.
Ein großer Teil des weißen Volkes, das später die Bezeichnung ›Kelten‹ annahm, wurde damals in die Sklaverei geführt und begann, mit Ketten an den Füßen in den Bergwerken und auf den Feldern der Sieger zu arbeiten.
Diese Situation hätte wahrscheinlich noch lange angedauert, wenn nicht eine Frau namens Muriga gewesen wäre. Sie hatte Wahrnehmungen, die deine Zeitgenossen als paranormal bezeichnen, und gab den zukünftigen keltischen Anführern wertvolle Hinweise; diese veranlaßten das Volk zum Aufstand, woraufhin die Schwarzen aus Westeuropa flohen.
Aber das ist nicht das Ende der Geschichte!
Von anderen Frauen beeinflußt, gab Muriga ihre ganze Macht einer kleinen Gruppe von Priesterinnen, die zu einem wahren Kollegium weiblicher Druiden wurden. Dieses Kollegium, das darauf abzielte, eine matriarchalische Gesellschaft einzuführen, fand sehr schnell Gefallen an der weltlichen Macht und begann, das verwerflichste aller Verbrechen zu verüben, das auch die Männer oft begangen hatten: das Menschenopfer.
Nach einigen Jahrzehnten erhob sich das Volk, angestachelt von einem jungen Druiden. Dieser Mann hieß Reem,

aber seine Freunde und bald das ganze Volk nannten ihn ›Ram‹, was bedeutet: der, der nach vorne geht. Das heißt der Widder.
Dieses Wesen, dessen Körper einen der Gesandten des Geistes auf Erden beherbergte, wurde der große Führer des keltischen Volkes. Die Kräfte aus dem Astralbereich und die Engelmächte lenkten seine Schritte von der Geburt bis zum Tod. Reem gehörte zu jenen prädestinierten Wesen, jenen Mahatmas, die zu den Menschen kommen, um einen Auftrag zu erfüllen, und an die man sich nur noch vage erinnert.
Du weißt, wie dies geschieht; es ist also besser, wenn ich meinen Bericht fortsetze.
Nachdem das keltische Volk die Macht der Druidinnen verworfen hatte, brach es auseinander. Ein Teil zerstreute sich in Europa, ein anderer nicht weniger großer zog nach Süden, insbesondere nach Nordafrika und ins heutige Arabien. Die Vermischung dieses Zweigs der Kelten mit der schwarzen Bevölkerung führte zur Entstehung der Araber und der Hebräer. Du wirst bemerken, das letztere einen Charakterzug bewahrt haben, der lange dem keltischen Volk eigen war: die Suche nach einem Land.
Ein anderer Zweig der Kelten wollte sich jedoch nicht mit den schwarzen Menschen vermischen. Seine Nachfahren bewahren noch heute eines der Charakteristika ihres Volkes, insbesondere die blonden Haare. Ich meine die Kabylen.
Aber lassen wir sie beiseite. Ich möchte vor allem, daß du deine Aufmerksamkeit auf Reem und die Menschen lenkst, die sich mit seinem Schicksal verbanden.
Sie beschlossen, nach Osten zu gehen. Was suchten sie? wirst du mich fragen. Ein Land? Ja, aber nicht irgendein

Land. Sie suchten *ihr* Land. Ram suchte das Land, das ihm in seinen Kommunikationen mit der Astralwelt genau gezeigt worden war. Die Durchquerung der Landschaften Mitteleuropas gab ihm Gelegenheit, die Macht des Volkes zu stärken, das sich ihm angeschlossen hatte. Er ließ auch ganze Herden von wilden Pferden einfangen, damit seine Armee sich schneller fortbewegen konnte.

Die Wanderung dauerte Jahre. Was du eben erlebt hast, war das Ende des langen Marsches. Ich wollte, daß du diese Menschen kennenlernst, von deren Anführer man sagen kann, daß er der Typ des idealen Herrschers war.

In den letzten Augenblicken deiner Vision hast du die schneebedeckte Bergkette des Himalaya gesehen. Die Hochebenen Tibets waren also das verheißene Land dieser ›Wagenmänner‹, wie sie wegen ihrer Herkunft und ihrer Fortbewegungsmittel genannt wurden.

So überraschend dies auch erscheinen mag, die Bevölkerung der Hochebenen Tibets empfing Ram und seine Begleiter freundlich. Es gab nur wenige Kämpfe, und die Persönlichkeit Rams eroberte die Herzen der Einwohner im Handumdrehen.

Nachdem die Macht etabliert war und das Volk sich niedergelassen hatte, schätzte jeder die Verdienste des Keltenchefs, der bald eine Theokratie errichtete. Er wollte, daß die weltliche Macht sich die spirituelle zum Vorbild nehmen und sich nach ihr ausrichten sollte.

Damals wurde er zum zweiten Mal dazu veranlaßt, seinen Namen zu ändern. Er legte die Kleidung Rams, des Kriegers mit den Widderhörnern, ab und die von ›Lam‹ an — Lam, dem Lamm, das sich für andere opfert.

Ebenso wie der Christus Jesus war ›Lam‹ das Lamm Gottes. Er gab der zukünftigen Religion Tibets, dem Lamaismus, seinen Namen. Der Buddhismus erschien erst sehr viel später und gab dem ursprünglichen Lamaismus das Gesicht, das wir heute kennen.

Wenn ihr sucht und unermüdlich die verschiedenen Religionen vergleicht, werdet ihr feststellen, daß der Lamaismus immer den Kult des mystischen Lammes praktiziert hat.

Dies war im übrigen einer der Gründe dafür, warum die christlichen Missionare auf völliges Unverständnis stießen, als sie die Völker des Himalaya zu christianisieren suchten.

Die Tibeter konnten die Motive der Priester, die ein heiliges Lamm durch ein anderes ersetzen wollten, einfach nicht verstehen. Auch die Eucharistie erstaunte die Tibeter nicht: Seit undenklichen Zeiten bereiten die großen Lamas ihnen kleine Küchlein aus Mehl, die wunderbare Eigenschaften besaßen. Diese ›Hostien‹ werden heute ›Ribu‹ genannt; sie werden in speziellen religiösen Zeremonien zubereitet, deren Hintergrund ausgesprochen spirituell ist.

Wundere dich nicht darüber, Gott hat zu allen Zeiten die Gnade denen gewährt, die sie suchten. Der Christus Jesus hat die Eucharistie nicht erfunden, er hat sie lediglich der von ihm begründeten Religion angepaßt. Lange vor seiner Ankunft hatte der Mithra-Kult sie bereits in Kleinasien heimisch gemacht.

Alles, was aus dem Schöpfer aller Dinge hervorgegangen ist, ist *eins*, verstehst du?

Wie die Religion der Atlanter war die Religion Rams ursprünglich vor allem eine Sonnenreligion. Der Widder ist ein Feuerzeichen. Die Sonne ist das Auge Gottes, das alles sieht.

Aber hör mir gut zu, denn der Einfluß Rams ging bis auf die andere Seite der Himalayakette. Sein Volk überflutete

das Gebiet des heutigen Indien, indem es in mehreren Schüben die letzten Anführer der schwarzen Armee zurückdrängte; diese war entlang des Ganges stationiert und zog sich dann in den Süden des Landes zurück.
Bei seinem Tod hinterließ Lam ein solides Reich. Sein Thron auf dem Dach der Welt hat einen Teil Asiens mehr als drei Jahrtausende beherrscht; ein dummer Streit beendete schließlich die von ihm verwirklichte spirituelle Einheit.
Merke dir: Die Schüler folgen ihrem Meister, aber die Schüler der Schüler verraten das Wort des Meisters. Die Lehre Rams wurde mit der Zeit ebenso deformiert wie später die des Christus Jesus. Ein tibetisches Sprichwort sagt: ›Tausend Mönche, tausend Religionen.‹ Das ist wahr. Jeder Mensch, der keine direkte Verbindung zum Reich des Geistes hat, paßt den Glauben, den man ihn gelehrt hat, seiner eigenen Persönlichkeit an.
Wenn dieser Mensch eine Schule begründet, ist er der Ketzerei sehr nahe. Deshalb solltest du, wenn du dir deines Urteils nicht sicher bist, nur den Offenbarungsreligionen Glauben schenken.
Letztendlich ist es unwichtig, ob dein Glaube den Weg der Esoterik oder den der Exoterik nimmt; wichtig ist nur, daß seine Grundlage das Licht des Geistes ist. Nicht die Form, nur der Inhalt zählt: Sage dir selbst und deinen Mitmenschen: Dort, wo Trennung herrscht, kann die Wahrheit nicht sein.
In den Augen des Volkes ging es bei dem Zwist damals um die schöpferischen musikalischen Harmonien, um einen Aspekt des *Wortes*, wenn dir das lieber ist, um das, was man später die ›Musik der Sphären‹ nannte.
In Wirklichkeit lag das Problem tiefer; es gründete in einem

falschen Verständnis der Dualität, die das Universum vorwärtsbringt. Die Priester begannen zu behaupten, daß die Beherrschung der Natur wünschenswert und sogar notwendig sei, um zum Reich des Geistes zu gelangen. Sie wollten also in der physischen Welt den Vorrang dem passiven oder negativen Element geben. Als Abzeichen wählten sie die Farbe des Blutes, der ›Seele‹ der Materie, um über sie die ›Seele der Seele‹, das heißt den Geist, zu erreichen. Seit dieser Zeit verlangt die Tradition, daß verstorbene Hindufrauen in einem roten Tuch zum Scheiterhaufen getragen werden — als Frauen sind sie ein passives Element, ohne daß dies in irgendeiner Weise abwertend gemeint ist. Die Männer dagegen werden in einem weißen Tuch zu Grabe getragen, Symbol des Positiven, Aktiven.

Das Schisma hatte in Indien solche Auswirkungen, daß ein Zusammenleben der Gruppen nicht weiter möglich war.

Damals — und dies ist ein sehr wichtiges historisches und religiöses Faktum — beschlossen die Befürworter der Vorherrschaft des Passiven, den indischen Boden zu verlassen und ein anderes Land zu suchen. Sie kehrten nach Westen zurück, nicht in das Reich, aus dem ihre Vorfahren gekommen waren, sondern mehr nach Süden, nach Kleinasien und ins Mittelmeerbecken. Ihre Wanderung war sehr hart, denn sie gerieten in Konflikt mit den eingesessenen Bevölkerungen. Einige wurden in Mesopotamien seßhaft, andere in Griechenland, wieder andere in Ägypten.

Bei der Ankunft in Arabien stießen die aus Asien kommenden Dissidenten auf eine der keltischen Volksgruppen, die dort seit mehr als dreitausend Jahren ansässig waren, und vernichteten sie gnadenlos; die Davongekommenen irrten von da an als Nomaden durch die Wüste. Sie wurden als Hebräer bezeichnet, das heißt ›umherirrende Menschen‹.

Ein Großteil der Sieger siedelte sich im Gebiet des späteren babylonischen Reiches an.
Verstehst du jetzt, weshalb seit den biblischen Zeiten diese tiefe Feindschaft zwischen Hebräern und Babyloniern bestand? Es handelte sich nicht nur um ein Problem des Kults, sondern auch des Territoriums.
Aber lassen wir es im Moment damit bewenden. Mein Ziel ist nicht, dich oder deine Leser mit einem trockenen Diskurs zu ermüden. Ich möchte, daß du mit eigenen Augen siehst und die Vergangenheit wirklich wiedererlebst. Allerdings werden wir diesmal nicht zum Smaragdberg zurückkehren.«
Aufmerksam und bereit, mich jedem neuen Vorschlag meines Lehrers anzuschließen, sehe ich ihn an.
»Ich glaube, es macht dir Spaß ...« sagt er und zwinkert mir zu. »Oder habe ich etwa unrecht?«
»Nein ...«
Die Stimme meines Freundes wird sanfter, aber sie bleibt ernst. Ich sage »die Stimme«, aber der Leser möge mich richtig verstehen: Statt »die Stimme« müßte ich eigentlich schreiben: »der Eindruck, den die Stimme des Denkens meines Freundes in mir hervorruft«.
Die Telepathie erzeugt eine andere Empfindung als ein Wort. Eigentlich kann man nicht vom telepathischen Klangkörper eines Wortes sprechen, eher von seiner mehr oder weniger großen Wärme, seiner Durchdringungskraft. Diese Erklärung ist meines Erachtens wichtig, auch wenn dadurch der Fluß der Erzählung etwas unterbrochen wird.
Die Leser dieses Buches werden vom astralen Universum bislang hauptsächlich visuelle Eindrücke in Erinnerung behalten haben, das heißt die wundervollen Landschaften, die vollkommenen Gebäude und vielleicht auch das Ge-

sicht meines Lehrmeister. All dies kann jedoch nur eine vage Vorstellung von der Atmosphäre geben, in der sich die Kommunikation im Astralbereich abspielt. Diese Atmosphäre wird nur durch die sie begleitenden telephatischen Empfindungen wiedererschaffen.
Für mich ist die astrale Welt vor allem Schwingung; eine warme und tiefe Schwingung, die »Stimme« des Wesens mit dem länglichen Gesicht, die tausend »Stimmen«, die aus jeder Blume, jedem Baum hervorgehen.
Ein gesprochenes, gehörtes, empfundenes Wort ist das mächtigste Instrument der Schöpfung. Wie oft hat mein Freund versucht, mir dies bewußtzumachen!
Ich stehe aufrecht meinem Freund gegenüber. Er hat eine Hand auf meine Schulter gelegt, und ich fühle, daß ich mir seine Gedanken einprägen soll.
»Ich möchte dich eine andere Erfahrung machen lassen, aber ich möchte nicht, daß es eine Erfahrung nur um der Erfahrung willen ist. Verbanne alles Sensationshungrige aus deinem Geist, alles, was reine Neugierde ist.
Verwechsle nicht Sensationelles und Wunderbares; das ganze Universum ist ein Koffer voller Schätze, ein Füllhorn des Überflusses, aber das ist wunderbar und nicht sensationell.
Wenn die Menschen von deinem Werk nur das Überraschende, Amüsante, Märchenhafte behalten, hast du dein Ziel verfehlt. Ich werde dir in ein paar Augenblicken die Möglichkeit geben, das Gedächtnis der Zeit zu befragen, ohne daß du dich an den Ort begeben mußt, den du kennst. Ich tue dies, damit du einmal mehr erkennst, über welche Macht der Wille verfügt.
Liebe das, was ich dir zeigen werde, weil es dich etwas lehrt, nicht weil es etwas Spektakuläres ist.

Dein Astralkörper wird hier bei mir bleiben, nur der feinste Teil von ihm wird sich ablösen und eine direkte Verbindung zum Gedächtnis der Zeit herstellen. Fürchte nichts. Während dieser kurzen Augenblicke, die dir sehr lang erscheinen werden, trägt mein Wille dein Bewußtsein zu anderen Horizonten.«

Vertrauensvoll sehe ich meinen Begleiter an; sein Gesicht verschwindet wie ein Puzzle, dessen Einzelteile plötzlich durcheinandergewirbelt werden. In einem Strudel von Licht ist sein Lächeln das einzige, was ich noch wahrnehme.

Ich glaube, einen bodenlosen Abgrund zu überqueren ...

Ich habe keine Angst, das Licht ist noch da; es scheint mit dem Leben selbst, mit reinster Liebe identisch.

Ist es nur die Begrenztheit meiner irdischen Sinne, die mich als Fall erleben läßt, was in Wirklichkeit ein gewaltiger Aufstieg ist?

Ein heftiger Stoß reißt mich aus meinem Zustand der Seligkeit. Das unangenehme Gefühl war wie immer in Höhe des Nabels zu spüren und sofort vorbei. Ein paar Augenblicke lang glaube ich zu ersticken; mein Bewußtsein ist wieder im Körper eines Menschen gefangen, der vor langer, sehr langer Zeit lebte ... der vielleicht jetzt lebt ... Es hat keine Bedeutung.

»Ich bin bei dir ...«

Die Stimme meines Lehrers ersteht in meinem Innersten mit überraschender Klarheit. Soll ich erstaunt, verwundert sein? Ich weiß es nicht! Alles ist so schnell gegangen! Ich weiß nicht, wo ich bin, wann ich lebe.

Die Stimme fährt fort: »Betrachte Babylon, das entstehende Babylon.«

Eine ganze Stadt — oder eher ein großes Dorf — liegt zu meinen Füßen. Kein bedeutendes Bauwerk zieht meinen Blick

an ... außer vielleicht dort hinten ein Gebäude, das entfernt an eine Pyramide erinnert. Seine Formen sind massig, unvollkommen. Ich bemerke breite Öffnungen und einige Pfeiler, die mit schwer erkennbaren Skulpturen geschmückt sind.
Der Eindruck, der von diesem großen Dorf ausgeht, ist seltsam. Es bildet eine Einheit mit dem Boden, es ist ockerfarben wie er, hart wie er. Hier und da beleben ein paar Palmen diesen kargen Anblick mit etwas Grün. In der Ferne geben einige Felder und einzelne magere Weiden der Landschaft zumindest eine Spur Fröhlichkeit. Die Sonne steht nicht sehr hoch am Himmel. Am leicht orangefarbenen Glanz der Gebäude aus Stein und Lehm erkenne ich, daß die letzten Stunden des Tages nahe sind.
Bis jetzt habe ich mich nicht bewegt, aber nun beginnt mein geliehener Körper, ein paar Schritte nach links zu tun, und dreht sich dann um sich selbst.
Ich befinde mich auf einer Terrasse oder besser der Dachetage eines imposanten viereckigen Turms, und ich bin nicht allein. Zwei Männer mit langem, von einem Band gehaltenem schwarzen Haar stützen sich mit den Ellbogen auf eine Balustrade aus grobem Stein.
Beide tragen ein langes Gewand von blasser Farbe, das in der Taille von einem breiten orangefarbenen Gürtel gehalten wird; sie sind barfuß.
Ihre Gesichter kann ich nicht sehen, denn sie betrachten die Landschaft in der mir entgegengesetzten Richtung. Auf dieser Seite ist das »große Dorf« zu einer Stadt geworden. Ich sehe ein paar Türme und Wälle, die unvollendet scheinen. Die Landschaft ist grüner.
Wieder höre ich die Stimme meines Lehrers: »Siehst du das große Gebäude dort hinten mit der breiten Tür und den rechteckigen Pfeilern, vor denen ein Feuer brennt? Es ist

die Wohnung eines kriegerischen Priesters namens Velu. Er hat die Grundmauern von Babylon beziehungsweise Babel errichten lassen. Er ist der Nimrod des Alten Testaments. Er hat die Schismatiker von Indien hierhergeführt und erlaubt ihrem Kult, sich zu entfalten. Er ist nicht von Grund auf schlecht, aber er ist ein Mann, der völlig von sich eingenommen ist und von großer materieller Macht träumt. Er wird sie bekommen ... denn die Priester, die ihn unterstützen, haben großen Einfluß auf das Volk. Aber er ist im Irrtum und bereitet den Söhnen des Belial den Weg. Der Name seiner Stadt wird jahrtausendelang ein Synonym für Irrtum und Verbrechen sein.

Babel wird die negativen Kräfte des Universums verkörpern und aus ihnen einen Geist machen, der genauso mächtig ist wie Gott, denn er erlaubt die zügellose Ausübung aller möglichen magischen Praktiken.

Merke dir: Am Beginn aller Irrtümer stand die falsche Interpretation der ursprünglichen Dualität.

Aber der Anblick dieser Stadt ist relativ uninteressant für dich. Laß dich gehen, versuche nicht, dein Bewußtsein zu diesem oder jenem Punkt zu lenken. Ich werde dich in den Palast des Velu führen ...«

Mein Begleiter legt einen Lichtschleier über die Augen meines Bewußtseins. Keine Türme mehr, keine Wälle, keine sonnendurchtränkte Erde, keine Weiden. Ich werde angesogen vom Raum. Das Murmeln einer Menge zieht mich aus dem Nichts ... oder der Unendlichkeit. Ich bin in einem großen Saal mit mächtigen Steinmauern. Ein paar Fackeln verbreiten ein schwaches Licht, das ständig zu verlöschen droht.

Ebenso wie Hunderte anderer Männer mit bronzefarbenem Gesicht und scharlachroten oder safrangelben Gewändern stehe ich aufrecht da.

Ich schaue in Richtung der Mauer vor mir; eine mächtige Gestalt hebt sich von ihr ab, die die Arme ausgebreitet hat. Der Mann trägt ein weites rotes Gewand, das weiß umsäumt ist. Sein hartes Gesicht wird von einem ebenholzfarbenen Bart umrahmt. Er hat eine Adlernase und den Blick derer, die die Menge beherrschen. Es ist ein seltsamer, stählerner Blick, der im Augenblick auf nichts Bestimmtes gerichtet ist, vielmehr im Halbdunkel zu suchen scheint... oder in sich selbst.

Das Murmeln der Menge verebbt. Der Mann faltet die Hände und schließt die Lider.

Drückende Stille kehrt ein. Ich bemerke nichts mehr als das Knistern der aufzuckenden Flammen, die unsere Gesichter in ein ungleiches Licht tauchen.

An meiner Seite fällt mir ein Greis mit langem grauen Bart auf. Ich möchte ihn besser betrachten können, aber mein Körper gehorcht meinem Willen nicht, er ist der eines anderen und voll von kochender Ungeduld. Weshalb? Ich weiß es nicht. Meine Nachbarn scheinen vollkommen ruhig. Erwarten sie eine feierliche Erklärung? Beten sie? In den Augenwinkeln des Greises neben mir stehen die Tränen; ein Zeichen der Emotion oder des Alters?

Der Mann mit der mächtigen Statur und dem eisernen Blick geht plötzlich ein paar Stufen hinauf, die ich bis dahin noch nicht bemerkt hatte. Von einem Tisch aus grauem Stein nimmt er einen langen Stab von dunkler Farbe. Der Stab scheint eine besondere Bedeutung zu haben, denn der Mann schwingt ihn mit geschlossenen Augen über der stummen Menge. Mit seiner Spitze schreibt er Zeichen in der Luft, deren Sinn ich nicht verstehe; dann zeichnet er Arabesken auf den Boden um sich herum.

Aus der Menge erhebt sich nun ein tiefer, zauberischer, hypnotischer Gesang; gleich einer Spirale aus Weihrauch steigt er auf zur Decke des großen Saales, und meine geliehenen Augen folgen ihm, sie durchforschen das Dunkel und suchen die schweren Steinplatten der Decke ab. Und sie entdecken ... eine breite Öffnung. Draußen ist es Nacht, und das Himmelsgewölbe erscheint mir unendlich klar. Ein Stern strahlt besonders hell, sein Glanz läßt den aller anderen verblassen.

»Venus«, sagt die Stimme meines Lehrers, den ich fast vergessen hatte. »Die auf falsche Weise geliebte, schlecht verstandene Venus, die vergöttert wird und Quelle eines dunklen Kultes ist.

Sie wird sich der Erde nähern und bald Katastrophen auslösen. Diese Menschen haben Angst davor. Sie wollen ihr gefallen, sie durch Magie beherrschen, durch die Wissenschaft der Elementargeister und der materiellen Welt.

Aber Magie ist immer nur Magie. Von der weißen zur schwarzen ist es nur ein Schritt, den ein Bewußtsein, ein Wille leicht tun. Velu, seine Nachfolger und Babel werden sich durch sie zugrunde richten. Der *Geist*, die Allmacht sind außerhalb jeder Materie. Die Menschen sollten darüber nachdenken.

Der von Velu eingeführte Kult hat die dunklen Kräfte der Natur auf falsche Weise integriert. Es ist ein in die Irre gegangener lunarer Kult, der unverhältnismäßig verherrlicht wird. Der Mond ist Träger der Wissenschaft, er ist eines der Symbole für die universelle Kraft. Aber die Wissenschaft ist neutral, nur der, der sie anwendet, ist es nicht. Werden deine Zeitgenossen das verstehen?

Vieles wird heute wiederentdeckt. Richte deine Augen auf den amerikanischen Kontinent, auf die Raumfahrtbasen, und denke über eines der Programme der NASA nach, dessen Devise lautet: *Ex luna scientia* — vom Mond kommt die Wissenschaft. Darunter ist *eine* Wissenschaft zu verstehen, eine Wissenschaft, deren Kenntnis viele Herzen verbrennen kann.

Komm jetzt zu mir zurück. Babylon gehört der Vergangenheit an. Ich möchte, daß du den Blick in eine andere Richtung lenkst.«

Der Wunsch genügt. Der Geist bittet und erhält. Ich finde zu meinem Mentalkörper zurück, der das Licht des Astralbereichs durch alle Poren einzuatmen scheint. Mein Lehrer steht ein paar Meter vor mir; die goldene Gischt der Wellen umspielt seine Füße. Er macht ein paar Schritte, dann hält er einen Augenblick inne und sieht mich an. Seine kleinen Augen lächeln, und er scheint zu erwarten, daß ich etwas sage.

»Soll ich das alles berichten? Werden die Menschen glauben, daß die Vergangenheit wiedererstehen kann?«

»Kümmere dich nicht darum; einige werden es glauben, andere nicht. Einige verstehen zu lieben, andere nicht. Am Ende werden alle glauben und lieben. Alle!«

Während des Sprechens hat mein Begleiter das Wasser verlassen und ist zu den Kokospalmen gegangen; er macht mir ein Zeichen, ihm zu folgen.

»Du hast eben gesagt, daß nicht alle bei Velu blieben, daß einige weiter nach Westen zogen ... Was geschah mit ihnen?«

»Nun, das ist eine ganz andere Geschichte! Aber du sollst sie erfahren, und es ist auch wichtig, daß sie verbreitet wird. Die alten Kelten, die Asiaten geworden waren und sich nicht dem Schicksal Babylons verbinden wollten, setzten ihren Weg bis nach Thrakien fort, das heißt, grob gesagt, bis in die Gegend des heutigen Bulgarien.«

»Haben auch sie auf der Anschauung beharrt, die sie bei der Abreise aus Indien gewählt hatten?«
»Ja, sie haben weiter die passive Seite der Gottheit betont. Sie drangen schließlich ins heutige Griechenland vor, wo die verschiedensten Einflüsse sich mit den ihren vermischten. Die Eroberer Thrakiens nahmen zu dieser Zeit die Bezeichnung ›Söhne des Ion‹ an.
Dieses ›Ion‹ ist ein Symbol für alles, was formbildend ist. Es ist das Yin der Chinesen. In der griechischen Mythologie ist der Vater Ions Apollon, einer der Aspekte des Ewigen und Unendlichen Vaters.
All dies mag ein wenig schwierig erscheinen, aber du solltest es trotzdem behalten; es ist eine Seite der Geschichte, die extrem wichtig ist, weil sie viele Dinge erklärt.«
»Ja, das verstehe ich«, sage ich. »Ein Mißverständnis kann sehr unheilvolle Konsequenzen haben. Es braucht nicht viel, damit die Zivilisationen sich voneinander entfernen und sich zu hassen beginnen. Die Weißen, die von Asien kamen, haben in den Weißen Kleinasiens nicht ihre Brüder erkennen können.«
»Ja, und du wirst sehen, daß es dabei nicht geblieben ist.«
»Meinst du damit, daß einige der Dissidenten weder in Thrakien noch in Griechenland blieben?«
»Ja, das meine ich. Sie setzten ihren Weg bis nach Ägypten fort, wo ihr Einfluß verheerend war.«
»Sie fielen also ganz plötzlich ins Land ein?«
»Nein, Ägypten ist in mehreren Schüben überrollt worden. Erinnerst du dich an Amun? Ich habe schon von ihm gesprochen. Er ist eins der vielen Symbole für die passiven Kräfte der Natur. Zu jener Zeit wurde sein Kult anstelle des Aton-Kultes eingeführt — und du weißt sicher noch, daß Aton der einzige und solare Gott war, der von der roten atlantidischen Rasse ererbt wurde.«

Ich sitze inmitten einer wundervollen Vegetation und lasse den warmen Sand durch meine Finger gleiten. In den Tiefen meines Gedächtnisses suche ich einen vergleichbaren Augenblick, einen ebenso friedvoll-heiteren Ort. Ich suche, aber ich weiß auch, daß ich nichts finden werde, denn hier ist ein anderer Raum, eine andere Zeit, andere Wesen.
Die Anwesenheit meines Lehrers, seine fesselnden Berichte geben mir einen Vorgeschmack der Ewigkeit. Ich wende mich wieder meinem Freund mit dem blauen Gesicht zu.
»Lassen wir Griechenland und Ägypten ein wenig beiseite, und sprechen wir von der Geschichte im allgemeinen. Was ich den Historikern vorwerfe, ist ihre begrenzte Sichtweise; sie betrachten nur das, was sie vor Augen haben. Zu allen Zeiten haben diese Spezialisten die Geschichte zerstückelt und sie dadurch entstellt. Wenn die Menschen vorwärtskommen wollen, müssen sie die Abfolge der Ereignisse auf der Erde in einem globalen Zusammenhang sehen, der Jahrtausende umfaßt.
Wenn sie eine Epoche studieren, sollten sie sie in allen Ländern des Erdballs betrachten. Bei einer korrekten Anwendung dieses Prinzips wird das Wissen über Zivilisationen und Religionen einen großen Sprung nach vorne tun.
Ich halte die Geschichte der Religionen für wichtig, weil die Menschen und ihre Kultur zum Teil das Produkt ihrer vergangenen und gegenwärtigen Glaubensrichtungen sind. Ebenso wie die Geographie eines Landes sind sie an der Ausbildung des Volkscharakters essentiell beteiligt.
Du sollst wissen, daß die Boten des göttlichen *Wortes* überall auf der Welt jahrhundertelang harmonisch zusammenwirkten.
Lange bevor die asiatischen Dissidenten in Ägypten einfielen, spürten die Priester die über ihrem Lande liegende Be-

drohung. Ägypten nährte zu jener Zeit wahre Männer Gottes, große Mystiker. Die damaligen Geschehnisse waren nicht nur für die Zukunft Ägyptens wichtig, sondern auch für die der ganzen Erde. Du wirst dies selbst feststellen könne. Du wirst einige bewegende Augenblicke der Geschichte deines Planeten erleben. Laß mich die Hand auf dein Herz legen, es wird dir helfen.

Liebe die Wesen, die du gleich sehen wirst. Ein paar von ihnen waren einfache Menschen, andere mehr als das.«

Ich habe meinen Blick in den meines Begleiters versenkt, und der kleine Strand mit den Kokospalmen, mit seinem gold- und rubinfarbenen Sand ist verschwunden . . .

Ein seltsames Licht umfängt meine Augen. Es ist ein sanftes Licht, so sanft, daß es mir fast nicht ausreichend erscheint. Trotzdem sehe ich klar, sehr klar sogar. Ungefähr fünfzig Männer sitzen im Lotussitz vor mir auf dem Boden. Einige tragen grobe Tuniken aus Leinen oder einem ähnlichen Stoff, andere edle weiße oder blaue, gelbe oder orangefarbene Gewänder.

Der Schädel der meisten ist kahl, ihre Falten zeigen ein fortgeschrittenes Alter an. Hier und da sind ein paar ganz in Weiß gekleidete Wesen mit einem Schleier bedeckt. Ich, so glaube ich, stehe. Eine leichte Bewegung meines Kopfes erlaubt mir zu sehen, daß ich in der rechten Hand einen langen goldenen Stab trage, an dessen oberem Ende sich über einem kleinen Querbalken eine Kugel befindet.

Ich möchte die Umgebung des Ortes betrachten, an dem ich diese Augenblicke erlebe, aber meine Augen ruhen auf all diesen Männern vor mir.

Ich bemerke jetzt, daß ein Wesen im Lotussitz ihnen gegenübersitzt. Sein Gewand ist schneeweiß; es trägt einen Schleier, der mit einem feinen Goldband umsäumt ist. Es

scheint zu meditieren, das Gesicht jedenfalls ist dem Boden zugewandt und daher für mich nicht erkennbar.
Mein Körper kommt in Bewegung, er macht ein paar vorsichtige Schritte; offensichtlich versucht er, die Ruhe nicht zu stören. Leichter Schwindel ergreift mich, es beunruhigt mich ein wenig und erinnert mich an meine seltsame Lage.
Ich habe einen Augenblick das Gefühl, ohne erkennbares Ziel, ohne festen Gedanken in der Zeit zu schweben.
Durch die Bewegung meines Körpers erfahre ich nun allerdings noch etwas über den Ort, an dem ich mich befinde: Es ist ein relativ kleiner Saal mit Wänden aus großen Steinblöcken. Einen Augenblick lang denke ich an den Palast des Velu, an Babylon. Aber nein, das kann es nicht sein ... Mein Lehrer hat von Ägypten gesprochen, im übrigen sind die Türen enger, höher. Die Wände scheinen leicht zu schwitzen. Sind wir unter der Erde? Außer zwei Türen keine Öffnung, kein Fenster — auch nicht in der hohen Decke.
Wieder denke ich an das Licht, ein seltsames Licht. Wo kommt es her? Ich bemerke keine Fackel, kein Loch in der Wand, durch das die Sonne eindringen könnte. Dieser Punkt ist mir ein völliges Rätsel. Er beschäftigt mich, aber die sanfte, ruhige Stimme meines Freundes erwacht in meinem Herzen.
»Die kosmische Liebe ist das Licht des Geistes, sie ist das Licht, das die Universen lenkt. Kein anderes Geheimnis steht hinter diesem Phänomen. Die Wesen, die vor den Augen deines astralen Bewußtseins meditieren, sind sehr große Weise. Die christliche Welt würde sie als Heilige bezeichnen. Die Welt der Eingeweihten nennt sie ›Christoi‹.
Du bist überrascht, das solltest du nicht sein; ›Christus‹ bedeutet nicht der ›Gekreuzigte‹, wie viele Menschen meinen. ›Christus‹ bedeutet ›gesalbt durch die Gnade Gottes‹, aus-

erwählt vom Ewigen. Diese Männer hier sind ›Christoi‹, weil das *Wort* in ihren Herzen ist. Sie wurden auf dieser Erde mit einem heiligen Auftrag geboren. Sie sind es, die das Wissen der Atlanter retten und alles so anordnen werden, daß es sich eines Tages in den Händen des Moses befindet. Diese Männer schaffen das, was sich von nun an die ›großen heiligen Mysterien Ägyptens‹ nennt. Ihre Lehren sind zusammen mit denen der tibetischen Hochebenen noch heute die fruchtbarsten, die auf Erden zu finden sind.
Sie sind seltsam einfach, seltsam komplex. Verstehe, wer verstehen will. ›Hilf dir selbst, dann hilft dir Gott.‹
Das Licht, das dich so beschäftigt, geht von den Körpern der Christoi des alten Ägyptens aus. Betrachte ihre fleischlichen Gewänder als Mittler zwischen Geist und Materie. Sie sind Transformatoren göttlicher Energie. Erinnere dich an die Chakras.«
Mein Freund schweigt, und meine Aufmerksamkeit richtet sich wieder auf das Wesen mit dem goldumsäumten Schleier, das der Versammlung gegenübersitzt. Langsam hebt es den Kopf und schaut in meine Richtung; der Mann muß ungefähr fünfzig Jahre alt sein. Er hat eine glanzlose, fast schwarze Haut; seine klaren Augen fixieren mich und scheinen zu sagen: »Der Augenblick ist gekommen . . .«
Mein geliehener Körper kniet sofort nieder, während er mit beiden Händen nach dem Zepter mit der Kugel greift. Der Mann mit den klaren Augen hat sich ruhig erhoben. Mir wird bewußt, daß jede seiner Gesten überlegt ist, gemessen, Ausdruck einer tiefen Harmonie. Zwanglos läßt er die Arme am Körper herabhängen und beginnt dann mit unergründlicher Stimme zu sprechen: »Männer, die Zeit ist gekommen, in der das Wissen verlorengeht. Deshalb wollte ich euch sehen. Wenn die Jahreszeiten viermal vergangen

sind, werden die Fremden aus dem Osten an unseren Grenzen sein. Es ist jetzt unsere Pflicht, das alte Wissen des Pferdes zu schützen. Handeln wir als Priester des verlorenen Kontinents. Ich habe mich schon mit den Weisesten von euch beraten. Wir sind zu dem Schluß gekommen, daß eine einzige Lösung möglich ist, damit der wahre Kult lebendig bleibt. Verbergen wir ihn unter dem Schleier der großen Isis. Umgeben wir unser Wissen mit dem Mantel des Mysteriums, verhüllen wir es, damit es nur den Augen des Reinen sichtbar wird. Die Wissenschaft der Künstler, der Dichter wird uns helfen.

Ich sehe, daß einige von euch skeptisch sind... Täuscht euch nicht, der Pharao wird den zahlreichen Angriffen auf unsere Grenzen nicht standhalten können. Unsere Aufgabe ist es jetzt, abzunehmen und unter der Erde zu leben. Bewahren wir das Korn, geben wir ihm seine ganze Kraft, damit die Herrschaft des Gesandten kommen kann, der es zum Keimen bringen wird. Es wird ein anderes Volk in einer anderen Zeit nähren. Nein, ich versichere euch, nicht wir werden die Früchte der Sonne ernten. Das ist in wenigen Worten das, was ich euch sagen wollte. Was das übrige betrifft, wißt ihr genausoviel wie ich. Wir, Priester des Aton, werden in den Augen der Welt sterben. Aber wir werden leben — wie die Raupe, die ihren Kokon spinnt. Denkt an das alles und an die Rolle, die von nun an die eure sein wird. Es ist möglich, daß Aton nicht einmal mehr unter diesem Namen bekannt sein wird. Aber wird irgend jemand je den wahren Namen des Einzigen Wesens kennen? Nicht diesem Punkt sollte eure Sorge gelten.«

Ohne etwas hinzuzufügen, hat der Mann mit dem goldgesäumten Schleier sich einem Tisch zugewandt, der aus einer Steinplatte über einer zentralen Säule besteht. Diese ist

mit feinen Hieroglyphen in blauer Farbe bemalt, aber ich bin so weit weg, daß ich sie nicht entziffern kann. Statt dessen beobachte ich jede Geste des Aton-Priesters.
In der Mitte des Tisches befindet sich ein ungefähr dreißig Zentimeter hoher Gegenstand, der mit einem weißen Stoff bedeckt ist. Mit einer knappen Geste entfernt der Priester den Schleier und kniet vor dem Gegenstand nieder, dessen Schönheit und Bedeutung mein Innerstes ergreifen.
Augenblicklich spüre ich die Gegenwart meines Lehrers an meiner Seite. Er scheint mich zu fragen: »Erkennst du es wieder?«
Und meine Seele antwortet: »Ja, ich erkenne es, es ist die Crux Ansata, das Kreuz des Lebens, aber schöner, viel schöner als je zuvor. Sie ist ein Kelch und gleichzeitig ein Kreuz.«*
»Bedenke den ganzen Wert dieser Augenblicke. Sie sind Marksteine der menschlichen Geschichte. Betrachte den Priester, der sich vor dem Kelch sammelt. Er weiß viel mehr darüber, als er sagte. Er weiß, wer Moses sein wird. Er weiß, daß Moses ein Ägypter sein wird und nicht ein Hebräer, wie man heute gemeinhin glaubt.«
»Ein Ägypter?«
»Moses war ein Ägypter. Die Legende hat ihm hebräische Eltern gegeben, damit er von dem Volk akzeptiert wurde, das er führen sollte. Die Geschichte von dem Kind, das aus den Wassern errettet wurde, ist die eines Königs, der lange vor ihm lebte.«
»Ich glaube nicht, daß das jüdische Volk oder die Allgemeinheit das heute akzeptieren kann . . .«

*Das Oval über dem T der Crux Ansata war ein Kelch, aus dem der Priester an einem bestimmten Zeitpunkt der Zeremonie trinken mußte.

»Es wird zu seiner Zeit geschehen. Bald. Der Uneingeweihte kennt heute nur ein Zehntel vom ursprünglichen Werk des Moses. Moses kannte die Geheimnisse der Sphinx und der Großen Pyramide. Er ist in die unterirdischen Säle vorgedrungen und hat die Botschaften erfahren, die ihm hinterlassen wurden von den hier vor dir sitzenden Männern und dem, der der größte Gründer von Atlantis war: Hermes-Thot. Seine Lehre, die essentiell esoterisch ist, findet sich in der Kabbala*. Deshalb hast du eben den Ausdruck gehört: ›das alte Wissen des Pferdes‹.

Die Kabbala ist das Pferd, das Emblem von Atlantis, sie ist die Wissenschaft, die von den letzten Weisen des verlorenen Kontinents zusammengetragen wurde, um die Tradition fortzusetzen. Die Kabbala ist in gewisser Weise Pegasus, das geflügelte Pferd, das von einer Welt zur anderen springt.

Die Männer, die du in diesem unterirdischen Saal vor dir hast, werden das große Werk vollenden, das zu Beginn des Löwenzeitalters von den Atlantern in Angriff genommen wurde: das ›Taro‹.«

»Der Priester sieht die Zukunft und die kommende Existenz des Moses also, weil er diese Wissenschaft beherrscht?«

Ich kann meinen Lehrer nicht sehen, aber ich stelle mir vor, wie er über meine eilfertigen Schlüsse lächelt.

»Die Vorhersage der Zukunft ist einer der unwichtigsten Aspekte des ›Taro‹.

Das ›Taro‹ ist vor allem eine Zusammenfassung aller Kenntnisse über den Gang des Universums. Es ist der Schlüssel zu einem unermeßlichen Wissen. Es öffnet Pforten, die zu anderen Pforten führen, und so bis ins Unendliche.

* Lat. caballus = Pferd (Anm. d. Übers.)

Nein, der Priester kennt die Zukunft durch die Stille. Wer in sich eine vollkommene, noch nicht einmal vom Schlag des Herzens gestörte Stille herzustellen vermag, erlebt erstaunliche Momente der Klarsicht und kennt die Wahrscheinlichkeiten der Zukunft.
Du mußt wissen, daß das irdische Leben und seine Wechselfälle einen Strom von Parasiten schaffen, die den Menschen daran hindern, seiner Seele und seinem Geist Gehör zu schenken.
Bediene dich deines Körpers, vervollkommne ihn, denn er kann dich weit bringen, aber betrachte ihn nur als einen Körper, als eine Grenze, die im Notfall überwunden werden muß.«
Während ich meinem Freund zuhöre, haben mein Blick und mein Bewußtsein sich unmerklich aus dem unterirdischen Saal im alten Ägypten entfernt. Ich bade in einem sehr weißen Licht, das von tausend guten Wesen bevölkert ist, die ich nicht sehe, deren Leben ich aber spüre. Ich kann auch meinen Freund nicht sehen, aber ich höre seine Stimme, die mich wie eine Nabelschnur mit einer Welt verbindet, die konkreter ist als ich.
»Einige große Weise des alten Ägypten wußten, daß Moses nicht das letzte Glied der Kette sein würde, die die Menschen zu ihrer letztendlichen Vollkommenheit führt. Sie wußten, daß die Evolution keine Grenzen kennt und nach Moses andere Gesandte kommen würden, darunter der Christus Jesus. Sie wußten, daß der positive Kult der universelle Kult war. Sie kannten die Gesetze über das Gleichgewicht der Gegensätze. Sie wußten, daß der Ishwa-ra des alten Indien niemand anders ist als der Osi-ris des atlantidischen Ägypten und der Jesus-rex der Christen, der kosmische Herrscher, die aktive Kraft des großen Ganzen, das die Welt der Erscheinungen durchdringt.

Sie wußten, daß der göttliche Bote ihres Volkes derselbe war wie der der ersten Hebräer und der weißen Menschen, die sich endgültig in Indien niedergelassen hatten.
Deine Mitmenschen heute ahnen nicht einmal, welche Kenntnisse diese Weisen besaßen. Es ist unnötig, die Spuren ihres Wissens auf den Obelisken oder auf den Mauern der Grabkammern zu suchen; dort sind sie nicht. Sie warten seit Tausenden von Jahren, daß der Mensch, der die Schwelle zum Wassermannzeitalter erreicht, sie aus der Erde hervorholt.«
Die Stimme meines Begleiters ist unmerklich schwächer geworden; mein Herz hat sich mit Stille gefüllt, einer konkreten, kraftvollen Stille. Namen erstehen in mir und drängen sich an die Pforte meiner Seele, die Namen von Zarathustra, Krischna, Mithra und anderen ... Wer waren sie, was genau haben sie getan?
Ich spüre, wie mein Freund mich in meinen Astralkörper zurückruft und damit meine Gedanken unterbricht.
Wie soll ich beschreiben, wie ich an den kleinen Strand mit dem goldenen Sand zurückgekommen bin? Ich habe jeden Zeitbegriff verloren und bin eingehüllt in ein Licht, das mich daran hindert, irgend etwas zu erkennen. Ich fühle mich nach vorne katapultiert, das ist das einzige, was ich sagen kann.
Ich komme wieder zu mir, als ich ausgestreckt zu Füßen meines Freundes liege und den astralen Himmel betrachte, der in ein orangefarbenes Licht getaucht ist. Ich denke an die untergehende Sonne, aber ich muß selbst über diese Vorstellung lächeln; ich weiß, daß hier die Sonne nie untergeht. Welche Sonne im übrigen? Es gibt keine Sonne — oder vielmehr: die Sonne ist überall zugleich. Trotz der Warnungen meines Freundes beginne ich fast automatisch, zwi-

schen der Astralwelt und der Erde Vergleiche anzustellen. Ich bemerke, wie unzureichend die aus der Welt der Materie bekannte Farbpalette für den ist, der die Welt der Seele zu beschreiben sucht. Ich registriere hier ein Dutzend Grundfarben, aber wahrscheinlich gibt es noch mehr. Ich glaube, daß keines der dem Menschen auf Erden bekannten Worte sie richtig beschreiben kann. Diese Arbeit kann nur der Phantasie des Lesers überlassen werden ... oder seinem Erinnerungsvermögen.

Zum ersten Mal — und ich wundere mich, daß mir dies nicht schon früher aufgefallen ist — bemerke ich, daß es in der Astralwelt keine Schatten gibt.

Das mag schwer vorstellbar sein, aber dennoch ist es so. Sicher habe ich bei meinen Darstellungen den Begriff »Schatten« schon benutzt; dies ist aber nur damit zu erklären, daß mein Vokabular für die Welt, die ich zu beschreiben versuche, nicht geeignet ist. Ich bekomme Lust, Worte zu erfinden, aber sicher wären sie zu häßlich, zu ungenau und vor allem nicht allgemeinverständlich.

»Errichte in deinem Geist ganz präzise Strukturen. Durch sie kannst du das Gesehene verstehen und behalten. Im allgemeinen verzettelt der Mensch sich in seinen Taten und in seinen Gedanken. Jede ungeordnete Tat, jeder ungeordnete Gedanke können ihrem Urheber nicht nützen. Das Werk, um das ich dich und deine Gattin bitte, soll nicht wie ein Roman gelesen und verstanden werden. Ich möchte, daß der ›rote Faden‹ deutlicher in Erinnerung bleibt als die Anekdoten. Der Text und vor allem die kurze Geschichte der Religionen sollte daher genau strukturiert sein.

Es soll klar werden, daß keines der großen irdischen Ereignisse ein Ergebnis des Zufalls ist. Die Gesandten des *Geistes* — ganz gleich, ob sie schwarz, gelb oder weiß sind oder waren — haben immer nach einem abgestimmten Plan gehandelt, um die Schatten des Vergessens und der Unwissenheit zurückzudrängen. Es ist wichtiger als je zuvor, daß deine Mitmenschen den tiefen Sinn des Kampfes erfassen; nur so können sie den Abgrund vermeiden, der sich jeden Tag mehr unter ihren Füßen öffnet.

Schließe die Augen, verbanne aus deinem Geist die Wunder, die dir gezeigt wurden, und hör mir gut zu, denn ich berichte dir vom Kampf der Gesandten des Lichts auf Erden. Erfahre, wie sie den Kult der dunklen Kräfte der Natur aufhielten.

Hör mir gut zu, und erinnere dich an Indien kurz vor dem Auszug der Schismatiker. Das Land war nicht am Ende seiner Prüfungen; es gab weitere Mißhelligkeiten. Ich werde nicht von ihnen sprechen, das würde zu weit führen.

Du sollst nur wissen, daß Krischna kommen mußte, damit die ursprüngliche Einheit wieder verstanden und herbeigesehnt wurde. Krischna war der Gesandte, der in Indien den Begriff der Dreifaltigkeit entwickelte, oder, mit dem Sanskrit-Ausdruck: die Trimurti.

Keine Angst, ich werde dir nicht eine Vorlesung über den Hinduismus halten. Jeder, der diese Religion kennenlernen möchte, findet genügend Werke zu diesem Thema. Ich möchte dir nur ein paar allgemeine Vorstellungen vermitteln, die jedem erlauben, das Wesentliche zu behalten.

Die Trimurti besteht aus Brahma, Wischnu und Schiwa. Sie repräsentieren die großen universellen Kräfte: das schöpferische, das erhaltende und das zerstörerisch-erneuernde Element — mit anderen Worten: das Positive, das Negative und das Neutrale. Man kann diese Trinität auch als Vater, Sohn und Geist bezeichnen.

Jetzt wird es etwas schwieriger, aber ich glaube, es ist der Mühe wert, wenn du mir weiter aufmerksam zuhörst.
Noch heute sprechen die Hindus in bezug auf die Trimurti von ›Sat, Tat und Aum‹. Du findest hier ein Element, das ich schon erwähnt habe: Das ›T‹ beziehungsweise das ›Taw‹ von ›Tat‹ ist nichts anderes als das Kreuz des Sohnes, das des Christus Jesus.
In ihrer gegenwärtigen Entwicklungsphase zeigen die Menschen noch sehr wenig Unterscheidungsvermögen: Sie vergöttern oder erniedrigen das, was sie nicht kennen. Im Westen etwa ist die Vorstellung, der Hinduismus sei eine polytheistische Religion, noch stark verbreitet. Dies ist völlig falsch und zeigt nur, daß das hinduistische Denken nicht bekannt ist. Eine solche Meinung ist genauso irrig, wie zu glauben, das Christentum sei polytheistisch, weil es von einem Vater, einem Sohn und einem Heiligen Geist spricht!
Nein, der wahre Hinduismus vertritt genau wie das Christentum die Einheit in der Dreiheit.«
Ich erhebe mich ein wenig und stütze mich auf meinen Unterarm. Dabei bemerke ich, wie mein im Lotussitz sitzender Lehrmeister zum Ufer schaut.
Ich frage ihn: »Krischna war also der Begründer des Hinduismus?«
»Nein, das nicht ... Schließ die Augen, streck dich aus ... Du kannst dann besser behalten.
Krischna hat dem Hinduismus die Form gegeben, die wir heute kennen, aber er ist nicht sein Begründer. Die hinduistische Religion hat eigentlich keinen Gründer. Sie ist aus Texten hervorgegangen, die man als Veden bezeichnet und deren Autoren unbekannt sind.«
»Gibt es nicht vier solcher Texte?« werfe ich schüchtern ein.

»Genau ... Denk über diese Zahl nach, es ist die Zahl der Evangelien und in gewisser Weise auch die des Kreuzes.
Ich möchte, daß die Welt zu Beginn der großen Verwandlung, die sich vorbereitet, Krischna und sein Werk kennt.
Merke dir, denn dies ist im Gehirn der Theologen nicht immer klar: Durch die Betonung der Einheit in der Vielheit hat Krischna die Aufmerksamkeit des indischen Volkes von der unruhestiftenden Dualität des Universums abgelenkt; dies war sein großes Verdienst.
Stelle nun völlige Leere in dir her, und behalte Wort für Wort, was ich dir jetzt sage: Ich habe von Rama und Krischna gesprochen, nähere diese beiden Männer einander an. Der erste hat eine große Religion begründet, der zweite ist gekommen, um die Verirrungen dieser Religion abzustellen.
Ich versichere dir, Ram, der Rama der Hindus, war Krischna, und Krischna war Rama.
Sie sind eins, hervorgegangen aus demselben Geist, Embleme von ›Tat‹, dem Christus-Sohn.«
Das Murmeln der Wellen, die ans Ufer schlagen, ist in weite Fernen zurückgesunken; nur die Worte meines Freundes klingen in mir. Ich versuche, ihren Sinn zu verstehen. Ein Licht mehr ist entzündet worden.
»Dies war einer der ersten Akte der Versöhnung. Höre jetzt die Geschichte eines Wesens, das Gott sein Leben weihte, um das Unrecht wiedergutzumachen, das der menschlichen Rasse durch den Priester-König Velu entstanden war. Es ist die Geschichte eines verkannten Wesens, das zuerst angebetet und dann verleumdet wurde.
Ich meine Zarathustra den Großen. Stell dir einen untersetzten Mann vor mit kahlrasiertem Schädel und Bart. Schon zu seinen Lebzeiten erzählte man viele Geschichten über

ihn. Man sagte, er sei königlicher Abstammung, dann wieder, er stamme aus dem Volk. Man stellte ihn sich als Gesetzgeber vor, oder wie er allein durch die Wüste wanderte. All dies ist unwichtig; wissen sollte man allerdings, daß er ein Mensch aus Fleisch und Blut war und nicht einer jener sogenannten ›mythischen‹ Könige oder Götter, die Menschen sich oft vorstellen, wenn sie nichts Genaues wissen. Die Welt kennt ihn auch unter dem Namen Zoroaster, und er hat sich bemüht, die mit Babylon entstandene Religion zu reformieren. Er war der Begründer des altpersischen Glaubens.
In Übereinstimmung mit den Mächten des Geistes hat er sich bemüht, den passiven Kult auf den Platz zurückzuverweisen, der ihm zukam, das heißt auf den Rang des aktiven Kults; du weißt, die kosmische Harmonie resultiert aus dem Gleichgewicht der beiden gleichrangigen, aber entgegengesetzten Kräfte.«
Mein Freund sieht durch mich hindurch wie durch einen Kristall. Er kennt im voraus meine Fragen, meine Zweifel, meine Fehldeutungen. Ich spüre, wie seine Stimme leicht den Tonfall ändert, und ich stelle mir vor, daß seine kleinen Augen lächeln.
»Versteh mich richtig ... Die Religion Zarathustras, die man als Mazdaismus bezeichnet, war nur ein weiterer Ausdruck der absoluten Wahrheit. Wie alle großen Religionen war sie eine Stufe der fortschreitenden Offenbarung, die für die große Mehrheit der Menschen immer weitergeht.«
Beim Schreiben dieser Zeilen wird mir bewußt, daß sie vom Leser sehr viel geistige Offenheit erwarten. Ich denke an den atheistischen Leser, der so mutig oder so neugierig war, dem Text bis hierher zu folgen, aber ich denke auch an den ›gläubigen‹ Leser, etwa den christlichen ... Er sollte nicht

alles von vornherein ablehnen oder gleichgültig mit den Achseln zucken und diese oder jene Passage aus der Bibel anführen beziehungsweise das, was man ihm über diese Passage erzählt hat.

Er sollte sich fragen, ob er Christ ist, weil seine Eltern Christen waren oder weil dieser Glaube seine tiefinnere Überzeugung ist. Verstehen Sie mich richtig: Ich möchte keinen Zweifel säen. Ich versuche nicht, irgend jemanden zu irgendeinem philosophischen oder religiösen System zu bekehren. Ich möchte nur Zeugnis ablegen über erlebte Augenblicke, deren Quintessenz die folgende ist: Es gibt im Universum eine höchste und ewige Realität. Sie steht über jedem politischen oder religiösen Streit. Ihre Devise ist ein einziges Wort: Liebe.

Natürlich wird niemand — oder fast niemand — gegen das, was dieses Wort alles zum Inhalt hat, offiziell Stellung beziehen. Aber dieses Wort verlangt Handlungen, es verlangt nach einem anderen: Toleranz. Und auch diese Toleranz will angewandt werden.

Wie kann man einen Augenblick annehmen, Gott sei Mohammedaner, Christ, Hindu oder gehöre sonst irgendeiner Glaubensrichtung an?

»Der Mazdaismus ist eine Religion, die vielen Menschen unbekannt ist«, fährt mein Freund fort. »Ich möchte dir in wenigen Worten einen Überblick über ihn geben.

Zu seinen Lebzeiten hatte Zarathustra es mit einem rauhen Volk zu tun. Das Leben war hart, die Menschen waren wenig gebildet und an abstrakte Begriffe nicht gewöhnt. Sie kannten lediglich die spektakulären Taten der Zauberer.

Damit seine Reform akzeptiert wurde, personifizierte Zarathustra die beiden gleichrangigen Kräfte, die den universellen Motor in Gang halten.

Das Licht, das Positive, bekam den Namen Ormuzd oder Ahuramazda, der Schatten, das Passive den Namen Ahriman. Zarathustra lehrte vor allem die Verehrung von Ormuzd, was die Entwicklung bestimmter spiritueller Kräfte erlaubte. So entstand unter anderem der Mithra-Kult.
Ich möchte, daß du und deine Gattin die Grundlagen des Mazdaismus bekannt macht, denn das christliche Volk assoziiert diese Religion gern mit den Irrungen Babels. Gerade die Katholiken sollten sich für den Ormuzd-Kult interessieren und ernsthaft seine Ursprünge suchen, denn fast ihr gesamtes Ritual geht auf diese Religion zurück. Ich weiß, daß dies die Christen schockieren wird, aber gewisse Realitäten müssen einfach mit offenen Augen betrachtet werden.
Das Christentum ist eine der schönsten Religionen, die je existiert haben; oft jedoch hat man es seiner wahren Wurzeln und eines Teils seiner Lehren entledigt.«
»Aber das erfordert eine ziemliche Forschungsarbeit«, sage ich zweifelnd zu meinem Freund.
»Die Arbeit ist zum Großteil schon getan. Bemerkenswerte Bücher dämmern in den Regalen der Bibliotheken vor sich hin. Es genügt, die eigene Trägheit zu überwinden, ein wenig zu suchen und jede Engstirnigkeit beiseite zu lassen.
Auch der Lehre Zarathustras zufolge bestand der Mensch aus drei Komponenten: Die erste nannte sich ›Akko‹ und entspricht dem Bewußtsein des Wesens in der physischen Welt. Sie erleuchtet den einzuschlagenden Weg und ist ein Charakteristikum des physischen Körpers. Die zweite Komponente nannte sich ›Dyan‹ und läßt sich mit dem Astralkörper identifizieren. Die dritte schließlich wurde ›Seele‹ genannt, was, auf unsere Klassifikation übertragen, dem *Geist* entspricht, dem Sitz des wahren Wissens.

Ich sehe, daß du dich wunderst, aber du hast keinen Grund dazu. Es gab immer Menschen, die die großen Wahrheiten gekannt haben.«
Während mein Lehrer weiterspricht, läßt meine Aufmerksamkeit nach. Für den Bruchteil einer Sekunde fängt meine Seele eine süße, seltsame Melodie auf. Ich spüre ihr nach, aber ich höre nichts mehr. Es war, als ob der Wind, der über die Kokospalmen streicht, sie sanft und wie zufällig herübergetragen hätte.
Ich setze mich auf. Mein Freund legt seine Hand auf meine Schulter und möchte offensichtlich, daß ich ihm noch einen Augenblick zuhöre.
»Dein physischer Körper ruft dich. Deine Seele will sich von diesen Orten entfernen, denn ich spreche schon lange zu dir. Ich sehe das Licht, das durch die Fensterläden deines Zimmers dringt und deine Lider berührt.«
Ich fühle ein leichtes Stechen im Herz, aber wie gewöhnlich lächelt mein Freund in unerschütterlicher Ruhe.
»Weißt du«, sagt er, »die Musik . . . Auch ich habe sie gehört. Wir haben Musiker hier . . .«
Ein Nebel aus abertausend weißen Lichttröpfchen hat mich eingehüllt. Nur die Stimme meines Freundes hallt noch in mir: »Geh, wir werden uns wiedersehen!«
Dann erstirbt sie, und ein schwarzer Schleier fällt über mein Bewußtsein.

XI

Die Höhle der letzten Atlanter

Ich liege ausgestreckt im Halbdunkel meines Zimmers und schaue in mich selbst. Ich schaue in mich selbst, um aus mir herauszugelangen. Das Fenster ist halb offen, und ein angenehm kühler Luftzug streift mein Gesicht. Langsam atme ich durch die Nase ein. Ein Energiestrom steigt meine Wirbelsäule hinauf; zwischen den Augen spüre ich einen Druck, der immer stärker wird.

An ebendiesem Punkt ersteht ein Licht, das zunächst so schwach ist wie die Flamme einer Kerze, dann aber immer größer wird, bis es mich schließlich vollständig erfüllt.

Der Energiestrom erreicht meinen Nacken und zerbirst plötzlich im Inneren meines Schädels. Das Gefühl ist unbeschreiblich. Einen Augenblick lang glaube ich, mein Kopf werde zerspringen. Mein Körper scheint mir unmäßig lang. Jeder Kontakt zur äußeren Welt ist abgebrochen.

Ich bin allein mit diesem inneren Licht und diesem fast unerträglichen Druck. Eine seltsame Erregung hat sich meiner bemächtigt, meine Lider flattern unerhört schnell. Ich habe keine Kontrolle mehr über sie, will sie auch gar nicht beeinflussen. Im Schatten meiner selbst warte ich mit immer stärkerem Willen, daß die Welt schwankt, daß mein Bewußtsein und mein Mentalkörper sich auf die andere Seite der alltäglichen Szenerie begeben, dorthin, wo die Rollen geschrieben und verteilt werden.

Jetzt ist es geschehen. Heftig werde ich nach oben gezogen. Mir ist kalt, und ich sehe, wie ich zwei Meter über meinem Körper schwebe. Ich bemerke, daß alle Gegenstände des Zimmers eine besondere Leuchtkraft, ungewohnte Umrisse bekommen haben. Sie leben ein Leben, das für die physischen Augen nicht wahrnehmbar ist.
Ihre Oberflächen, ihre Konturen sind in ständiger Bewegung.
Sie scheinen mir zugleich präsenter und irrealer, denn eine seltsame Schönheit geht von ihnen aus.
Durch die Beschäftigung mit diesen Gedanken habe ich nicht bemerkt, daß mein Astralkörper, der hierhin und dorthin schwebt, bereits zum Teil mit der Decke verschmolzen ist . . .
Sehr klar hallt unversehens eine Stimme in mir: »Bleib da, bleib auf der Erde. Steig noch nicht auf. Beherrsche deinen Willen, schwebe nicht so ziellos umher.«
Mein Lehrmeister ist da, ich habe ihn erkannt. Der Klang seiner Stimme ist mir so vertraut!
»Richte deinen Willen nicht auf den oberen Astralbereich, ich möchte nicht, daß du sofort zu mir kommst. Du wirst dich auf die andere Seite des Atlantiks begeben, an einen bestimmten Ort des südamerikanischen Kontinents. Manche Menschen haben bereits eine Ahnung von dem Ort, den ich dir zeigen werde, aber keiner kennt seine Lage genau. Im Augenblick ist es besser so.«
Die Neugierde läßt mich meine instabile Position an der Decke des Zimmers vergessen, und wißbegierig frage ich: »Wo liegt dieser Ort, in welchem Land?«
»Ich habe vom südamerikanischen Kontinent gesprochen, bitte mich nicht um nähere Angaben. Glaub mir, es ist besser, wenn du nur wenige Informationen zu diesem Thema

hast. Es wird dir und deiner Gattin eine Reihe von Unannehmlichkeiten ersparen. Wenn man dir Fragen stellt zu dem, was du gleich sehen wirst, kannst du einfach antworten, es handele sich um Südamerika, und du brauchst nichts zu verheimlichen, weil du nicht mehr weißt.«

»Wie soll ich an diesen Ort gelangen?« frage ich. »Du hast mir gesagt, daß es schwierig sei, sich astral an einen Ort zu begeben, dessen genaue Lage man nicht kennt, dies verlange eine gewisse Übung.«

»Hab Vertrauen... Jede Ortsveränderung ist mit dem Astralkörper möglich, sei es auf der Erde oder anderswo. Die Seele besitzt ihre eigenen Wege. Sie haben mit dem Willen und der Sensibilität zu tun. Fürchte nichts, mein Wille wird bis zum Ende der Reise dein Bewußtsein lenken.

Versuch zunächst, dich zu stabilisieren. Irre nicht so umher. Stell dir einen großen düsteren Saal vor, einen Saal, den die Strahlen der Sonne seit Jahrtausenden nicht erwärmt haben. Stell dir eine große trapezförmige Tür vor, die durch einen riesigen Block aus behauenem Stein verschlossen wird.«

In einen weißen Blitz gehüllt, hat das Dekor meines Zimmers sich zu drehen begonnen. Ich erwarte, irgendwohin katapultiert zu werden, ich erwarte das bekannte Gefühl in der Nabelgegend. Aber nichts dergleichen geschieht. Die Umgebung hat sich bereits verändert. Zwei oder drei Sekunden haben genügt — so beurteilt zumindest mein astrales Bewußtsein die Dauer der Reise. Der Ort, an dem ich mich befinde, liegt in völliger Dunkelheit; trotzdem sehe ich dort wie am hellichten Tag. Ich achte nicht weiter auf dieses Phänomen, aber ein kleiner Satz kommt mir in den Sinn: »Die völlige Dunkelheit ist nur eine andere Form des Lichts.« Ist er mir von meinem Lehrer eingeflüstert wor-

den? Entstammt er den Tiefen meines Gedächtnisses? Ich weiß es nicht.
Der Saal ist leer, es herrscht völlige Stille. Meine Aufmerksamkeit gilt den grauen Steinplatten des Bodens.
Plötzlich habe ich das Gefühl, von der riesigen Steintür magnetisch angezogen zu werden. Mein Astralkörper hat eine vertikale Lage eingenommen und geht langsam auf sie zu. Ich verstehe, daß der Wille meines Geistführers mich lenkt. Mein Körper geht durch den Stein hindurch, der für die Ewigkeit erstarrt scheint. Ich entdecke einen weiteren Saal, der dem ersten völlig gleich ist — bis auf einen Punkt: Er ist nicht leer.
In einer Ecke in der Nähe eines Steinblocks sind kreisförmige Scheiben aufeinandergestapelt. Es sind sehr viele, sicherlich mehrere hundert. Ich habe den Ausdruck »Scheiben« verwendet, aber das ist nicht ganz zutreffend. Ich sollte eher von »Platten« sprechen, die vier oder fünf Millimeter dick sind und ungefähr fünfzehn Zentimeter Durchmesser haben.
Ich weiß nicht, aus welchem Metall sie bestehen, die meisten haben eine glatte Oberfläche, auf anderen ist eine regelmäßige Spirale eingraviert. Ich spüre ein leichtes Prickeln im Innern meines Schädels und errate, daß mein Freund mit dem blauen Gesicht da ist und mit mir sprechen möchte.
»Du hast richtig gesehen, es sind Platten — auch im modernen Sinn des Wortes. Vielleicht glaubst du, sie seien aus Stein, aber das stimmt nicht. Sie bestehen aus einem Metall, dessen Zusammensetzung die Menschen vergessen haben.
Mit der Hilfe von Wesen, die aus einer anderen Welt kamen, sind sie von den letzten direkten Nachkommen der At-

lanter hier hinterlegt worden. Laß dir Zeit. Sieh sie dir genau an, ihr Wert ist unschätzbar. Die Annalen der vergangenen irdischen Epochen, die ganze Geschichte der Zivilisationen, die vor Atlantis bestanden haben, und von Atlantis selbst sind hier vor dir.
Die Platten enthalten auch eine Kurzfassung der göttlichen Pläne für die Zukunft deines Planeten. Die Namen von Moses, Mithra, Dionysos, Cernunnos, Jesus und vielen anderen sind auf ihnen verzeichnet.«
»Aber du hast mir doch gesagt, diese Annalen würden fast bis auf die Atlanter zurückgehen?«
»Das ist wahr und beweist dir, daß die Ankunft der Boten des *Geistes* seit langem vorgesehen war.«
»Und was würde geschehen, wenn die Menschen all dies heute entdecken würden?«
»Nichts, denn sie wüßten gar nicht, was sie mit diesen Platten anfangen sollten. Durch die vielen Analysen, denen man sie sicherlich unterziehen würde, könnten sie sogar beschädigt werden. Alles wird zu seiner Zeit geschehen.
Im Himalaya existieren Instrumente, mit denen die Annalen gelesen werden können. Auch sie warten in Einsamkeit und Dunkelheit, daß die Stunde kommt.
Wenn du jetzt deinen physischen Körper zur Verfügung hättest, könntest du eine dieser metallischen Platten aufheben; du würdest dann sehen, worin sie sich von den gegenwärtig produzierten unterscheiden. Alles ist anders: Material, Gewicht, Aufzeichnungsmodus. Die Art, wie man ihre Botschaft empfängt, ist auf Erden noch nicht vorstellbar. Ich kann dir nicht mehr darüber sagen, laß deine Vorstellungskraft spielen. Die phantastischsten Hypothesen wären vielleicht die interessantesten, denn ich sage dir noch einmal: Die Wissenschaft der Gelehrten auf der Erde steckt noch in

den Kinderschuhen. Die ausgefallensten Theorien waren schon immer die Quelle der wunderbarsten Entdeckungen. Am Anfang steht die Imagination, der Rest folgt.«
Mein Freund hat aufgehört zu sprechen. Er läßt mich allein in diesem Saal, den ich unter der Erde im Herzen irgendeines Bergs, irgendeiner Wüste oder irgendeines Dschungels vermute. Ich fühle mich ein wenig unwohl, betrachte immer wieder die Platten, streife über ihre Oberfläche und warte auf neue Hinweise meines Lehrers, damit das Licht und die Erkenntnis weiter in mir wachsen.
»Nein, warte noch. Ich möchte nicht, daß du den Ort, an dem die Seelen weilen, derart liebst.
Es gibt auf Erden soviel zu lernen und zu tun. Du wirst mich wiedersehen, aber hab ein wenig Geduld ...
Ich möchte dir erzählen, wie die Geschichte der Völker weitergeht, die ich vorhin erwähnt habe. Du brauchst nicht in diesem Raum zu bleiben, wenn er dir nicht gefällt; dein Astralkörper kann die steinernen Mauern mühelos durchdringen. Nutze diese Möglichkeit, du wirst andere Räume entdecken. Nur um eines bitte ich dich: Laß dich von dem, was du hörst, mehr beeindrucken als von dem, was du siehst; denn meine Worte sind sehr wichtig. Erinnerst du dich, an welchem Punkt der Geschichte der Religionen ich bei unserer letzten Begegnung stehengeblieben war?«
»Ja, du hast von Zarathustra und seiner Reform gesprochen. Ich habe schon alles aufgeschrieben, um nichts zu vergessen.«
»Ja, es ist gut, wenn du das Ergebnis unserer Unterhaltungen von Mal zu Mal festhältst. Heute möchte ich noch einmal vom Mazdaismus sprechen, denn dein Wissen ist bislang noch unzureichend ...
Zarathustra war in einem physischen Körper auf die Erde

gekommen. Der Tag kam, an dem dieser Körper seine Seele nicht mehr halten konnte. Die Priester, die ihn unterstützt hatten, befolgten seine Lehre jahrzehntelang buchstabengetreu; dann kamen und gingen die Generationen, und bald schrieb man ihm eine Doktrin zu, die mit der seinen nicht mehr viel zu tun hatte.

Jetzt behalte folgendes, damit du es wiederholen kannst: Es tauchte ein Mann auf, der einem neuen göttlichen Boten ähnlich schien. Das Volk betete ihn an und sah in ihm eine Reinkarnation Zarathustras. Es bemerkte nicht, daß er aus Ahriman einen schlechten Gott machte und nicht eine passive Kraft, einen der Pole des kosmischen Motors. Hier wirkte das Andenken der Söhne Belials; der ›Teufel‹ der Christen jedenfalls geht auf den Ahriman des falschen Zarathustra zurück.

Sage den Menschen: Der ›Teufel‹, so wie man ihn sich vorstellt, existiert nur durch die Gedankenformen, die von hassenden Seelen ausgesandt werden. Der ›Teufel‹, das ist die Bosheit und die Dummheit der Menschen. Das einzige, was zu fürchten ist, ist die Anziehungskraft des Bösen.

Sei gewiß, es gibt keinen anderen Teufel als das Böse, dem jeder nachgibt, keine andere Hölle als die, die jeder Mensch sich selbst in seinem mentalen Universum schafft.«

Mein Lehrer muß mein Erstaunen erraten haben, denn nach einer kurzen Pause fährt er fort: »Natürlich gibt es negative Kräfte, und man sollte sie nicht außer acht lassen. Sie gehen von Wesen aus, die sich verirrt haben. Erinnere dich, ich habe dir das Beispiel jener Geschöpfe aus dem Raum genannt, von denen einige in die griechische Mythologie eingegangen sind.

Diese Kräfte können sich auf der Erde inkarnieren, aber sie sind keinesfalls der ›Teufel‹! Verstehst du mich?«

Während ich meinem Geistführer zuhöre, habe ich den Saal der Annalen verlassen und einen kleineren, höheren Raum entdeckt. Die Wände sind mit Hieroglyphen bedeckt, an deren Aussehen ich mich jedoch nicht mehr erinnere. Ein rot und blau bemalter Schrein scheint achtlos in eine Ecke gestellt worden zu sein.

»Hast du je von Orpheus gehört?«

»Ja, natürlich... Du meinst den griechischen Orpheus, den Gemahl der Eurydike.«

»Ja, ihn meine ich. Aber bevor ich unsere Unterhaltung fortsetze, wäre es vielleicht gut, wenn du zu mir kämst. Ich sehe, dein Astralkörper hat Schwierigkeiten, sich zu bewegen, denn er möchte etwas anderes. Ich will dich nicht länger warten lassen. Komm!«

Die Wände aus Stein und ihre Hieroglyphen sind verschwunden. Mein Lehrer steht vor mir, umgeben von einer grünen Landschaft. Nie ist mir der Übergang von einer Welt in eine andere schneller erschienen. Ich fühle mich ein wenig verwirrt, ich hatte keine Zeit, um zu denken, zu wollen.

Mein Freund unterbricht meine Überlegungen: »Es kommt dir nur so vor...« Er lächelt über das ganze Gesicht, und seine bläuliche Haut scheint leuchtender als je zuvor. Ich stelle fest, daß wir uns am Ort unserer ersten Begegnung befinden.

»Ich konnte dir doch nicht an einem Kokospalmenstrand über Griechenland erzählen«, sagt er scherzhaft.

Mir ist sehr heiß, und ich verspüre das Bedürfnis, mich auf das weiche Gras zu setzen. Hat der Wille meines Geistführers oder mein eigener meinen Wunsch bewirkt? Ich weiß es nicht.

Ich liege auf dem Boden, und meine Finger spielen mit ein

paar Tautropfen. Ich wende meinen Kopf meinem Lehrer zu, bereit, die Fortsetzung seines Berichts anzuhören.
»Erinnere dich an die Ionier. Ja, ich möchte wieder von Griechenland sprechen. Wir haben es in einer recht tristen Situation verlassen. Die aus Indien gekommenen Menschen hatten dort einen passiven Kult eingeführt, der sich mit dem der Wesen von jenseits des Raums vermischte.
Die Möglichkeit, gegen diesen Stand der Dinge vorzugehen, wurde in den astralen und spirituellen Sphären lange diskutiert. Die leitenden Wesenheiten beschlossen, der etablierten Religion nicht offen entgegenzuarbeiten, sondern sie geschickt zu benutzen.«
»Etwas verstehe ich nicht«, sage ich. »Als du eben von den Metallplatten gesprochen hast, sagtest du, sie berichten unter anderem von Ereignissen, die in dem Augenblick, als sie aufgezeichnet wurden, noch gar nicht geschehen waren. Wie ist es dann möglich, daß die leitenden Wesenheiten, die ja die Zukunft kennen, nicht Vorsichtsmaßnahmen ergriffen haben, um gewisse für das Fortschreiten der Spiritualität auf Erden unheilvolle Ereignisse zu verhindern?«
Mein Freund lächelt und antwortet sanft, aber entschieden: »Du sprichst ein heikles Problem an. Vielen Wesen gelingt es nicht, es zu lösen. Alles hängt von der Art ab, in der man es stellt.
Um die Frage richtig zu beantworten, muß man sie zerlegen. Du hast zunächst gesagt, daß die leitenden Wesenheiten die Zukunft kennen. Das ist nur teilweise richtig, denn außer dem Ewigen Wesen kennt niemand von der Zukunft etwas anderes als Wahrscheinlichkeiten.
Die leitenden Wesenheiten haben nur eine beschränkte Anzahl von Elementen zur Verfügung, nämlich die großen Linien der Evolution eines Universums, eines Planeten oder

eines Landes. Für wichtige Ereignisse, die früher oder später eintreten können, bleibt immer ein gewisser Spielraum. Es gibt keinen Determinismus. Es gibt nur grobe Richtungen, die vor Zeiten vorgezeichnet wurden und die man befolgen kann oder nicht.
Sodann sprichst du von Ereignissen, die für das Fortschreiten der Spiritualität auf Erden ›unheilvoll‹ seien. Wir sollten uns auch in diesem Punkt richtig verstehen. Was bezeichnest du als unheilvoll? Die Prüfung? Den Irrtum? Niemand kann zum *Geist* gelangen, der nicht Prüfung und Irrtum gekannt hat. Sie sind der Amboß, auf dem der Mensch zurechtgeschmiedet wird.
Deshalb dulden die spirituellen Mächte auch bis zu einem gewissen Punkt die Existenz des Irrtums in der Welt der Materie.
Beachte, daß ich ›bis zu einem gewissen Punkt‹ sage. So war es auch beim alten Griechenland. In einem bestimmten Augenblick hielten die großen Wesenheiten die Zeit für gekommen, die Pläne der Söhne des Belial zu durchkreuzen. Seit sehr weit zurückliegenden Zeiten bereitete sich ein rein geistiges Wesen auf diese Aufgabe und auf andere vor. Dieser Mahatma wurde in die irdische Realität geboren und von den Menschen Orpheus genannt.
Orpheus hat also wirklich gelebt; sein Dasein gehört nicht in den Bereich der Legende, wie viele deiner Mitmenschen glauben.
Orpheus war das Wesen, das dem griechischen Volk den Weg des Lichts zeigte und die großen Linien seiner Mythologie entwarf. Orpheus hat in gewisser Weise den Aberglauben des Volkes umgewandelt und ein System von Symbolen geschaffen, die heute nur den Eingeweihten zugänglich sind. Wie Zarathustra wußte er, daß die Mentalität eines an

den Polytheismus gewöhnten Volkes nicht im Handumdrehen verändert werden kann. Er bewahrte den griechischen Polytheismus nur, um seine positive Seite zu entwickeln.«

»Dann irren also die Menschen, die die Mythologien des alten Griechenland lediglich als eine Sammlung poetischer Geschichten ansehen?«

»Ja, genau das meine ich. Wer zwischen den Zeilen zu lesen versteht, entdeckt auch in den vielfältigen Aspekten der Religion des Orpheus eine einzige Wahrheit. Ich sagte nicht ›*die* einzige Wahrheit‹, denn ich meine ›eine‹ Wahrheit in bezug auf die materielle Natur der Dinge.

Anders ausgedrückt: Die ionische, feminine Seite der Gottheit führte zum Kult der Kräfte der Natur und dem Verständnis der Welt der Erscheinungen.

Zusammenfassend läßt sich sagen, daß Orpheus das Positive im Herzen des Negativen zeigte. Wie das Tao macht seine Lehre den Menschen verständlich, daß jedes Yin-Element ein Yang-Element in sich enthält.

Diese Sätze werden vielen Menschen unverständlich erscheinen; sie sollten sich an die Zeilen über das astrale und das solare Licht erinnern.«

Bei diesen Worten hat mein Freund sich erhoben und macht mir ein Zeichen, ihm in die Tiefen des astralen Waldes zu folgen. Ich gehorche ihm, aber es fällt mir nicht leicht, es ihm nachzutun, denn er vervielfältigt die Schwierigkeiten nach Belieben. Die Leichtigkeit, mit der er sich fortbewegt, hat mich immer erstaunt. Seine Schritte drücken das Gras kaum nieder, und ich beginne zu denken, daß er nicht geht, sondern einige Zentimeter über dem Boden schwebt, als ob er fürchte, eine Blume zu zertreten. Er wendet sich um. Möchte er sich überzeugen, daß ich noch da bin? Ich glaube, nicht. Sicher will er mich auf irgend etwas hinweisen.

Aus all seinen Worten, all seinen Gesten habe ich bislang etwas lernen können, und sei es auch nur die Anmut der Ausführung.

»Bleib in Harmonie mit der Natur«, sagt er nun, »verschmelze mit ihr, sie wird in dir leben.

Beginne, sie um ihrer selbst willen zu lieben. Ehre sie als Eingeweihter und nicht als Uneingeweihter, dann wirst du das symbolische Gesicht Pans erkennen — und du weißt, daß Pan etymologisch ›alles‹ bedeutet. Er ist das große Abbild der gesamten Natur, der unbesiegten und fruchtbaren Kraft. Ich sage dir noch einmal, ehre die Natur, studiere sie, aber versuche nicht, sie zu beherrschen, denn das Ergebnis deines Wunsches könnte sehr wohl zur Ursache deiner Qualen werden.

Für den, der meine Worte in dem beabsichtigten Sinn versteht, wird Pan ein wenig das Gesicht Baphomets annehmen, jener großen symbolischen Gestalt, die vergessen und von den Templern wieder zu Ehren gebracht wurde. Die harmonische Natur, das ist der Überfluß, das Glück, zu leben, zu geben und zu nehmen — Dionysos.«

Mein Begleiter unterbricht sich, als erwarte er eine heftige Reaktion. Seine Stimme flüstert in mir: »Nun, was wartest du?«

Statt einer Antwort gelingt mir nur ein verwirrtes Lächeln; die Analysefähigkeit, die telepathische Begabung meines Freundes machen mich verlegen, was bei ihm ein lautes, offenes Lachen auslöst.

»Wahrscheinlich bringt Dionysos dich in Verlegenheit; wie die meisten Menschen kennst du von ihm nur das Bild, das dir in der Schule vermittelt wurde, das heißt ein entstelltes Bild. Ich gebe zu, es ist leicht, ein Bild zu verzerren. Sogar die alten Griechen begingen schnell diesen Fehler. Das er-

ste, was die Menschen mit dem Namen Dionysos assoziieren, sind Trinkgelage.
Sie verwechseln den Rausch des Weins mit dem heiligen Rausch. Der heilige Rausch des Dionysos ist derselbe, den die christliche Eucharistie durch den Wein zu erreichen suchte. Damit die Glaubensrichtungen sich näherkommen und die Toleranz sich entwickelt, solltest du bekannt machen, daß der richtig verstandene Dionysos-Kult die Transsubstantiation lehrte, genauso wie der Mithra-Kult.
Die in dem Getränk des Dionysos steckende Kraft entspricht auch ein wenig der in den tibetischen ›Ribus‹ enthaltenen. Wundere dich nicht über diese Ähnlichkeiten...«
Mein Begleiter ändert den Tonfall und wägt jedes seiner Worte ab, als wolle er das folgende unauslöschlich meinem Gedächtnis einprägen: »Dionysos war niemand anders als Ram, an den die Erinnerung trotz des Schismas jahrhundertelang lebendig geblieben ist.«
Wir sind bei einem kleinen Gebäude stehengeblieben, das sich an den Stamm eines mächtigen Baumes lehnt. Ich kann mich nur wundern über die Kunstfertigkeit, mit der es in den Wald integriert wurde, es sieht aus wie eins der kleinen Häuschen inmitten des Waldes, von denen in den Märchen die Rede ist.
»Die Astralwelt ist die Welt der verwirklichten Träume«, antwortet mein Freund auf meine unausgesprochenen Fragen. »Aber komm, gehen wir weiter. Es erwarten dich noch außergewöhnlichere Dinge als diese hier. Ich sprach gerade von Ram. Du erinnerst dich hoffentlich an seine keltische Herkunft? Erweckt das in Verbindung mit dem heiligen Rausch nicht gewisse Assoziationen in dir? Hast du nie von dem heiligen Getränk der Druiden gehört? Ich meine hier nicht den Met, der dem Ambrosia der alten Griechen ent-

spricht. Ich denke an ein ganz anderes Getränk ... Ich will dich nicht durch zu viele Einzelheiten ermüden, aber ich halte es für wichtig, daß bestimmte Ähnlichkeiten zwischen den Religionen deutlich werden.
Als du eben in dem Saal mit den Metallplatten warst, habe ich mehr nebenbei einen bestimmten Namen ausgesprochen. Hast du ihn dir gemerkt? Ich meine Cernunnos. Die alten Kelten stellten diese Gottheit mit einem Hirschkopf und einem riesigen Geweih dar. Wer war Cernunnos? Nun, das ist sehr einfach zu erklären und auch sehr lehrreich. Ebenso wie Pan war Cernunnos der Herrscher der befruchtenden Energien der Natur, der Herr des Pflanzenreichs. Das keltische Volk identifizierte ihn schließlich mit der Natur, und wie sie starb er in zyklischem Rhythmus, um im Frühjahr wiederaufzuerstehen.
Jetzt wirst du sicher wissen wollen, wo da der Zusammenhang zum heiligen Rausch des Dionysos ist.«
Während ich meinem Freund zuhöre, kann ich mich eines Lächelns nicht erwehren, denn als geübter Lehrer beantwortet er die Fragen seiner Zuhörerschaft, bevor sie formuliert werden.
»Du wirst es gleich wissen«, fährt er fort, »denn die Kelten ernteten ein Getreide, aus dem sie in verschiedenen Arbeitsgängen ein Getränk herstellten, das die Menschen gut kennen: das Bier. Die Kelten sahen in ihm das Blut von Cernunnos, dem Spender des mystischen Rausches.«
»Jetzt überrascht es mich nicht mehr«, sage ich, »daß dies zu falschen Interpretationen und zu Exzessen führte.«
»Du siehst, worauf ich hinauswill ... Für den Uneingeweihten war der Rausch real, für den Eingeweihten symbolisch. Es ist notwendig, daß die Menschen heute die Wahrheiten ohne religiöse oder rassische Vorurteile sehen. Daher sage

ich dir: Das Blut von Cernunnos — einer Gottheit, die im Frühjahr wiedergeboren wird — ist dem Blut des Christus Jesus vergleichbar, der am Ostertag auferstand, das heißt um die Frühjahrstagundnachtgleiche.
Die Christen sollten nicht schockiert sein, wenn der Begründer ihrer Religion neben eine sogenannte heidnische Gottheit gestellt wird, die mit dem Kopf eines Hirsches abgebildet wird. Wird nicht auch der Heilige Geist symbolisch als eine Taube dargestellt?
Vor nicht ganz einem irdischen Jahrhundert versammelten sich die hohen Wesenheiten des Astralbereichs und der spirituellen Sphären. Sie sahen, daß die Zeit gekommen war, das zu reformieren, was von der ursprünglichen Lehre des Christus Jesus, einem ihrer Meister und Boten, geblieben war. Sie sahen, daß das Zeitalter der Fische seinem Ende zuging.
Wie viele Christen verstehen heute noch den tiefen Sinn der Sakramente ihrer Kirche? Wie viele glauben noch an die belebende Kraft der Eucharistie? Sehr wenige, das sage ich dir! Selbst die Priester erliegen dem Zweifel . . .
Die wahre Eucharistie wird auf zweierlei Weise praktiziert: männlich durch den Wein, weiblich durch das Brot. Aber dies ist letztlich ein Detail; wichtig und unerläßlich ist jedoch, die Realität der Kommunion mit dem universellen und kosmischen Geist zu begreifen. Die Kommunion soll im wahrsten Sinne des Wortes be*geist*ern, das heißt den menschlichen Geist mit der Gottheit, dem Heiligen Geist erfüllen.
Die Menschen sollten über den Sinn der Eucharistie im allgemeinen und insbesondere über die Kommunion in Form des Weins nachdenken, die esoterisch als ›Kommunion des Noah‹ bezeichnet wird.«

Mein Lehrer steht mir jetzt gegenüber; ich bemerke, daß sein Gesicht seltsam hell geworden ist. Die Substanz seines Körpers und seine Gewandes haben sich verändert.
Ich weiß nicht mehr, ob ich in Gegenwart eines trotz allem noch fühlbaren Wesens bin oder ob die Augen meiner Seele jetzt ein Lichtwesen betrachten. Eine starke Emotion versagt mir jedes Wort, jede Bewegung. Wie könnte ich es wagen, den magischen Zauber eines solchen Augenblicks zu brechen?
Mein Geistführer, das Wesen mit dem blauen Gesicht, hat einen Schritt auf mich zugetan, und seine Stimme erklingt von neuem in der Stille meines Herzens: »Der Wein, ein männliches Element, muß in den Kelch gegossen werden, der ein weibliches Element ist. Die Verwandlung von Wein in Blut geschieht im Kelch. Dies ist das Bild vom Göttlichen Geist, der einen Boten in den Körper Mariä schickt. Das heilige Getränk aller Völker sollte in jedem Menschen den Wunsch nach dem Christus-Bewußtsein wecken.«
Gesicht und Körper meines Freundes haben allmählich wieder ihr gewöhnliches Aussehen angenommen. Ich verstehe nun besser als je zuvor, daß das Wesen mir gegenüber in quasi maßloser kosmischer Liebe mit dem Universum vollkommen verbunden ist. Bis jetzt hatte ich das sanfte Licht der astralen Welt gesehen, aber heute ist mein Lehrer vor mir zu einem Licht in einem Licht geworden; für den Bruchteil einer Sekunde ist die Welt der Seele mir dunkel erschienen.
»Hast du verstanden?« Mein Begleiter hat sich an mich gewandt, als sei nichts geschehen.
Langsam gehen wir weiter. Der Wald wird lichter; zwischen den nun selteneren Bäumen erheben große weiße Blumen ihre Kelche über das hohe Gras.

»Kommen wir jetzt wieder auf die Geschichte der Religionen zurück. Ich habe vom Reich Rams gesprochen, von den Dissidenten, die Indien verließen, um den Mittleren Osten zu erobern und ihren Glauben nach Thrakien, Griechenland und Ägypten zu tragen.
Ich habe dir die Namen der Wesen genannt, die sich auf Erden inkarnierten, um aufs neue den Weg des Lichts zu zeigen: Krischna, Zarathustra, Orpheus.
Bei deinem Blick in die Annalen der Zeit hast du selbst feststellen können, was in Ägypten geschah, das heißt, wie und warum die Mysterien geschaffen wurden.
Bevor du in deinen Körper zurückkehrst, möchte ich dir noch etwas sagen über die Grundlagen des ägyptischen Glaubens, die von den Atlantern ererbt und von den Eingeweihten unter der Erde verborgen wurden; erfahre, von welcher Basis Moses ausging.
Die Wissenschaft des Moses war die des Thot, und diese postulierte einen einzigen Gott. Dies ist die reine Wahrheit: Die wahre Religion Altägyptens war ein Monotheismus.
Dieser Monotheismus lehrte die Macht der Zahl Drei, das heißt, er ging von einer Trinität aus: Osiris, Isis und Horus. Der Eingeweihte jedoch betete einen einzigen Gott an: Ra oder Aton-Ra, je nach Epoche.
Jetzt öffne deinen Geist, und behalte jedes Wort.
Es gibt einen Text, der besagt: ›Ra brachte die Schöpfung hervor, indem er seinen eigenen allmächtigen Namen aussandte, und erzeugte so alles, was im Universum ist.‹ Du siehst, wie das Höchste Wesen aller großen Religionen erschafft Ra mit Hilfe des *Wortes*.
Die Menschen sollten auch über die Formel ›Geheiligt werde dein Name‹ im schönsten christlichen Gebet nachdenken; sie ist nicht leer.«

»Du hast mir verschiedentlich von Osiris erzählt, und seine Statue in dem herrlichen astralen Museum hat mich stark berührt. Welche Funktion hat er genau in der ägyptischen Trinität?«

»Er hat die Rolle des Vaters, Isis ist die Mutter und Horus der Sohn. Bemerkenswert ist jedoch, daß in der ägyptischen Trinität die einzelnen Elemente nicht unbedingt einen festen Platz haben; je nachdem, wie man sie betrachtet, können sie abwechseln zu Vater, Mutter, Sohn beziehungsweise Aktiv, Passiv und Neutrum werden. Dies zeigt eine gewisse Relativität. Osiris nimmt oft den Platz des Vaters ein, aber weise auch darauf hin, daß er in verschiedener Hinsicht mit dem Christus Jesus vergleichbar ist.

Urteile selbst: Der tote Osiris wird an einem Baum befestigt, dann kommt es zu einer Auferstehung, und er wird zum ›Gott des Maßes‹; er verweist damit auf den von den Buddhisten geschätzten ›Weg der Mitte‹. Wie der Christus Jesus auf manchen mittelalterlichen Bildern hält er eine Waage in der Hand, um die Herzen zu wiegen. Für die Ägypter ist er ›der ewige Gute‹.

Ich führe hier nur einige Punkte an, aber es gibt sehr viele andere. Es wäre gut, wenn die Menschen in dieser Richtung weiterforschen würden. Einige Schritte auf diesem Weg sind bereits unternommen worden, aber sie sind nicht ausreichend. Es wäre auch aufschlußreich, Isis und die Jungfrau Maria zu vergleichen, deren Rolle in der gesamten Christenheit oft nicht verstanden wird.

Das Gesicht der Isis ist das der wahren Maria; auch Isis war eine ›Jungfrau‹, die einen Sohn geboren hat, sie war die verborgene Seite der Dinge und erteilte ihre Einweihung im Schatten. Du weißt, daß die sogenannten ›schwarzen Jungfrauen‹ fast überall auf der Welt zu finden sind. Oft verehrt man sie und meint, es handelt sich um Maria; aber es handelte sich auch um Isis, die in diesem Moment Pan, Demeter oder Ceres ähnlich wird. Sie ist die Göttin des befruchtenden Lebens, die die Beherrschung der Naturgesetze erlaubt.

Sieh in Isis und Maria die gleiche große Liebe Frau des Menschengeschlechts, die mögliche Mittlerin zwischen Mensch und Gottheit. Sieh, wie ihre Rolle durch die Zeitalter hindurch gleich geblieben ist: Isis hat den Leichnam von Osiris begraben, Maria den Körper des Jesus-rex entgegengenommen.

Aus Horus hat die Mythologie den Sohn der Isis gemacht, der, ebenso wie Jesus vom Heiligen Geist, durch den Geist des Osiris gezeugt wurde. Es ist wichtig, zwischen den Zeilen der sogenannten mythischen Geschichten lesen zu können. Denn du siehst, das Leben des Horus ist mit dem des Osiris eng verbunden.

Bevor ich dich heute verlasse, möchte ich etwas sagen, das den Menschen auf ihrem spirituellen Weg vielleicht helfen wird: Aus allen bislang betrachteten Trinitäten kann im materiellen Universum eine Lehre gezogen werden, die durch eine vergleichende Studie der drei Zustandsformen der Materie, nämlich fest, flüssig und gasförmig, vervollständigt wird.

Merke dir, und graviere es mit goldenen Lettern in dein Herz: Ganz gleich, auf welchem Gebiet, die Zahl Drei ist die heiligste von allen. Wer alles kennt, was sich aus ihr ergibt, besitzt den Schlüssel zum innersten Wissen des Menschen und des Universums.«

Mein Freund setzt sich an den Fuß eines Baumes, und seine warmherzige Stimme klingt in mir: »Kehre jetzt in deinen Körper zurück ... Ich warte hier auf dich. Achte darauf, daß deine astrale Form langsam in deinen physischen Körper hinübergleitet. Für dich bricht bald der Morgen an, dann nimm deine Feder und schreib. Die Kenntnisse deiner Gattin werden dir helfen, die Gedanken, die ich dir übermittelt habe, zu ordnen.«

Das Gesicht meines Lehrers aus dem »Land dort oben« wird heller und heller; ich verstehe, daß ich ihn verlasse, und alles verschwimmt . . .

XII

Die astrale Bibliothek

Drei Wochen sind vergangen, ohne daß es mir gegeben war, das blaue Wesen wiederzusehen. Ich habe mich manchmal gefragt, ob meine Fähigkeit zum Astralreisen mich vielleicht verlassen hatte, ob ich meine Macht mißbraucht hatte und daher mein Gleichgewicht gestört sei.
Aber Ruhe bringt Rat, und mir scheint jetzt, daß diese Periode physischer Stille dem Willen meines Freundes entsprach. Ich bin überzeugt, er hatte die Mechanismen, durch die ich ihn treffen konnte, eine Zeitlang blockiert. Besser als irgend jemand anders hatte er gesehen, daß ich Zeit zum Nachdenken und Schreiben brauchte.
Mit gelassenerer Seele habe ich gestern sein Universum wieder betreten.
»Eure Arbeit geht ihrem Ende entgegen, aber viel bleibt noch zu sagen. Vor allem möchte ich, daß du eines klarstellst: Das Buch, das ich euch zu schreiben bitte, darf nicht als eine Offenbarung verstanden werden. Einige der angesprochenen Dinge sind einer kleinen Anzahl von interessierten Menschen bereits bekannt. Ich möchte, daß es ein allgemeinverständliches Werk wird, daß es möglichst vielen Lesern die Natur des Menschen, sein Leben im sogenannten Jenseits, seine unbegrenzten Möglichkeiten und auch die tiefe Brüderlichkeit deutlich macht, die alle großen spirituellen Strömungen der Erde eint. Die Menschen müssen

erfahren, wer sie sind, wohin sie gehen und wohin sie gehen sollen.
Ich werde gleich mit der Geschichte der Religionen seit Noah fortfahren; ich hoffe, trotz der relativen Trockenheit des Themas wird verständlich, daß sich durch die Geschichte der Völker so etwas wie ein roter Faden zieht, der sie mit dem Ursprung der Zeiten verbindet.
Aber komm jetzt zu mir, zu dem kleinen Strand, den du so gut kennst; ich möchte dir zeigen, was sich hinter den Kokospalmen und den üppigen Pflanzen verbirgt, die ihm soviel Leben und Frische geben.«
Mein Freund legt seine Hand auf den Scheitel meines Kopfes und läßt mich vorangehen; wir betreten einen Dschungel aus übergroßen Pflanzen und Blumen, deren Schönheit mir den Atem nimmt.
Angesichts der gigantischen Vegetation im oberen Astralbereich beginne ich zu zweifeln, ob ich mich wohl lange durch eine solche Fülle von Lianen und Blumen hindurchbewegen kann.
Wie gewöhnlich hat mein Begleiter meine Fragen erraten, denn ich höre, wie er leicht amüsiert sagt: »Geh weiter, weiter ... Es ist einfach!«
Und als ob eine unsichtbare Hand sie beiseite schöbe, als ob sie einen geheimen Willen besäßen, machen die Blumen und Blätter einen Durchgang für uns frei.
»Die Natur hat eine Seele, einen Geist ... Jede Pflanze lebt, atmet, denkt und liebt genauso wie du und ich.
Nicht nur hier, auch auf Erden und anderswo. Das Leben existiert überall, und wo Leben ist, ist eine Verheißung der Ewigkeit. Betrachte und liebe diese Pflanzen, sie sehen uns, hören uns und zeigen uns den Weg, dem wir folgen sollen.
Auf Erden wenden sie ihre Blätter der Sonne zu, um sich

von ihr zu nähren; es ist, als wollten sie den Menschen sagen: ›Seht, auch wir leben!‹ . . . Aber die Menschen wissen dies oft nicht. Hier ist es anders, alles ist in Harmonie. Keiner astralen Wesenheit würde es einfallen, ein Blume zu pflücken, das heißt, einer Pflanze ein Organ auszureißen. Ich sage nicht, daß die Menschen einen Fehler machen, wenn sie Sträuße zusammenstellen. Auch das Pflanzenreich hat in der Welt der Materie eine Aufgabe zu erfüllen; es hat eine Art Karma, obwohl der Ausdruck nicht ganz richtig ist. Ebenso wie der Mensch sind die Pflanzen dazu berufen, sich zu entwickeln und höhere Universen zu erreichen. Es gibt Wesenheiten, die sie lenken. Es gibt Welten, in denen die Pflanzen wie Menschen leben, handeln und sich fortbewegen.
Ich sage nicht, das Schicksal einer Blüte auf Erden bestehe darin, gepflückt zu werden, aber es ist in der Ordnung der Dinge — ebenso wie es zuweilen unvermeidlich ist, daß Menschen bei Unfällen zugrunde gehen.
Doch aus Liebe zum Leben und zur göttlichen Schöpfung solltest du niemals erlauben, daß Pflanzen, Blumen oder Gemüse unnütz ausgerissen werden. Sie dürfen nicht unbewußt oder sorglos ihres Lebens beraubt werden.
Alles lebt! Etwas nur zum Vergnügen, zum Zeitvertreib automatisch beschädigen oder zerstören ist genauso wie sich negativen Neigungen hingeben.
Auch die Steine leben. Ihr Herz schlägt in einem so langsamen Rhythmus, daß ein menschliches Instrument es nie entdecken wird. Sie haben keine Beine, aber sie bewegen sich fort. Wenn ein Mensch mehrere Millionen Jahre leben könnte, würde er diese Bewegung sehen; er würde wissen, daß sie kein Zufall ist.
Es erscheint phantastisch, aber jenseits der Galaxien gibt es

in verschiedenen Universen Planeten, auf denen die Steine handeln wie du und ich und die entwickeltste Form des Lebens sind.«

Mein Freund spricht weiter, aber ich höre nur mit halbem Ohr hin, so fasziniert bin ich vom universellen Charakter des Lebens, der Seele und des Geistes, von der Gegenwart des Einzigen Wesens in der kleinsten Parzelle.

Die Blumen öffnen ihre Kelche, wenn ich vorübergehe, und ich weiß jetzt, warum ich seit meinen ersten Besuchen im Astralbereich keinen Augenblick Einsamkeit gespürt habe. Man kann hier nicht einsam sein; nur der, der sich nicht auskennt oder dessen Seele blind ist, fühlt sich allein.

Ich weiß nicht, wo mein Freund mich hinführt, aber ich habe auch gar nicht das Bedürfnis, ihn zu fragen. Stundenlang könnte ich so weitergehen. Jeder Blütenkelch ist ein Mund, der zu mir spricht, jeder Baum eine Welt, die erforscht werden will.

»Du wirst eine Bibliothek sehen«, sagt unversehens mein Freund mit dem länglichen Gesicht, »eine Bibliothek, wie du noch nie eine gesehen hast. Auch hier wird studiert, allerdings aus Vergnügen, weil man etwas wissen, etwas lernen, an sich arbeiten will, nicht um irgendeine Stellung in der Gesellschaft einzunehmen.

Der astrale Mensch muß lernen zu begehren; natürlich nichts Fleischliches, Materielles, denn dies zieht ihn zur Erde zurück, sondern ein spirituelles Leben. Wer es begehrt, kann die Pforte des Lichts durchschreiten, um mit seinem Höheren Selbst zu verschmelzen.

Das Leben auf der Erde und seine Erfahrungen sind *eine* Art des Lernens, das Lesen ist eine andere, komplementäre Art. Die Bibliothek, die du gleich sehen wirst, befindet sich im oberen Astralbereich; im Reich der Toten

gibt es ähnliche, die aber leider sehr viel weniger besucht sind.
Ein Mensch, der verstorben ist und in den mittleren Astralbereich gelangt, bewahrt zunächst gewisse Züge seiner Persönlichkeit, und wenn der das Bedürfnis verspürt zu lernen, nimmt er nicht immer die ihm gebotenen Möglichkeiten wahr. Solange eine Wesenheit sich nicht vom Zyklus des Fleisches befreit hat, muß sie die Passivität fürchten.
Aber komm, schau nach vorn, wir nähern uns dem Ziel.«
Die Landschaft hat sich unmerklich verändert. Die Vegetation ist weniger dicht, ein kleiner Pfad zeichnet sich vor uns ab und führt uns schnell in eine sanft hügelige Landschaft, in der hier und da Wälder aus zartem Grün auftauchen.
Im Schatten einer kleinen Gruppe von Bäumen — sie ähneln Trauerweiden, aber ihre Zweige sind mit rosafarbenen Blüten bedeckt — steht wie ein antiker Tempel ein kleines, weißes, viereckiges Gebäude.
»Hier ist unsere Bibliothek. Achte nicht auf die Architektur; außer seinen anmutigen Säulen hat das Gebäude nichts, was deine Aufmerksamkeit anziehen könnte.«
Der Eingang beschränkt sich auf eine Öffnung in der Fassade. Keine Tür, kein Schloß.
»Wir werden ja wohl nicht ausgerechnet hier Diebe zu fürchten haben«, bemerkt scherzhaft mein Freund.
Der Raum, den wir betreten, ist groß, er nimmt fast die gesamte Fläche des Gebäudes ein. Wände und Decke scheinen aus Stein, aber alles in dieser Welt ist so überraschend, daß ich dem Leser über das tatsächlich verwendete Material nichts sagen kann.
Auf Holzregalen entlang den Wänden stehen Tausende von Büchern. Zunächst bemerke ich nichts Außergewöhnliches; alles scheint wie in einer irdischen Bibliothek. Dann wird

mir bewußt, daß ich weder Tische noch Stühle sehe. Die Bücher, die von Männern, Frauen und Kindern bei geschlossenem Buchdeckel betrachtet werden, liegen auf hohen Pulten. Das Bild ist seltsam und verwirrend.
»Nun, ich hoffe, daß du es ihnen wenigstens ein paar Minuten lang nachtun wirst!« sagt eine mir bekannte Stimme.
»Wie, es ihnen nachtun? ... Soll ich mich auch vor geschlossenen Büchern konzentrieren?«
»Ganz so ist es nicht ... Komm mir nach.«
Ich spüre, daß mein Begleiter glücklich ist, mir ein Geheimnis des Astralbereichs zu enthüllen, das ich noch nicht kenne. Seine kleinen Augen funkeln.
Schnell schlängelt er sich durch zwei Reihen von Pulten hindurch, nimmt ein riesiges Buch von den Regalen und zeigt mir den Titel. Es ist Dantes *Göttliche Komödie*.
»Ich habe dieses Buch zufällig herausgegriffen«, sagt mein Freund. »Dante hatte erleuchtete Momente, er hatte gewisse Visionen des mentalen Universums. Deshalb befindet sein Werk sich hier.«
Ich versuche, die Titel anderer Bücher zu lesen. Eins nennt sich *Urantia*, ein anderes *Veda-Edda*.
»Lege das Buch vor dich auf das Pult. Ja, so! ... Jetzt stell dich davor, ohne es zu berühren — so als wolltest du die Arbeit des Künstlers bewundern, der den Einband vergoldet hat. Ich zeige dir eine neue Art des Lesens. Keine Angst, ich helfe dir; es wird dich amüsieren.«
Bei diesen Worten hat mein Freund sich hinter mich gestellt. Er legt eine Hand auf meinen Nacken. Einen Augenblick lang habe ich das Gefühl, als ob ich doppelt sähe, dann sehe ich wieder klar. Aber zu meiner Überraschung habe ich nun nicht mehr den Buchdeckel vor mir, sondern die erste Seite des Buches. Sie nimmt mein gesamtes Ge-

sichtsfeld ein, und ich kann die Buchstaben deutlich lesen. Dann sehe ich wieder doppelt, und als mein Blick sich stabilisiert, lese ich oben in der Mitte des Blattes: »Seite 10«. Ich habe das Gefühl, nur noch aus Augen zu bestehen und in das dicke Buch regelrecht einzusinken. Schnell und regelmäßig spulen die Seiten sich vor mir ab. Ich lese nicht, ich begnüge mich damit, zu beobachten beziehungsweise dieses Phänomen zu erleben.

»Verstehst du, was da geschieht?«

Mein Begleiter hat seine Hand von meinem Nacken genommen, und ich sehe vor mir nur noch den dicken Einband des voluminösen Buches.

»Der astrale Blick geht durch alles hindurch; wenn der Wille ihn beseelt, durchdringt er alles, was die Charakteristika der Materie aufweist. Was du jetzt getan hast, könntest du im Zustand der Astralprojektion auch auf Erden tun.

Kannst du dir vorstellen, welchen Nutzen du aus dieser Technik ziehen könntest, wenn du sie ohne meine Hilfe beherrschen würdest? Kein Buch würde deinem Wissensdurst entgehen, ganz gleich, wo es sich befände.

Die Wesen um uns herum scheinen untätig, aber ich sage dir, sie lesen genauso wie du vorhin. Ihre Technik erlaubt ihnen, schneller zu lernen.«

»Aber woher kommen all diese Bücher? ... Ich sehe, daß sie in den verschiedenen Sprachen der Menschen geschrieben sind. Sind es Kopien?«

»Nein, es sind Originale, das heißt, sie kommen direkt von der Erde. Die Wesenheiten des oberen Astralbereichs haben die Macht, die irdische Materie zu verwandeln und sie an einen anderen Ort zu bringen.

Alle Bücher, die du hier siehst, sind von Menschen hergestellt worden und befanden sich auf der Erde, bis einer der

Verantwortlichen der Bibliothek ihre Schwingung veränderte, um sie auf dieser Ebene erscheinen zu lassen. Die Qualität ihres Inhalts entscheidet darüber, ob sie sich hier befinden oder nicht.
So verschwinden Gegenstände auf der Erde, ohne daß die Menschen das Geringste bemerken. — Ich meine im allgemeinen, denn Ausnahmen gibt es immer.
Hast du nie von jenen geheimnisvollen Büchern gehört, die verschwinden, ohne daß man weiß, wie und warum, und die nach Meinung der Menschen große Geheimnisse enthalten? Jetzt kennst du die Lösung des Problems!
Die Wesenheiten des oberen Astralbereichs und die spirituellen Geschöpfe sind zuweilen der Ansicht, daß ein Buch in einem bestimmten Moment in den Händen der Menschen nicht an seinem Platz ist. Sie ziehen es dann sozusagen aus dem Verkehr, zumindest auf der Erde, um es im gegebenen Augenblick an einem günstigen Ort wieder erscheinen zu lassen.
Das Wissen darf nicht jedem x-beliebigen in jedem x-beliebigen Stadium der menschlichen Evolution an die Hand gegeben werden. Der nichteingeweihte Mensch ist wie einer jener nächtlichen Raubvögel, die das Licht des Tages scheuen. Wenn man ihm plötzlich die Wahrheit und die Kraft der Sonne zeigt, ist er geblendet.
So soll auch euer Buch gewisse Wahrheiten enthüllen, aber es darf nicht zu weit gehen. Das Werk, um das ich euch bitte, muß ein Zeugnis sein. Es muß auch eine Synthese sein, eine Synthese von dem, was jeder durchschnittliche, nichteingeweihte Mensch wissen sollte, um sein Schiff sicher in den Hafen zu steuern und die gröbsten Irrtümer zu vermeiden.
Das Werk, um das ich euch bitte, muß die Ursprünge zu-

sammenfassen und das Ziel ahnen lassen. Es sollte die Menschen einen und sie dazu anregen, den Kontakt zu Gott wiederherzustellen.
Jetzt nimm das dicke Buch dort mit dem dunklen Einband, lege es vor dich, und warte, daß es dich etwas lehrt. Es handelt sich um ein sehr bedeutendes Werk, und deshalb möchte ich, daß du dir seine Worte merkst. Nein, nicht so hastig, jede Unruhe schadet der Rezeptivität.«
Mein Blick ist wieder in eine gewaltige Masse Papier eingetaucht. Mein Gesichtsfeld hat sich so ausgedehnt, daß es mir vorkommt, als hätte ich Augen auf jeder Seite des Kopfes. Von einem unkontrollierbaren Wunsch getrieben, habe ich mich in den Fluß der Seiten, Zeilen und Buchstaben gestürzt. Die Sätze ziehen an mir vorüber, ohne daß ich ihren Sinn verstehe. Dann plötzlich werden sie klar. In leuchtenden Buchstaben sind sie in meinem Gedächtnis wie auf einer Filmleinwand.
Der in einer mir völlig unbekannten Sprache verfaßte Text besagt: »Moses war ein Mann mit dunkelbrauner Haut und einer Adlernase. Die menschlichen Wesen auf der Erde haben ihn oft mit langen Haaren und einem Bart dargestellt; sie wußten nicht, daß er sie erst am Ende seines Lebens trug.
Der Genius des Volkes hat ihn zum Abbild eines Patriarchen gemacht, der vom tiefen Sinn seiner Mission durchdrungen war. Das ist richtig, aber man muß auch wissen, daß der Anführer der Hebräer sein ganzes Leben lang innerlich zerrissen war. Das Fleisch zwingt sein Gesetz auf. Die Inkarnation einer hohen Wesenheit in der physischen Welt ist ein permanentes Opfer, denn der materielle Körper möchte immer dem, was keine Grenzen hat, Schranken auferlegen.

(Hier folgte eine Reihe von Begriffen, an die ich mich nicht erinnern kann, die aber so etwas wie eine Anrufung gewesen sein müssen.)
Moses, der vertraute Freund des Pharao und nicht sein Feind, wie die Legende behauptet, Moses, der Verkannte, dessen Aufgabe darin bestand, das Wissen der positiven Kraft der Atlanter an die Hebräer weiterzugeben, Moses war sein ganzes Leben lang im Besitz schwerwiegender Geheimnisse, die er nur mündlich zwei oder drei privilegierten Menschen mitteilte.
Vergleicht Orpheus und Moses. Diese Arbeit mag unsinnig erscheinen, aber die Analogie ist ein Schlüssel, den man nutzen sollte. Die Arbeiten der beiden großen Männer entsprechen sich, auch wenn sie verschieden und sogar gegensätzlich erscheinen. Eine starke Komplementarität führt sie zusammen. Orpheus kanalisiert die ionische Seite, vervielfacht die Aspekte der Gottheit; Moses entwickelt ihr einziges, dorisches Gesicht.
Die Menschen auf der Erde sind ständig am Denken. Sie denken und denken, aber sie zögern zu sagen: ›Der Gott des Moses ist kein guter Gott, der Gott des Moses ist ein rächender, zorniger Gott, der eher bereit ist, zu bestrafen, als zu belohnen.‹
Und man versteht nicht, wie zwischen diesem Gott und dem, der sich sein Sohn nennt, dem Christus Jesus, eine Beziehung bestehen kann.
Stellen wir die Frage: ›Wie kann der Christus Jesus, dessen Worte ein Strom der Liebe sind, ein einziger Geist mit einem Gott sein, der sich wesentlich durch Katastrophen beziehungsweise Prüfungen physischer Art äußert?‹
Die Wahrheit ist oft schockierend. Trotzdem muß sie ausgesprochen werden. Der Gott des Moses ist nicht der wahre

Gott. Er ist nur der Widerschein, das deformierte Bild Gottes. Er ist ein von den Menschen entworfener Gott, ein Gott, der dem Abbild des auf seinen Schatten reduzierten Menschen entspricht.
In der Sprache der Symbole ist er ein schwarzer Gott, das heißt ein Gott der Uneingeweihten, ein Gott, der die Gefühle beeindruckt, damit man ihm glaubt.
Schwache Geschöpfe müssen fürchten, um zu lieben. Moses sorgte dafür, daß sein Gott gefürchtet wurde, damit das hebräische Volk nicht dem völligen Polytheismus verfiel.«
Während das Leben meiner Seele mit diesen Zeilen beschäftigt ist, höre ich den folgenden Kommentar meines Lehrers: »Diese Worte werden auf Erden übel aufgenommen werden. Sie werden all jene entrüsten, die den in ihnen enthaltenen Lichtfunken nicht sehen. Bemühe dich trotzdem, sie so getreu wie möglich wiederzugeben, denn zumindest für einige deiner Leser werden sie einen Weg öffnen.«
Da dieses Werk einen Stein mehr zu dem Weg beitragen möchte, der zum Erwachen führt, und damit der Wille meines Freundes sich erfüllt, hier also die Fortsetzung des eben unterbrochenen Textes: »Gott des Alten Testaments, du bist nur der irdische Schatten des unendlichen Schöpfers. Du bist der Schatten Gottes, ebenso wie der fleischliche Mensch nur der Schatten seines eigenen Geistes ist.
Es gibt *Gott* und Gott, *Mensch* und Mensch: Der Gott der alten Hebräer ist nichts anderes als der Bote der göttlichen Macht auf Erden. Er läßt sich in einem Wort zusammenfassen: ›Elohim‹. Die Elohim sind die handelnden Arme der Söhne des Lichts. Sie sind Wesen aus einer anderen Welt, die versuchten, den Menschen den einzig möglichen Weg zu zeigen.
Die Elohim und ihr leitender Geist haben dem hebräischen

Volk strenge Gesetze gegeben, damit es der Prüfung der Zeit widersteht und die Überlieferung im geheimen weitergeben kann.
Moses hat zwei Gesichter, und zweifach ist auch seine Rolle: Er sollte allen ein Gesetz geben und einigen wenigen eine Überlieferung. Er sollte der lebende Kontaktpunkt zu den Geschöpfen einer anderen Welt sein, aber auch mit den Sphären des Geistes kommunizieren.
Moses war der Bote mit den zwei Gesichtern, dem des Schattens und dem des Lichts. Die Bibel korrekt zu lesen bedeutet, das Licht vom Schatten des Lichts zu unterscheiden. Die Bibel ist ein Buch für alle, aber auch das Buch einer Elite, einer Elite des Intellekts und des Herzens.
Menschen der Erde, eines Tages werdet ihr wissen, daß der Christus Jesus nicht gekommen ist, um das verborgene Wissen des Moses auszulöschen, sondern um das Bild, das ein Volk von Gott hatte, richtigzustellen.
Gott der Alten Indiens und Gott des Moses, du bist ein und derselbe.
Ishwara, Sanskrit-Name Gottes, Regent des kosmischen Universums. Ishwara-El, Quelle Israels, ›Königlicher Geist des Herrn‹.
Menschen der Erde, betrachtet Israel, den göttlichen Boten. Er ist ein Indiz für die Gesundheit der menschlichen Rasse. Betrachtet die zweiunddreißig Wege der Kabbala, die Wege der zehn Sephirot und der zweiundzwanzig Buchstaben. Diese Zahlen sind heilig. Ihr findet sie in Indien wieder.
Zehnmal inkarnierte Wischnu. Zweiundzwanzig Quarten umfaßt die musikalische Oktave — ein reifer Mensch wird dies einzuordnen wissen, denn Musik ist Schwingung. Er wird an die Macht der Schwingung und des *Wortes* denken, an die Ursache des hinduistischen Schismas.

Das ›Aum‹ und das mit ›So sei es‹ schlecht übersetzte ›Amen‹ stehen auf einer Stufe. Das Amen ist das schöpferische *Wort*. Hören wir die Offenbarung des Johannes (3,14): ›Das sagt, das Amen heißt, der treue und wahrhaftige Zeuge, der Anfang der Schöpfung Gottes.‹«
Ich spüre so etwas wie einen Ruck, die Buchstaben und Wörter vor mir werden unklar. Ihre Bedeutung entgeht mir plötzlich, und ich habe nichts mehr vor mir als eine anscheinend zusammenhanglose Folge kleiner, geometrischer Zeichnungen.
»Es ist gut, wenn du deine Lektüre hier beendest; der weitere Text enthält zu viele dunkle Passagen, als daß er dir von Nutzen sein könnte.«
Ein paar Sekunden lang nehme ich noch den leichten Druck wahr, den mein Lehrer auf eine Stelle meines Nackens ausgeübt hat, dann nichts mehr, nichts ...
Wieder bin ich in dem Saal mit den hundert Pulten, in dem eine so anregende, so friedvolle Atmosphäre herrscht.
In der Hoffnung, meinen Geistführer zu sehen, drehe ich mich automatisch um.
Aber mein Freund ist schon nicht mehr da ... Noch ein wenig betäubt von der soeben durchlebten Erfahrung, halten meine Augen nach ihm Ausschau. Ich entdecke ihn in einer Ecke in der Nähe kleiner, silberfarbener Regale. Er macht mir ein Zeichen, zu ihm zu kommen.
»Siehst du diese bläulichen Schachteln?«
»Ja ...«, sage ich unbeholfen.
»Sieh sie dir genau an, denn vielleicht wirst du eines Tages hierherkommen, nur um ihren Inhalt kennenzulernen. Sie enthalten eine Kurzfassung der Geschichte der irdischen Architektur der letzten fünfzehntausend Jahre. Die Beschäftigung mit der Architektur ist sehr wichtig, sie enthält oft

den Schlüssel zu verborgenem Wissen. Die Pyramiden etwa sind Zeichen, die auf allen fünf Kontinenten gen Himmel weisen und die genau analysiert werden sollten.
Jetzt komm mit mir. Du denkst, daß ich dir keine Ruhe lasse, daß ich dir immer neue Erfahrungen biete und den Rhythmus meines Unterrichts beschleunige. Du mußt dies verstehen; die Zeit drängt, und es ist wichtig zu handeln.«
Mein Freund sieht mich an, und als ob er die ernsthafte Unterweisung einen Augenblick unterbrechen wollte, fügt er mit einem breiten Lächeln hinzu: »Wenn du willst, verlassen wir diesen Ort. Außer daß du unzählige Bände überfliegen könntest, kannst du hier im Augenblick nichts lernen. Aber vergleiche einmal diese Bibliothek und das Museum, das ich dir vor einiger Zeit gezeigt habe. Beide lehren, nachzudenken und zu erkennen.«
Wir haben das kleine weiße Gebäude verlassen, und wieder zeigt sich mir die astrale Natur in ihrer überwältigenden Schönheit.
»Gehen wir zu den Bäumen dort drüben mit den rosafarbenen Blüten; ihre Blätter werden wie ein Vorhang sein, vor dem ich mit meiner Geschichte der Religionen fortfahren kann. Keine Angst, die Lektion ist nicht lang. Ich möchte dir nur ein wenig von dem keltischen Volk erzählen, das sich in Nordeuropa niedergelassen hatte, genauer gesagt: vom Volk der Goten.«
Wir setzen uns und lehnen uns an den Stamm eines Baumes. Meine Augen können meinen Geistführer nicht sehen, aber ich spüre seine Gegenwart, und die Wärme seiner Worte genügt mir.
»Ich weiß, daß du in den Saal der Zeit zurückkehren und erneut das Gedächtnis des Universums befragen möchtest, aber du darfst diese Möglichkeit nicht überstrapazieren.«

Nach einem kurzen Schweigen wendet mein Begleiter sich zu mir und sagt: »Findest du nicht, daß wir die Kelten Nordeuropas ein wenig vergessen haben? Ich meine jenen Teil von ihnen, der nicht in Richtung Mittelmeer floh beziehungsweise Reem nicht nach Indien folgte. Es wäre schön gewesen, wenn du selbst von ihnen zu sprechen begonnen hättest. Sieh in mir nicht einen Meister, sondern eher einen Freund, der im Augenblick etwas mehr weiß als du.

Der Übergang von einem Universum in ein anderes ist eine Prüfung für das Gleichgewicht eines Organismus, aber du solltest mehr Zutrauen zu dir haben. Tue hier, was dir gefällt, begnüge dich nicht damit, nur zu empfangen. Der Körper, den du hier bewohnst, ist realer als der, den du auf der Erde zurückgelassen hast.

Sprechen wir also von den Nordkelten. Wie du dich erinnerst, waren sie einer Religion treu, die in vielerlei Hinsicht zu tadeln war; Aberglaube und Brutalität waren ihre treibenden Kräfte. Ich werde dir ihre Riten nicht beschreiben; dies wäre zu lang und überdies nutzlos.

Ich möchte dir nur vom Reformwerk des Wesens erzählen, das einen Teil des göttlichen Plans in dieser Gegend der Welt ausführte; es inkarnierte sich im Körper eines Mannes namens Freegh. Dieser Freegh oder Frigghe hatte seine Jugend in Kleinasien verbracht und war dort von der Religion des großen Zarathustra beeinflußt worden. Da er seine Mission kannte, verließ er — mit dem Mazdaismus vertraut, in den Mithra-Kult eingeweiht und im Besitz der alten Traditionen Indiens — im Erwachsenenalter die Gegend des Bosporus und wanderte jahrelang umher, bevor er schließlich nach Nordeuropa gelangte. Die höchste Gottheit, die er hier verankert fand, nannte sich in Gallien Teutat oder Teutatis.

Und jetzt werde dir bewußt, welche verwinkelten Wege das höchste *Wort* zuweilen einschlägt. Freegh handelte ähnlich geschickt wie Orpheus. Die Nordkelten waren wilde Menschen, und es war nicht daran zu denken, ihnen eine neue Religion aufzuzwingen. Freegh, der seine Macht den Bewohnern gewisser Astralbereiche verdankte, festigte allmählich seine Autorität und änderte die Religion der Nordkelten ganz behutsam.

Seine erste Reform bestand darin, den Namen ›Teutates‹ in ›Wôd‹ zu verändern. Dieser ›Wôd‹ wurde in der Folge zu ›Goth‹ und gab dem Volk, das ihn verehrte, seinen Namen.

Die von dem Wissen und den Kräften Freeghs beeindruckten Menschen sahen in ihm eine Inkarnation Wôds, der auch Wotan genannt wurde.

Aus diesen aufeinanderfolgenden Umbenennungen entstand der Name, unter dem deine Zeitgenossen die große Gottheit der Goten kennen: Odin.

Um den höchsten Willen und die kosmische Harmonie zu respektieren, ließ Freegh-Odin eine Trinität verehren: Wotan, Thor und Freyr. Freegh hatte den Aufenthalt seiner keltischen Vorfahren in Asien nie vergessen; deshalb siedelte er die Götter, die Asen, in Asien an, dem Haus des Wissens.

Ich möchte hier nicht näher auf die Details der gotischen Trinität eingehen; viele Bücher auf Erden behandeln dieses Thema mehr oder weniger exakt. Behalte nur eins: Freyr war die Gottheit der Fruchtbarkeit, der Natur. Siehst du Entsprechungen? Unter die Asen stellte Freegh die von allen Völkern der Welt erwähnten Riesen, die hauptsächlich Einweiher waren. Außerdem lehrte er die Existenz von Naturgeistern, die ich unter der Bezeichnung ›Elementargeister‹ erwähnt habe.

Sicher fragst du dich, wo sich hinter dem allen der Kult des einzigen Gottes verbirgt. Er ist tatsächlich verborgen, aber das Ziel Freeghs wird dir bald klar sein. Der Gesandte des Großen Ganzen offenbarte nämlich auch die *Edda*, die mythologischen Heldenlieder Skandinaviens.
Die *Edda* bestand aus vier Teilen, ebenso wie es auch vier christliche Evangelien gibt. Und erinnert dich dies nicht auch an die vier Veden des Hinduismus?
Die Übereinstimmung ist kein Zufall. Überall gibt es Hinweise auf die Einheit. Einige deiner Zeitgenossen haben diese Tatsache bereits bemerkt und die heiligen Texte des Hinduismus und Skandinaviens verglichen; sie haben festgestellt, wie ähnlich manche Berichte sich sind, und sie sind noch nicht am Ende mit ihren Entdeckungen.
Lies das *Mahabharata*, und wirf auch einen Blick auf Mithra, der sich seinen Gläubigen in einer Art Kommunion darbietet. Durch die Bemühungen von Freegh-Odin findest du ihn in Island, einem weiteren keltischen Land. Sein Name hat sich trotz des zeitlichen und räumlichen Abstands nur wenig verändert: Er nennt sich Maitur-as.
Zeit und Raum haben letztlich wenig Bedeutung, denn man findet diesen Namen sogar in Indien: Eine früher sehr religiöse Stadt nennt sich noch heute Mathura.
Richte deinen Geist auf die Sonne, betrachte sie von Angesicht zu Angesicht. Betrachte nicht ihr blendendes Licht, sondern die Scheibe, das Symbol, und behalte folgendes: Odin machte sich selbst genausowenig zum höchsten Gott wie Reem, Orpheus oder Zarathustra. Sie alle waren Boten und Gesandte des Einzigen Wesens. Sie besaßen das Licht, aber sie waren nicht das Licht.
Die skandinavische Mythologie berichtet, Odin habe neun symbolische Nächte lang am Baum des Wissens gehangen,

der Achse der Welt, einem weiteren Abbild des Baums aus dem Garten Eden und des Lebensbaums, der am Grunde des tibetischen ›Sonnensees‹ wartet. Nach der neunten Nacht erntete Odin die Früchte seines Wartens, das heißt die heiligen Tafeln des Wissens: Die Runen. Odin erfand die Runen nicht, denn diese haben keinen Ursprung; sie sind dic Ewigkeit, das *Wort*.

Analysiere die folgenden Worte, sie sind sehr wichtig: Odin wollte damit sagen, daß er etwas entdeckte, was ein anderer Bote einmal verborgen hatte und was nach ihm ein weiterer Bote erneut entdecken wird — und so fort bis in Ewigkeit.

Liebe die Runen und die Buchstaben des hebräischen Alphabets. Die Runen Odins verleihen denen, die mit ihnen vertraut sind, gewaltige Kräfte.

Stell dir die folgende Frage: Warum bedeutet das in der arabischen Sprache ›Runa‹ ausgesprochene Wort ›Magie‹, wo doch ›Rune‹ ein keltischer Ausdruck ist? Warum? ...

Die Lösung ist einfach, du kennst sie: Sie verbirgt sich in der Geschichte der keltischen Wanderungen, von denen ich dir erzählt habe.

Beschäftige dich mit Odin, und mach ihn besser bekannt, denn seine wahre Mission bestand darin, durch die allmähliche Umformung der Denkgewohnheiten eines ganzen Volkes dem Christus Jesus in Nordeuropa und Gallien einen Weg zu bereiten.

Die Mentalität der Goten Odins ist noch weit entfernt vom Denken des Christentums, aber die Wege zur Realisierung des göttlichen Plans sind manchmal sehr dunkel.

Das Licht herrscht nur in den Sphären des Geistes und zeigt den einzuschlagenden Weg. Es schickt seine Weisungen in die hohen astralen Schichten und steigt sogar auf die Erde herab.«

Mein Begleiter hat sich erhoben, und sein Gesicht wird eins mit den Blättern und Blüten des Baumes. Ich glaube, daß nicht mehr er zu mir spricht, sondern das Universum, das in ihm und hinter ihm wartet.
Ich erinnere mich daran, daß er nicht nur in seinem Namen spricht, und seine feine, längliche Gestalt bekommt für mich eine neue Bedeutung.
Immer noch stehend fährt er fort: »Ich möchte dir einen Hinweis auf die heilige Mission Odins und seine geheime Rolle bei der Vorbereitung des Christentums geben. Dieser Hinweis besteht in einem einfachen Buchstaben — oder besser: einer Rune. Sie erschien nicht zu Lebzeiten Odins, sondern sehr viel später, denn der Bote teilte sie insgeheim denen mit, die die Tradition fortsetzen sollten, um sie im gegebenen Moment zu enthüllen. Sicher kennst du dieses Zeichen: ᚸ. Es ist die Rune, die ›Süßwasserfisch‹ bedeutet. Analysiere ihre Zusammensetzung. Sie besteht aus einem Kreuz beziehungsweise einem ›X‹, das durch ein senkrechtes ›I‹ unterbrochen wird. Ich sagte ein ›I‹, aber dieses ›I‹ muß als ›Jod‹ gelesen werden, der heilige Buchstabe der hebräischen Sprache par excellence. Das ›X‹ ist das Kreuz des Christus Jesus, die Achse des kosmischen Rades, die Abbildung der Zahl Vier; das ›Jod‹ ist das bei den Menschen inkarnierte *Wort*, der Christus Jesus in Person, derjenige, der von oben nach unten gekommen ist, um das *Wort* in alle vier Himmelsrichtungen zu verbreiten. Denk über diese Worte nach und geh . . . Kehre in deinen Körper zurück, denn deine Seele ist erschöpft.
Nein. Sage nichts . . . Ich weiß, daß sie erschöpft ist.
Brich behutsam auf. Wir werden uns noch einmal sehen, bevor ein Teil deines Auftrags zu Ende geht. Bewahre mein Gesicht in dir, die Erinnerung daran wird meine Worte wiedererstehen lassen.«

Im Licht schillern tausend Lichter.
In der Stille flüstern tausend Stimmen.
Meine Seele reist ... Ich weiß nicht, durch welche Welt, durch welches Universum.
Mein physischer Körper ist da, unter mir, er schläft, er ruft mich, und ich gebe ihm das Leben zurück.

Schluß

Ungefähr zehn Tage sind vergangen, ohne daß ein weiterer Kontakt zustande kam. Dann, eines Abends, in einem Augenblick des Nachsinnens, fühle ich mich wieder zum »Land Anderswo« emporgerissen.
Ein Rad dreht sich langsam und regelmäßig im Uhrzeigersinn. Meine Lider sind geschlossen, und den Bildern, die sich auf meinem Bewußtsein spiegeln, fehlt noch die Klarheit. Ist das, was sich da dreht, tatsächlich ein Rad?
Ich möchte, daß das Ereignis geschieht, welches die Grenze zerbricht. Ich warte ... Die Stille, die mich erfüllt, bekommt eine andere Qualität, das Rad wird zur Blüte. Ihre langen weißen Blütenblätter bilden einen Kreis — wie bei einer Margerite.
Jetzt ... Die Wände meines Gefängnisses zerspringen. Aus dem weißen Licht ersteht das Gesicht meines Lehrers. Ich sehe nur dieses durchscheinend bläuliche Gesicht, das vor Güte strahlt und beredter ist als ein langer Diskurs.
Sogleich beginnt eine schnelle, geflüsterte Unterhaltung.
»Du bist heute rasch zu mir gelangt. Dein Wunsch ist stark, aber ist er stark genug?«
Die Stimme meines Geistführers ist sanft und ernst.
Sofort antworte ich: »Ja, er ist stark.«
»Ich meine, ist er stark genug, um dich über das bisher Erlebte hinauszuführen?«
»Darüber hinaus ...?«

»Ja, darüber hinaus, in ein Universum, in dem das Wort ›Grenze‹ keinen Sinn mehr hat. Verlangt es dich nach dem Licht des Lichtes? Dürstet dich nach seiner Gegenwart?«

In mir ist die Zeit stehengeblieben. Meine Augen erkennen nichts mehr — oder vielmehr so viel …

Ich glaube, daß ich ein Wort stammle, ein einziges: Ja.

»Hast du den Willen, zu wollen, weißt du, die Liebe zu lieben?«

Ich finde nicht die Kraft, zu antworten. Die seltsamen Fragen haben mich gelähmt und hallen noch in mir wider.

»Die Liebe lieben. Lernen, die Liebe zu lieben. Das ist der bedeutendste aller Schlüssel! Schau in dich, und du wirst sehen, wie deine Seele einen Augenblick erlischt.«

Ein weißer Blitz durchquert mich; sein Brennen empfinde ich wie eine Liebkosung.

Was geschieht da? Eine Lichtwand zerreißt! Ich sehe das Licht des Lichts. Wie das Unbeschreibliche, das Unvorstellbare beschreiben?

Wie das Feuer des *Geistes* beschreiben? Wie diese Kraft des Lebens beschreiben, die so unendlich weiß, so vollkommen rein ist und die doch nicht einen Augenblick den Blick verletzt? Ist es möglich, etwas anderes zu wollen, mehr zu wollen?

»Du mußt mehr wollen! Geh immer weiter! Grenzen existieren nur, wenn du sie erschaffst.

Hör mir gut zu, du glaubst, das Licht des Lichts zu sehen, aber du siehst nur seinen Widerschein. Geh in die Flamme des *Geistes*, ihr Licht mit seinen Hügeln, seinen Blumen, seinen Bergen, seinen von tausend gütigen Wesen bevölkerten Wassern wird dir noch herrlicher erscheinen. Geh noch tiefer in sie hinein! Laß deine Seele hinter dir, und du wirst die Welt so sehen, wie sie ist. Dann wirst du wissen, wie arm

das Universum der Seele ist, wie dunkel die Welt des Fleisches.
So näherst du dich allmählich der Quelle.
Versteh mich richtig, und nähre dich von meinen Worten!
Du kannst es dir nicht vorstellen, denn du denkst noch mit Worten, und Worte können das Unfaßliche nicht beschreiben.
Du gleichst einer Seele, die durch den Tod von der Welt des Fleisches getrennt wurde und die ein Licht als einzige astrale Wirklichkeit sah.
Der Tod der Materie entwickelt die Augen der Seele, der Tod der Seele öffnet das eine Auge des *Geistes*.
Entfalte dein Christus-Bewußtsein, damit die Spiegelung des Lichts Wirklichkeit wird; du wirst die Musik der Universen auffangen und ihre Macht kennenlernen.
Kehre jetzt auf die Erde zurück, verbinde deine Kräfte mit denen deiner Gattin und hundert anderen Menschen. Tue dies, damit die Botschaft verbreitet wird. Ihr werdet alle Zeugnis ablegen.«
Die Flamme des Lebens ist verschwunden und die Stimme meines Begleiters verstummt. Ich spüre die Schwere meines Körpers, das Gewicht der Kleidung.
Ich setze mich an meinen Arbeitstisch, und mit meiner Frau gebe ich diesem Bericht, der über einen Zeitraum von fast einem Jahr von Begegnung zu Begegnung niedergeschrieben wurde, seinen letzten Schliff.

Knaur

Träume als Wegweiser

(4116)

(4119)

(4242)

(4170)

(4222)